Leitfaden der russischen Grammatik

Leitfaden der russischen Grammatik

Max Hueber Verlag

Ausgearbeitet von einem Autorenkollektiv der Karl-Marx-Universität Leipzig:
Dr. Günther Dahlitz, Dr. Werner Günzerodt, Prof. Dr. sc. Lothar Hoffmann, Dr. Werner Kämpfe,
Prof. Dr. sc. Gustav-Adolf Krampitz, Waltraud Lee, Karl Leyn, Sigrid Schultz, Dr. Hans Störel,
Wolfgang Voigt
Gesamtredaktion: Wolfgang Voigt

17., unveränderte Auflage 1986
© VEB Verlag Enzyklopädie Leipzig, 1968
Lizenzausgabe des Max Hueber Verlages, München
Printed in the German Democratic Republic
ISBN 3-19-004419-8

PHONETIK

Dr. H. Burfeindt

Dr. HEINZ BURFEINDT
Kurt Schumacher Ring 15
38444 WOLFSBURG
Tel. 05361 - 7 35 67

§ 1. Allgemeines

Die Buchstaben des russischen (kyrillischen) Alphabets, die ursprünglich den Lautbestand der Sprache annähernd wiedergaben, haben trotz zweimaliger Reformierung, zuerst unter Peter I. (1708), dann nach der Großen Sozialistischen Oktoberrevolution (1917), nicht mit den Veränderungen der Aussprache Schritt gehalten, so daß der Lernende gezwungen ist, sich Regeln für eine richtige Aussprache anzueignen.

Als erschwerender Umstand tritt hinzu, daß erstens der Akzent auf jeder Silbe liegen und sogar innerhalb eines Wortes in Deklination und Konjugation auf andere Silben überspringen kann und daß sich zweitens der Lautwert in nichtakzentuierter Silbe von dem der akzentuierten wesentlich unterscheidet.

Ebenso wie es im Deutschen nur eine richtige Aussprache (Hochdeutsch) gibt, kennt das Russische nur eine phonetisch richtige Aussprache, von deren Beachtung oftmals die Verständlichkeit des Gesprochenen abhängt. Dialektunterschiede weist die russische Sprache — trotz der ungeheuren Ausdehnung des Sprachgebietes — nur in sehr geringem Umfange auf.

KONSONANTISMUS

§ 2. Einteilung der Konsonanten

1. Wie auch im Deutschen unterscheiden wir im Russischen **stimmhafte** und **stimmlose Konsonanten**:

stimmhaft:	(j) л м н р	б в г д ж з	
stimmlos:		п ф к т ш с	х ц ч щ

2. Im Russischen treten jedoch fast alle Konsonanten **sowohl nichtpalatalisiert (hart) als auch palatalisiert (weich)** auf:

hart:	ц ж ш	б п в ф г к д т з с х л м н р	
weich:		б′ п′ в′ ф′ г′ к′ д′ т′ з′ с′ х′ л′ м′ н′ р′	ч′ щ′ (j)

Aus den beiden Tabellen ist zu ersehen, daß einige Konsonanten nur stimmhaft bzw. stimmlos, andere nur hart bzw. weich vorkommen.

Die Palatalisierung der Konsonanten wird angezeigt durch nachfolgendes я, е и, ё, ю oder ь. In der phonetischen Umschrift bezeichnet man die Palatalisierung der Konsonanten durch nachgestellten Apostroph.

Bei der Bildung der palatalisierten Konsonanten wird der mittlere Teil des Zungenrückens in ähnlicher Weise an den Gaumen gehoben, wie das bei der Aussprache von i oder j der Fall ist. Die palatalisierten Konsonanten weisen daher auch eine merklich hellere Klangfarbe als die nichtpalatalisierten auf. Vergleiche:

да – дядя: дэ (Bezeichnung des Buchstabens „d") – дело; дыня – диск; дочь – дёшево; дуть – дюжина.

Die Palatalisierung ist eine für das Russische charakteristische Erscheinung, die im Deutschen keine Entsprechung hat. Nichtbeachtung der Palatalisierung in der Aussprache kann zu sinnentstellenden Fehlern führen. So unterscheiden sich z. B. folgende Wörter nur durch die palatalisierten bzw. nichtpalatalisierten Konsonanten:

| вес : весь | шест : шесть | стоят : стоять |
| дал : даль | брат : брать | нос : нёс |

3. Besonderheiten in der Aussprache einiger Konsonanten:

н	behält auch vor г und к die **dentale** Aussprache wie in „angeben", „ankommen", z. B.: Англия, банк. Es wird nie wie in „lang", „Bank" ausgesprochen.
л	ist **noch weicher** als deutsches l in „Lied", z. B.: лето, только.
л	wird gebildet durch Anheben der Zungenspitze an den Übergang der oberen Schneidezähne zum Zahnfleisch und **Anheben der Hinterzunge** an den weichen Gaumen, wobei zwischen den beiden gehobenen Stellen eine **Senkung des mittleren Zungenrückens** entsteht, z. B.: стол, лампа.
г	wird im G. Sg. m. und n. der Adjektive und Pronomen (-ого, -его) wie **-в-** gesprochen, z. B.: нóвого, ничегó.
п, т, к	sind im Russischen – im Gegensatz zu den entsprechenden deutschen Lauten – **nicht behaucht.**
б, д, г	werden im Russischen **stimmhafter** gesprochen als im Deutschen.
р	wird mit der **Zungenspitze** gebildet, z. B.: рот, говорил. Zäpfchen-r gilt im Russischen als fehlerhaft.
щ	wird als **langes weiches ш** oder als Verbindung von weichem ш und ч gesprochen: товарищи [–ш̄'– oder –ш'ч'–].
ж, ш, ц	**werden nie palatisiert** (vgl. Tabelle auf S. 7). Man spricht also nach ж, ш, ц е wie э: уже, шесть, в конце, ё wie о: тяжёлый, шёл, и wie ы: жить, шить, цирк.

4. Die Funktion der Zeichen ь, ъ und й:

ь   genannt „weiches Zeichen" (мягкий знак), hat keinen eigenen Lautwert. Es bezeichnet:
a) im Auslaut und vor Konsonant nur die Palatalität des vorhergehenden Konsonanten: день, читать, только;
b) vor folgendem Vokal, daß der Konsonant j gesprochen wird: статья́, статьи́, статье́, статью́, статьёй; бью, бьёшь; чьи, чьего́;
c) nach ж, ш, ч, щ (ohne Einfluß auf die Aussprache) nur bestimmte grammatische Formen:
2. Person. Sg.: чита́ешь, пи́шешь, несёшь;
N. u. A. Sg. der III. Deklination: рожь, мышь, ночь, вещь (in der I. Deklination steht nach ж, ш, ч, щ kein „weiches Zeichen": нож, карандаш, врач, товарищ).

ъ   genannt „hartes Zeichen" (твёрдый знак), hat ebenfalls keinen eigenen Lautwert. Es wird seit der Reform von 1917 nur noch im Wortinneren nach Präfix geschrieben und gibt an, daß vor dem folgenden Vokal der Konsonant j gesprochen wird, z. B.: объяснение, подъём, объект.
Die Laute з und с werden jedoch auch bei nachfolgendem ъ palatalisiert, z. B.: разъяснение, съел.

й   genannt „kurzes i" (и кра́ткое), bezeichnet normalerweise j nach Vokal vor Konsonant oder im Auslaut, z. B. чита́й, ру́сский, мой, кра́сный, над землёй.
In dieser Stellung wird das j im Russischen ohne Reibungsgeräusch als ein unsilbisches i gesprochen.
In *Fremdwörtern* steht й auch zwischen Vokalen und im Wortanlaut z. B., райо́н, майо́р, Йоханнесбург, Нью-Йорк. (Zur Bezeichnung von j im Silbenanlaut *russischer* Wörter siehe § 5).

5. Lange Konsonanten:

Das Russische kennt die Unterscheidung von langen und kurzen Konsonanten. Während im deutschen Wort „Anna" der Doppelkonsonant die Kürze des vorangehenden Vokals kennzeichnet, wird im russischen Wort А́нна das erste а mittellang und das н lang ausgesprochen. Das trifft für die Mehrzahl aller doppelt geschriebenen Konsonanten zu, also воз, aber ввоз [в̄]. Ebenso: ка́сса [с̄], су́мма [м̄], да́нный [н̄], под до́мом [д̄], в воде́ [в̄], к кому́ [к̄], от тебя́ [т̄].

In gleicher Weise treten lange Konsonanten auch bei Stimmassimilation auf (vgl. dazu § 3,1–2): сза́ди [з̄], отда́ть [д̄], под те́кстом [т̄], в фо́рме [ф̄].

Langes ч (Verzögerung beim Übergang vom т-Verschluß zu ш') liegt z. B. vor in перево́дчик [-о̄чик].

Im Infinitiv und in der 3. Person Sg. und Pl. reflexiver Verben verschmelzen die Lautverbindungen –тьс– und –тс– zu langem ц, z. B.: литься, льётся [ц̄].

Doppelkonsonanten werden jedoch **kurz** gesprochen vor Konsonanten, z. B. русский, und in einer Reihe von Fremdwörtern, z. B.: класс, металл.

§ 3. Kombinationslehre

Bisher wurde vorwiegend die Aussprache einzelner Konsonanten behandelt. Im Wort und im Satz unterliegt die Aussprache der Konsonanten jedoch einer Reihe von Veränderungen, deren wesentlichste im folgenden genannt werden sollen:

1. Stimmhafte Konsonanten werden **vor stimmlosen Konsonanten und im Wortauslaut stimmlos**, z. B.: вторник [фт–], рабский [–пс–], низкий [–ск–], редкий [–тк–], кружка [–шк–], хлеб [–п], лев [–ф], рожь [–ш] und – vgl. § 2.5 – подтёк [–т–].

2. Stimmlose Konsonanten werden **vor stimmhaften Konsonanten stimmhaft**, z. B.: сделать [зд–], вокзал [–гз–], отзыв [–дз–] und – vgl. § 2.5 – отдельный [–д̄–]. Vor в und den Sonoren л, м, н, р bleiben jedoch stimmlose Konsonanten stimmlos: свет, после, смотреть, снять, среда.

3. In zusammenhängend gesprochenen Wörtern wirken die gleichen Gesetzmäßigkeiten, z. B.: в класс [фк–], из театра [–ст–], под соломой [–тс–], от города [–дг–], из села [–с̄–] und – vgl. § 2,5 – под тем [–т̄–], от дома [–д̄–].

4. Auch die **Palatalität** eines Konsonanten kann auf den vorangehenden Konsonanten einwirken, und zwar vor allem bei

a) з und с vor д′, т′, н′, л′: здесь [з′д′–], есть [–с′т′], снять [с′н′–], возле [–з′л′–], если [–с′л′–];

b) н vor д′, т′, ч′, щ′: кандидат [–н′д′–], бантик [–н′т′–], кончить [–н′ч′–], женщина [–н′щ′–].

5. Stehen **с und з вор Zischlaut**, so werden sie wie folgt ausgesprochen:
сш und зш als [ш]: сшить [ш̄–], с шести [ш̄–], вёзший [–ш̄–], без шара [–ш–]; (vgl. § 2,5 und § 3,1 – 3).
сж und зж als [ж]: сжать [ж̄–], с женой [ж̄–], позже [–ж̄–], без жены [–ж–]; (vgl. § 2,5 und § 3,1 – 3).
сч und зч als [щ]: считать [щ–], с чем [щ–], грузчик [–щ–], из чего [–щ–]; (vgl. § 2,3 und § 3,1 – 3).

6. In den Wörtern **лёгкий** und **мягкий** und deren Ableitungen wird г als х gesprochen: облегчать [–хч–].

In den Wörtern **что** und **чтобы** sowie **конечно** und wenigen anderen mit der Lautfolge –чн– wird nicht ч, sondern ш gesprochen.

7. a) In den Wörtern **здравствуй** und **чувство** fällt das erste в aus.

b) In Wörtern mit der Lautfolge –здн– oder –стн– fällt д bzw. т aus, z. B.: поздно [–зн–], честный [–сн–].

c) In den häufigen Adjektiven auf –истский fällt т aus, z. B. марксистский [–иск–].

d) Im Wort солнце wird das л nicht gesprochen.

§ 4. Konsonantenwechsel

Wechsel	Bildung des ipf. Aspekts	Partizip Prät. Pass.	Präs. bzw. Fut.	Bildung von Adjektiven	Komparativbildung
г—ж з—ж д—ж д—жд	(мно́го:размно́жить: -а́ть) сни́зить:снижа́ть снабди́ть:снабжа́ть победи́ть:побежда́ть	размно́жен сни́жен снабжён побеждён	могу́:мо́жешь сказа́ть:ска́жет води́ть:вожу́	кни́га:кни́жный (внизу́:ни́жний) (пе́ред:пре́жний)	дорого́й:доро́же ни́зкий:ни́же молодо́й:моло́же (пе́ред:пре́жде)
к—ч ц—ч т—ч	(вели́кий:увели́чи[ва]ть) (коне́ц:ко́нчить: -а́ть) затра́тить:затра́чивать	увели́чен ко́нчен затра́чен	влеку́:влечёшь хоте́ть:хочу́	восто́к:восто́чный коне́ц:коне́чный рабо́та:рабо́чий	лёгкий:ле́гче бога́тый:бога́че
т—щ ст } щ ск	защити́ть:защища́ть замести́ть:замеща́ть	защищён замещён	защити́ть:защищу́ замести́ть:замещу́ иска́ть:и́щет	(бу́дут:бу́дущий)	ча́сто:ча́ще
с—ш	повы́сить:повыша́ть	повы́шен	повы́сить:повы́шу писа́ть:пи́шет	(здесь:зде́шний)	высо́кий:вы́ше
х—ш	(сухо́й:[вы́]суши́ть)	вы́сушен	паха́ть:па́шет	успе́х:успе́шный	сухо́й:су́ше
б—бл в—вл м—мл п—пл	употреби́ть:употребля́ть осуществи́ть:осуществля́ть офо́рмить:оформля́ть укрепи́ть:укрепля́ть	употреблён осуществлён офо́рмлен укреплён	употреби́ть:—блю́ осуществи́ть:—влю́ офо́рмить:—млю укрепи́ть:—плю́		дешёвый:деше́вле

Anm.: Nicht für alle Spalten der Tabelle lassen sich Beispiele anführen. – Bei den eingeklammerten Fällen handelt es sich um analoge Bildungen, die der Anschaulichkeit halber hier eingetragen wurden, z. B. бу́дут (sie werden sein) und бу́дущий (der künftige, kommende).

Vokalismus

§ 5. Aussprache der Vokale in betonter Silbe

Betonte Vokale sind im Russischen **stets halblang**, z. B.: ма́сса, ва́нна, ка́рта, говори́л. Das Schriftbild unterscheidet zwei Reihen sich entsprechender Vokalbuchstaben:

а э ы о у
я е и ё ю

Gegliedert nach Zungenstellung und Artikulationsreihe ergibt sich für die betonten Vokale des Russischen folgende Einteilung:

Zungen- stellung	Artikulations- reihe	vordere	mittlere	hintere	
		ohne Lippenrundung		ohne Lippen- rundung	mit Lippen- rundung
hohe		и	ы	—	у
mittlere		э	—	—	о
untere		—	а	—	

Dabei bezeichnen я, е, и, ё, ю (im Gegensatz zu а, э, ы, о, у) die **Palatalität des vorangehenden Konsonanten**, z. B.: дядя [д'а–], дело [д'э–].

In bestimmten Fällen haben я, е, ё, ю den **Lautwert j + entsprechenden Vokal**, und zwar

a) **im Wortanlaut,** z. B.: я, юбка, если, ёлка;
b) **nach Vokal,** z. B.: бояться, поёт;
c) **nach ь und ъ,** z. B.: бью, семья, объект.

Nach ь (und *nur* dann) hat auch и den Lautwert j + i, z. B. статьи, семьи, чьи, Ильич.

Besonderheiten in der Aussprache einiger Vokale:

e, э   entspricht dem dt. „e" in „Herz", „Bett"; vor palatalisierten Konsonanten wird es geschlossener ausgesprochen, ähnlich wie das dt. „e" in „See", „Beet", z. B.:

это   ест   дело   vgl. Herz, Bett
эти   есть   в деле   vgl. See, Beet

ы   hat keine genaue Entsprechung im Deutschen. Die Zunge hat bei der Aussprache des ы etwa die Lage wie beim dt. „u", die Lippen sind aber nicht gerundet, z. B.: ты, сын, мыло.

o, ë ähnelt dem dt. „o" in „offen", aber mit stärkerer Lippenrundung, z. B.: год, тот, ёлка, тётка. (Geschlossenes o wie in „Ofen" gibt es im Russischen nicht.)

§ 6. Aussprache der Vokale in unbetonter Silbe

In unbetonten Silben werden die Vokale reduziert; und zwar erstreckt sich die Reduktion sowohl auf die Tonstärke als auch auf die Klangfarbe der Vokale. Ersteres kann dazu führen, daß Vokale, insbesondere bei schnellem Sprechen, völlig verschwinden, letzteres bewirkt, daß verschiedene Vokale klanglich zusammenfallen. Es gibt daher in den unbetonten Silben weniger Vokallaute als in den betonten Silben. So werden z. B. o und a einerseits und e und я andrerseits in unbetonter Silbe gleich ausgesprochen.

1. **a** und **o** werden in **unmittelbar vortoniger Silbe** und im **absoluten Anlaut** als kurzer a-ähnlicher Vokal (hier durch а̯ bezeichnet) gesprochen („Akanje"), z. B.: огоро́д [а̯га̯ро́т], вода́ [ва̯да́], открыва́ть [а̯ткрыва́ть], атама́н [а̯тама́н], сады́ [са̯ды́].

In allen **übrigen Silben** werden unbetontes o und a als **kurzer, stark reduzierter Laut** – ähnlich dem dt. „e" in Gabe, Lampe – artikuliert (hier durch ъ bezeichnet), z. B.: бараба́н [бъра̯ба́н], рабо́тать [ра̯бо́тъть], воротни́к [въра̯тни́к], голова́ [гъла̯ва́], де́ло [де́лъ], де́ла [де́лъ].

In zusammenhängend gesprochenen Wörtern wirken die gleichen Reduktionserscheinungen, z. B.: с атама́ном [съта̯ма́нъм], над окно́м [нъда̯кно́м], от огоро́да [а̯тъга̯ро́дъ], под воротнико́м [пъдвъръ̯тнико́м].

2. Unbetontes **e** und **я** werden als **kurzer, stark reduzierter i-ähnlicher Laut** ausgesprochen (hier durch ⁱ bezeichnet, z. B.: вяза́ть [вⁱза́ть], пяти́ [пⁱти́], язы́к [јⁱзы́к], генера́л [гⁱнⁱра́л], его́ [јⁱво́], без него́ [бⁱзнⁱво́].

In **Endungen** wird я als kurzer, stark reduzierter Laut – ähnlich dem deutschen „e" in Gabe – artikuliert (unter Beibehaltung der Palatalisation des vorangehenden Konsonanten), z. B.: мо́ря (мо́рʼъ), по́ля (по́лʼъ), стро́ят (стро́јът), ру́сская (ру́сскъјъ).

Ebenso wird **a nach den immer weichen Konsonanten ч und щ** behandelt, z. B.: часы́ (чⁱсы́), щади́ть (щⁱди́ть), ты́сяча (ты́сⁱчъ).

Steht unbetontes **e nach den immer harten Konsonanten ж, ш, ц** wird es als kurzer, stark reduzierter ы-ähnlicher Laut artikuliert, der ein wenig nach э tendiert (hier durch ъ̱ bezeichnet), z. B.: цена́ (цъ̱на́), шесто́й (шъ̱сто́й), пи́шет (пи́шъ̱т).

Orthographie

§ 7. Lautbild und Schriftbild

Die russische Orthographie ist – ebenso wie die deutsche – im wesentlichen von drei Prinzipien bestimmt: dem phonetischen, dem morphologischen und dem historischen (siehe auch § 1).

1. Nach dem **phonetischen Prinzip** stimmen Lautbild und Schriftbild überein, z. B.: мак, дом, суп, внизу.
2. Nach dem **morphologischen Prinzip** behalten Stämme, Präfixe, Suffixe und Endungen ihre Schreibweise auch dann bei, wenn sich die Aussprache der Konsonanten durch Assimilation (§ 3) und die der Vokale auf Grund der Betonungsverhältnisse (§ 6) ändert, z. B.:

Stamm	низ–	gesprochen	нис–	in	низко
Stamm	низ–	gesprochen	ниш–	in	низший
Stamm	дом	gesprochen	да́ м	in	дома́
Präfix	с–	gesprochen	з–	in	сдать
Präfix	от–	gesprochen	ад–	in	отдыха́ть
Suffix	–ок	gesprochen	–ък	in	спи́сок
Endung	–о	gesprochen	–ъ	in	сло́во
Endung	–ят	gesprochen	–ът	in	лю́бят
Suffix	–ен	gesprochen	–он	in	разрешен
Suffix	–ен	gesprochen	–ън	in	разрешено́

Anmerkung: Schreibweisen wie разрешён beschränken sich auf Lehr- und Wörterbücher. Meist wird ё nach dem morphologischen Prinzip durch е ersetzt. Zur Betonung der Partizipien siehe § 13b.

Beachte: Auf –з– auslautende Präfixe werden vor stimmlosen Konsonanten der Aussprache gemäß mit –с– geschrieben, z. B.: исход, воспитание; das gilt auch dann, wenn durch Einfluß des nachfolgenden stimmlosen Zischlautes ein Zischlaut gesprochen wird, z. B.: расширить [ш].

3. Nach dem **historischen Prinzip** wird das einer früheren Aussprache entsprechende Schriftbild beibehalten, z. B.: его, gesprochen jˈво.

Diese Prinzipien lassen deutlich erkennen, daß möglichst genaue Kenntnis der vorkommenden Stämme, Präfixe, Suffixe und Endungen Voraussetzung für Sicherheit in der russischen Orthographie ist.

Weitere Rechtschreiberegeln:

a) Nach **г, к, х, ж, ш, ч, щ** wird nie ы geschrieben, sondern **immer и**, z. B.: кни́ги, това́рищи, жир (sprich жыр).

b) Nach **ж, ш, ч, щ, ц** steht nie ю oder я, sondern **nur у bzw. а**, z. B.: пишу́, лежа́т.

c) Nach **ж, ш, ч, щ, ц steht in unbetonten Endungen** е an Stelle des о in entsprechenden betonten Endungen, z. B.:

stammtbetont	endungsbetont
това́рищем	карандашо́м
ка́шей	душо́й
со́лнце	лицо́
бо́льшего	большо́го

d) Nach **ц steht im Wortinneren fast immer и, im Auslaut ы**, z. B.: цирк, отцы́.
(Ausnahmen: цыга́н, цыплёнок und wenige andere).

e) **Nach** konsonantisch auslautenden **Präfixen wird** das anlautende и des Stammes **in Aussprache und Schrift zu ы**, z. B.: играть zu сыграть, искать zu разыскать.

f) Die vom Verb идти durch Präfigierung gebildeten Wörter werden im **Infinitiv mit –йт–** geschrieben, in den **konjugierten Formen mit –йд–** z. B.: войти – войду, уйти – уйду.

Merke: прийти aber приду.

§ 8. Wiedergabe des russischen Alphabets im Deutschen

Von den Transkriptionssystemen des russischen Alphabets sind am gebräuchlichsten:

1. die einfach zu handhabende, aber schwierig lesbare **Transliteration der Bibliotheken,** die seit 1899 besteht;
2. die an das deutsche Schriftbild angepaßte **Dudenumschrift,** die Anfang 1950 vom Ministerium für Volksbildung für verbindlich erklärt worden ist.

Die Dudenumschrift wird in Zeitungen und Zeitschriften und auch im Sprachunterricht verwendet.

In der untenstehenden Tabelle sind beide Systeme nebeneinandergestellt. In den Fällen, wo Abweichungen vorliegen, ist die Bibliothekstransliteration eingeklammert und die Dudenumschrift kursiv gesetzt worden:

Kyrill. Zch.	Bibl.-Tr.	Duden	Beispielwort		
			russisch	Bibl.-Tr.	Duden
а	a	a	Алма-Ата	Alma-Ata	Alma-Ata
б	b	b	Баку	Baku	Baku
в	v	w	Стаханов	(Stachanov)	*Stachanow*
г	g	g (Anm. 3)	Рига	Riga	Riga
д	d	d	Днепр	Dnepr	Dnepr
е	e	1) e nach Kons.	Ленин	Lenin	Lenin
		2) je im Anlaut	Елена	(Elena)	*Jelena*
		nach Vokal	Фадеев	(Fadeev)	*Fadejew*
		nach ъ, ь	Юрьев	(Jur'ev)	*Jurjew*
ё	e	1) jo	Орёл	(Orel)	*Orjol*
		2) o nach ж, ш, ч, щ	Пугачёв	(Pugačev)	*Pugatschow*
ж	ž	sh	Жданов	(Ždanov)	*Shdanow*
з	z	s	Морозов	(Morozov)	*Morosow*
и	i	i	Калинин	Kalinin	Kalinin
й	j	1) i	Толстой	(Tolstoj)	*Tolstoi*
		2) nach и und ы unbezeichnet	Белинский	(Belinskij)	*Belinski*
			Бедный	(Bednyj)	*Bedny*

Kyrill. Zch.	Bibl.-Tr.	Duden	Beispielwort		
			russisch	Bibl.-Tr.	Duden
к	k	k	Кама	Kama	Kama
л	l	l	Ленин	Lenin	Lenin
м	m	m	Минск	Minsk	Minsk
н	n	n	Таганрог	Taganrog	Taganrog
о	o	o	Омск	Omsk	Omsk
п	p	p	Полтава	Poltava	Poltawa
р	r	r	Макаренко	Makarenko	Makarenko
с	s	1) s	Курск	Kursk	Kursk
			Симонов	Simonov	Simonow
		2) ss zwischen Vokalen	Некрасов	(Nekrasov)	*Nekrassow*
т	t	t	Тула	Tula	Tula
у	u	u	Муромец	Muromec	Muromez
ф	f	f	Софронов	Sofronov	Sofronow
х	ch	ch (Anm. 3)	Бухара	Buchara	Buchara
ц	c	z	Донец	(Donec)	*Donez*
ч	č	tsch	Чехов	(Čechov)	*Tschechow*
ш	š	sch	Пушкин	(Puškin)	*Puschkin*
щ	šč	stsch	Щедрин	(Ščedrin)	*Stschedrin*
ъ	-(Anm. 1)	unbezeichnet	съезд	(s-ezd)	*sjesd*
ы	y	y	Крылов	Krylov	Krylow
ь	'(Anm. 2)	unbezeichnet	Гоголь	(Gogol')	*Gogol*
			Казань	(Kazań)	Kasan
э	ė	e (Anm. 3)	Днепрогэс	(Dneprogės)	*Dneproges*
ю	ju	ju (Anm. 3)	Анюта	Anjuta	Anjuta
я	ja	ja	Ялта	Jalta	Jalta

Anm. 1: Nur im Wortinnern; meist durch Bindestrich wiedergegeben.
Anm. 2: Bei Buchstaben mit Oberlänge steht das Apostrophzeichen dahinter, bei solchen ohne Oberlänge darüber.
Anm. 3: Bei ausländischen Namen können bezeichnen:
г (neuerdings auch х) den Laut h, z. B.: Гамбург = Hamburg, Хельсинки = Helsinki;
ю den Laut ü, z. B.: Гюнтер = Günter, Юманите = Humanité;
ё (auch е) den Laut ö, z. B.: Гёте (Гете) = Goethe;
э das e im Wortanlaut (im Inlaut steht meist e), z. B.: Энгельс = Engels (Дрезден = Dresden).

Betonungsregeln

Wenn auch bei einzelnen Wörtern die Betonung im Russischen oft recht unregelmäßig erscheint und schwer zu erlernen ist, so gibt es doch eine ganze Reihe einfacher Grundregeln, deren Kenntnis ein vorwiegend richtiges Lesen – vor allem von Fachtexten – ermöglicht.

§ 9. Allgemeine Betonungsregeln

1. Im Russischen liegt die Betonung **sehr oft** auf der Silbe **vor der Endung** bzw. – bei Konjunktionen, Präpositionen und Adverbien – auf der vorletzten Silbe.

Beispiele: рабо́та – рабо́ты, вопро́с – вопро́са, ме́сто – места́
но́вый – но́вого, интере́сный – интере́сного
вме́сте, ме́жду, по́сле, та́кже, то́же, то́лько

2. **Pronomen** sowie Zahlwort оди́н weisen folgende Besonderheiten auf:
a) **Pronominale Endbetonung**:

мой	– моего́	кто	– кого́		сам	– самого́ (са́ми!)
твой	– твоего́	что	– чего́	aber	са́мый	– са́мого
свой	– своего́	чей	– чьего́		тот	– того́
оди́н	– одного́	весь	– всего́	aber	э́тот	– э́того

b) **Adjektivische Endungsbetonung**:

како́й	– како́го	друго́й	– друго́го	любо́й	– любо́го
тако́й	– тако́го	ино́й	– ино́го		

3. **Endbetont** sind folgende häufig anzutreffende **Adverbien**:

всегда́	куда́	везде́
иногда́	туда́	нельзя́
когда́	сюда́	уже́
тогда́	весьма́	почти́

4. Folgende Stämme haben **unveränderliche Betonung** in allen Wortarten:
де́я–: z. B. де́ятель, де́ятельный, де́ятельность
сле́дова–: z. B. сле́довать, иссле́дование, сле́довательно
тре́бова–: z. B. тре́бовать, тре́бование, тре́бовательный

5. **ё ist immer betont**, z. B.: ещё, весёлый, вперёд.

6. **жо, чо, шо, що, цо sind immer betont**, z. B. ожо́г, горячо́, хорошо́, трущо́ба, лицо́.

7. Mit **ни**– (Verneinungspartikel) zusammengesetzte Wörter behalten ihre **ursprüngliche Betonung**, z. B.: никако́й, никто́, никого́, никогда́.

8. Die Partikel **не**– ist in Zusammensetzungen mit Pronomen oder Frageadverbien gewöhnlich **betont**, z. B.: не́которые, не́кто, не́сколько, не́чего не́кого.

§ 10. Betonung der Substantive

1. a) **Fremdwörter** und international gebräuchliche **Termini** – selbst wenn sie russische Wortbildungsmerkmale angenommen haben – werden

gewöhnlich **analog der deutschen Aussprache** betont (siehe aber Substantive auf –ия, Abschnitt 2).

Beispiele:

проце́сс, проду́кт, протопла́зма, органи́зм, фо́рма, процеду́ра, стери́льность, те́хника, те́хник, пра́ктика, моноло́г

Merke aber:

–ʹтор Pl. –ʹторы, z. B.: а́втор – а́вторы
–ʹлог Pl. –ʹлоги, z. B.: био́лог – био́логи, wenn die deutsche Entsprechung auf –loge (z. B. Biologe) endet

ана́лиз, си́нтез, ме́тод, о́рган, пара́граф, при́нцип, пери́од

b) In **zusammengesetzten Substantiven** ist – im Gegensatz zum Deutschen – gewöhnlich der **letzte Teil betont**. Dies gilt für Fremdwörter ebenso wie für russische Wörter:
капельме́йстер, лейтмоти́в, социал-демокра́т, футбо́л, языкове́д, углеводоро́д, фотоаппара́т

2. Die nachstehend angegebene Betonung – unmittelbar vor dem Merkmal – gilt **für alle Kasus:**

Merkmal im Nom. Sing.	Beispiele	Besonders wichtige Ausnahmen
–ʹие –ʹия –ʹий	воспита́ние, выполне́ние, де́йствие тео́рия, организа́ция, траге́дия пролета́рий, вана́дий	бытие́ буржуази́я[1])
–ʹство –ʹество	госуда́рство, произво́дство ка́чество, коли́чество, то́ж(д)ество мно́жество, о́бщество	большинство́ меньшинство́ вещество́ существо́
–ʹость –ʹенность	потре́бность, пове́рхность осо́бенность, обще́ственность	
–ʹтель	воспита́тель, стара́тельность изда́тельство, учи́тель, прави́тельство, значи́тельность	де́ятельность после́дователь тре́бовательность
–ʹка	прове́рка, сте́нка, тракто́вка (Gen. Pl. прове́рок, сте́нок)	

[1]) sowie viele medizinische Termini: анеми́я, терапи́я, хирурги́я u. a.

3. Substantive auf –ывание, –ивание, –ование betonen wie die entsprechenden Verben auf –ывать, –ивать, –овать (s. § 12,2).

§ 11. Betonung der Adjektive und der Adverbien auf -o, -e, -ски

1. In den weitaus meisten Fällen ist die Silbe **vor der Endung** betont, z. B.:

    бе́лый, бе́лая, бе́лое, бе́лого
    краси́вый, краси́вая, краси́вое, краси́вого
    принципиа́льный, каучукообра́зный, организацио́нный

2. Die Zahl der **endungsbetonten Adjektive** ist in wissenschaftlichen Texten im allgemeinen nicht groß, z. B.:

    больно́й   молодо́й   плохо́й
    большо́й   основно́й   просто́й

sowie viele Adjektive, die von Körperteilen abgeleitet sind:
головно́й, ручно́й, носово́й u. a.

3. Die Betonung liegt unmittelbar **vor den Merkmalen:**

Merkmal	Beispiele	Besonders wichtige Ausnahmen
–′ческ–	полити́ческий, тво́рческий	
–′енн–	осо́бенный, обще́ственный	соверше́нный совреме́нный постепе́нный
–′чественн– –′жественн–	ка́чественный, коли́чественный мно́жественный, дру́жественный	
–′тель–	действи́тельный, преда́тельский	де́ятельный сле́довательно тре́бовательный
–′очн–	доста́точный, оши́бочный	

Anm.: In Ableitungen von mask. Substantiven auf betontes –о́к ist auch das Merkmal –о́чн– betont: восто́к – восто́чный, желто́к – желто́чный, позвоно́к – позвоно́чный. Doch sind diese Fälle seltener anzutreffen.

4. **Zweisilbige** Adjektive betonen in der Kurzform und der Steigerung -á, -е́е, -е́йший, z. B.:

ва́жный – важ ⎫
ду́рно́й – дур ⎭ –ен, –на́, –но, –ны, –не́е, –не́йший

aber: до́лжен, должна́, должно́, должны́; бо́лее, ме́нее, да́лее

5. **Drei- und mehrsilbige** Adjektive betonen in Kurzform und Steigerung ebenso wie in der Langform, z. B.:

    краси́вый – краси́в, –′а, –′о, –′ы, –′ее, –′ейший

6. **–а́йший** ist immer betont, z. B.: велича́йший.

§ 12. Betonung der Verben

1. Der **Infinitiv** ist in der Regel endbetont:
 a) immer endbetont: –оть, –ыть, –ечь, –очь, –ти
 b) meist endbetont: –ать (-ять), –еть, –ить, –уть
 (siehe aber –ывать, –ивать, –ировать, –ствовать § 12,2 und 3)
 c) Besonders häufig vorkommende **stammbetonte Verben:**

–ать: рабо́тать, де́лать
–еть: ви́деть, зави́сеть
–ить: ве́рить, гото́вить, (обо)зна́чить, ста́вить, стро́ить, ко́нчить, позво́лить, (ис)по́лнить, (от)ме́тить
–уть: возни́кнуть, дости́гнуть

2. **-ывать, -ивать**

Die Betonung liegt unmittelbar vor dem Merkmal –ыва– bzw. –ива–, z. B.: ука́зывать, рассма́тривать.

Ebenso betonen die entsprechenden Substantive: ука́зывание, рассма́тривание.

(Beachte: Bei разви-ва́-ть und откры-ва́-ть handelt es sich um das Merkmal –ва–: die pf. Formen heißen ja разви́-ть und откры́-ть.)

3. a) **-овать:** meist endbetont, z. B. рисова́ть.
 Entsprechend рисова́ние.
 Merke aber: сле́довать, тре́бовать, испо́льзовать

 b) **-ировать:** mit betontem –и–, z. B. игнори́ровать, координи́ровать.
 Entsprechend игнори́рование.
 Merke aber: формирова́ть, формирова́ние

 c) **-ствовать:** betont die vorhergehende Silbe, z. B. де́йствовать, усоверше́нствовать.
 Entsprechend усоверше́нствование.
 Merke aber: существова́ть, существова́ние

4. **Das Präfix вы– ist in perfektiven Verben immer betont,** z. B.: вы́сказать gegenüber выска́зывать, вы́говорить gegenüber выгова́ривать. Ebenso ist die Betonung in allen Konjugationsformen.

5. Die Betonung der **Verbformen** entspricht in der Regel dem Infinitiv (mit Ausnahme des Part. Prät. Pass.).

a) Verben der **e-Konjugation**:

	чита́ть	рисова́ть	ука́зывать
1. Person Sg.	-а́ю	-у́ю	-′ываю
3. Person Pl.	-а́ют	-у́ют	-′ывают
Part. Präs. Akt.	-а́ющий	-у́ющий	-′ывающий
Part. Präs. Pass.	-а́емый	-у́емый	-′ываемый
Adv. Part. ipf.	-а́я	-у́я	-′ывая
Imperativ	-а́й	-у́й	-′ывай
Präteritum	-а́л	-ова́л	-′ывал
Part. Prät. Akt.	-а́вший	-ова́вший	-′ывавший
Part. Prät. Pass.	siehe hierzu § 13		—
Adv. Part. pf.[1])	-а́в	-ова́в	—

Entsprechend z. B.: име́ть, -е́ю, -е́ют, -е́ющий usw.
                 крыть, -о́ю, -о́ют, -о́ющий usw.

Merke: дава́ть: даю́, даю́т, даю́щий
         создава́ть: создаю́, создаю́т, создаю́щий
         узнава́ть: узнаю́, узнаю́т, узнаю́щий

b) Verben der **i-Konjugation**:

	говори́ть	кури́ть	стро́ить
1. Person Sg.		-ю́	-′ю
3. Person Pl.	-я́т	-′ят (s. § 12,6)	-′ят
Part. Präs. Akt.		-я́щий	-′ящий
Part. Präs. Pass.		-и́мый	-′имый
Adv. Part. ipf.		-я́	-′я
Imperativ		-и́	-′й
Präteritum		-и́л	-′ил
Part. Prät. Akt.		-и́вший	-′ивший
Part. Prät. Pass.		siehe hierzu § 13	
Adv. Part. pf.[1])		-и́в	-′ив

Entsprechend z. B.: горе́ть, -ю́, -я́т, -я́щий usw.
                 лежа́ть, -у́, -а́т, -а́щий usw.

6. **Einige Verben der i-Konjugation haben im Präsens Betonungswechsel** (s. o. 5b кури́ть, курю́, ку́рят). Abgesehen von den unten aufgeführten fünf Verben kommt jedoch wechselbetontes Präsens in Fachtexten selten vor. Die Betonung -и́шь, -и́т, -и́м, -и́те, -я́т (-а́т) ist daher bei endbetontem Infinitiv mit größerer Wahrscheinlichkeit die richtige.

---

[1]) also прочита́в, нарисова́в, поговори́в, покури́в, постро́ив.

Merke: водить   вожу́   во́дишь   во́дят
       носи́ть   ношу́   но́сишь   но́сят
       ходи́ть   хожу́   хо́дишь   хо́дят
       получи́ть получу́ полу́чишь полу́чат
       смотре́ть смотрю́ смо́тришь смо́трят

7. Verben des Typs писа́ть (e-Konjugation mit Konsonantenwechsel) haben immer wechselbetontes Präsens, z. B.:
писа́ть, пишу́, пи́шешь, пи́шут und пи́шущий (!)

8. Verben auf –ти und –чь haben Endbetonung, z. B.:

нести́   несу́   несу́т   несу́щий   несла́, -о́, -и́
вести́   веду́   веду́т   веду́щий   вела́, -о́, -и́
влечь   влеку́ влеку́т влеку́щий влекла́, -о́, -и́
идти́   иду́   иду́т   иду́щий   (по)шла́, -о́, -и́

Merke: мочь
       zwar могу́, могу́щий, могла́, могло́, могли́
       aber мо́жешь, мо́жет, мо́жем, мо́жете, мо́гут

9. Bei einigen Verben ist im Präteritum die feminine Form endungsbetont. *Merke:* за́нял, заняла́, за́няло, за́няли. Entsprechend: поняла́, приняла́, отняла́, подняла́, взяла́, начала́; ferner: была́, брала́, вила́, жила́, дала́; mit Präfix: развила́ (разви́л), создала́ (со́здал) usw.

§ 13. Betonung im Partizip Präteritum Passiv

	Verbtyp	Beispiel	Langform	Kurzform
1.	написа́ть	напи́санный	–ʹанный	wie Langform
2.	провести́	проведённый	–ённый	–ён, -ена́, -ено́, -ены́
3.	договори́ть	договорённый	–ённый	–ён, -ена́, -ено́, -ены́
4.	закури́ть	заку́ренный	–ʹенный	–ʹен, -ʹена, -ʹено, -ʹены
5.	откры́ть	откры́тый	–ы́тый	
6.	разби́ть	разби́тый	–и́тый	wie Langform
7.	подчеркну́ть	подчёркнутый	–ʹутый	
8.	расколо́ть	раско́лотый	–ʹотый	

Erläuterungen:

a) *zu 1, 7, 8:* Bei -анный, -утый, -отый wird die vorhergehende Silbe betont.

b) *zu 2 und 3:* Endungsbetonte Verben vom Typ провести и endungsbetonte Verben der i-Konjugation betonen in der Langform das Suffix -ённ-, in der Kurzform die letzte Silbe: -ён, -ена́, -ено́, -ены́.

c) *zu 4:* Wechselbetonte Verben der i-Konjugation ziehen den Akzent auch hier zurück, daher заку́рен, заку́рена usw., also auch полу́чен, полу́чена usw., просмо́трен, просмо́трена usw. (vgl. § 12,6).

d) *zu 1 und 4:* Stammbetonte Verben behalten natürlich auch hier die Betonung des Infinitivs bei, z. B.: постро́ить – постро́енный usw., прорабо́тать – прорабо́танный usw.

e) Bei den in § 12,9 genannten Verben ist die feminine Form des Partizips ebenfalls endungsbetont: за́нят, *aber:* занята́, понята́, принята́, отнята́, взята́, начата́, развита́, прожита́, задана́.

MORPHOLOGIE

Wortbildung

§ 14. Die Bestandteile eines Wortes

Viele Substantive, Adjektive, Adverbien und Verben lassen sich in mehrere Bestandteile zerlegen: **Präfix(e)** – **Wurzel**[1]) – **Suffix(e)** – **Endung**. Durch Deklinations- und Konjugationsendungen sowie durch grammatikalische Präfixe und Suffixe (z. B. наи- bei der Steigerung der Adjektive, -ыва- bei der Aspektbildung der Verben) werden verschiedene Formen ein und desselben Wortes gebildet. Sie gehören in den Bereich der **Formenbildung** und werden bei den einzelnen Wortarten erläutert. Hier werden nur solche Präfixe und Suffixe behandelt, durch die neue Wörter entstehen und die in den Bereich der **Wortbildung** gehören, z. B.:

не – об – **ход** – им – ость
Un – um – **gäng** – lich – keit

меж – **государ** – ств – енн – ый
zwischen – **staat** – lich

с – **нов** – а
von **neu** – em

пере – из – **да** – ть
neu – heraus – **geb** – en

Wortzusammensetzungen (die im Russischen seltener sind als im Deutschen) liegen z. B. vor in:

жизн – е – **способ** – н – ость
Leben – s – **fäh** – ig – keit

четыр – ёх – **угол** – н – ый
vier – **eck** – ig

Die Kenntnis der wichtigsten Wortbildungselemente ist aus mehreren Gründen notwendig:

1. Sie ermöglicht die Erschließung unbekannter Wörter und erleichtert die Aneignung des Wortschatzes;

2. sie gestattet den sinnvollen Gebrauch von Wörterbüchern, die wegen ihres beschränkten Umfanges nicht alle Ableitungen von einer Wurzel geben können (das „Russische Wörterbuch" von Prof. Bielfeldt mit 23 500 Wörtern enthält zwar неизлечимый, aber nicht неизлечимость; просветить und просвещение, aber nicht просветитель);

3. sie ermöglicht die Erschließung von Fachvokabeln, die in den allgemeinen Wörterbüchern nicht enthalten sind (z. B. ороговеть verhornen, молочность Milchgehalt).

---

[1]) bzw. (unabgeleiteter) Stamm

§ 15. Präfixe

Die bedeutungsändernden Präfixe der Verben (vgl. § 78) und der von ihnen abgeleiteten Wörter kann man in zwei Gruppen einteilen:

1. Präfixe, die in vielen Zusammensetzungen die **gleiche Grundbedeutung** erkennen lassen:

в-	ein- hinein-, herein-	входить	hineingehen
вы-	aus-, hinaus-, heraus-	выходить	hinausgehen
из-	aus-	исходить	ausgehen (von)
от-	weg-, ab-	отходить	weggehen
пере-	1. (hin-, her-)über	переходить	übergehen (zu)
		переоценивать	überschätzen
	2. um-, neu-	переделать	umarbeiten
		переоценивать	umwerten
под-	1. unter-	подписывать	unterschreiben
	2. heran-	подходить	herankommen
пред-	voraus-, vorher-	предвидеть	voraussehen
при-	1. bei-, herbei-	приходить	(herbei)kommen
	2. an-	применять	anwenden
про-	durch-, ver-	проходить	durchgehen, vergehen

2. Präfixe, die mehrere Grundbedeutungen in sich vereinigen, so daß die Wortbedeutungen schwieriger zu erschließen sind:
вз- (взо- вс-), воз- (вос-), до-, за-, на-, о- (об-, обо-), по-, раз- (разо-, рас-), с- (со-), у-.

раз-	1. auseinander-	расходиться	auseinandergehen
	2. zer-	разлагать	zersetzen
	3. ent-	разгружать	entladen
с-	1. hinab-, herab-	сводить	hinabführen
	2. weg-	сводить	wegführen
	3. zusammen-	сводить	zusammenführen

Eine ausführliche Liste der Bedeutungen aller Verbalpräfixe ist im Schulwörterbuch von Prof. Bielfeldt enthalten, vgl. S. XIII.

Beachte:

a) Die Präfixe вз-, воз-, из- und раз- werden vor stimmlosen Konsonanten вс-, вос-, ис- und рас- geschrieben, z. B. издавать – исходить, разлагать – расходиться.

b) Nach den konsonantisch auslautenden Präfixen вз-, из-, от-, под-, пред-, раз-, с- wird bei Zusammensetzungen mit идти (-йти) und bei manchen anderen, mit zwei Konsonanten beginnenden Verben -о- eingeschoben, z. B. взойти, войти, отойти, подойти, разойтись; вовлекать ipf. (вовлечь pf.) hineinziehen, сослать pf. (ссылать ipf.) verbannen, подозвать pf. (подзывать ipf.) heranrufen, разобрать pf. (разбирать ipf.) auseinandernehmen, analysieren.

c) Das Präfix **пере–** lautet in manchen Verben **пре–**: **пре**образовать umgestalten.

d) das Präfix **о–** lautet in manchen Verben **об–** oder **обо–**: **об**огнать, **об**ходить, **обо**йти.

Von der Grundbedeutung ausgehend, kann man mit Hilfe des Kontextes den treffenden deutschen Ausdruck finden, z. B.:

Директор **вы́шел** из состава комиссии.	Der Direktor **schied** aus der Kommission **aus**.
Станок **вы́шел из строя**.	Die Maschine **fiel aus** (ging kaputt).
Его книга **вы́шла** в прошлом году.	Sein Buch **erschien** im vergangenen Jahr.
Из него **вы́йдет** хороший врач.	Er (aus ihm . . .) **wird** ein guter Arzt **werden**.
Все семена́ **вы́шли**.	Das gesamte Saatgut **ist verbraucht**.
Дело не **вы́шло**.	Die Sache **gelang** nicht.
Вы́шло, что вы правы.	Es **hat sich herausgestellt**, daß ihr recht habt.
В этом доме не́сколько **вы́ходов** на улицу.	Dieses Haus hat mehrere **Ausgänge** nach der Straße.
Сегодня его **выходно́й день**.	Er hat heute seinen **freien Tag**.
Созда́лось **безвыходное** положе́ние.	Es entstand eine **ausweglose** Lage.

§ 16. Die Suffixe der Substantive

Aus der Vielzahl der Suffixe sind nur diejenigen ausgewählt, die auch in der wissenschaftlichen Literatur häufig vorkommen.

1. Suffixe, die in vielen Zusammensetzungen die **gleiche Grundbedeutung** haben:

–тель (m.); –тельница (f.)
bei Ableitungen von Verben; bezeichnet die **handelnde Person,** mitunter auch den **unbelebten Urheber** der Handlung:

читать	lesen	читатель	Leser	читательница	Leserin
учить	lehren	учитель	Lehrer	учительница	Lehrerin
дви́гать	bewegen	дви́гатель	Motor		

–ание, –ение, –тие (n.)
bei Ableitungen von Verben; bezeichnet das **Geschehen,** mitunter auch das **Ergebnis** des Geschehens:

воспитать	erziehen	воспитание	die Erziehung
мы́слить	denken	мышление	das Denken
развить	entwickeln	развитие	die Entwicklung

Die Ableitungen dieser Substantive entspricht der Bildung der Partizipien Prät. Pass., vgl. dazu § 100,4.

–ость (f.)
bei Ableitungen von Adjektiven, häufig auch vom Partizip Präs. Pass.;
bezeichnet meist eine **Eigenschaft** oder einen **Zustand**:

способный	fähig	способность	Fähigkeit
молочный	Milch–	молочность	Milchgehalt
растворимый	löslich	растворимость	Löslichkeit

–ович; –евич (m); –овна, –евна (f.)
zur Bildung von **Vatersnamen**, z. B.:

Ива́н	Ива́нович	Ива́новна
Алексей	Алексе́евич	Алексе́евна

–ик (m.); –ика, –ия (f.)
in Internationalismen; **–ика (–ия)** bezeichnet oft ein **Wissensgebiet**, **–ик** den entsprechenden **Vertreter**:

техника	die Technik	техник	der Techniker
фи́зика	die Physik	фи́зик	der Physiker
химия	die Chemie	химик	der Chemiker

–ия; –ация (f.)
in Internationalismen; –ия entspricht häufig dem Suffix –ion, –ация dem Suffix –ierung:

дискуссия	комиссия	революция	нация
механизация	репатриация	операция	организация

–ист (m.); –истка (f.); –изм (m.)
in Internationalismen; entsprechen meist den Suffixen –ist, –istin, –ismus im Deutschen:

коммуна	коммунист	коммунистка	коммунизм
трактор	тракторист	трактористка	

2. Suffixe, die **verschiedene Bedeutungen** in sich vereinigen.

–ец (m.); –ка (f.)

комсомол	Komsomol	комсомолец	Komsomolze	комсомолка	Komsomolzin
се́ять	säen			се́ялка	Sämaschine
ре́зать	schneiden	резе́ц	1. Meißel 2. Schneidezahn		

–чик (m.): –чица (f.)

перевод	Übersetzung	переводчик	Übersetzer Dolmetscher	переводчица	Übersetzerin Dolmetscherin
передать	überbringen	передатчик	1. Überbringer 2. Sendeanlage		
счесть	zählen	счётчик	Zähler		

-ник (m.); -ница (f.)

колхоз	Kolchos	колхозник	Kolchosbauer	колхозница	Kolchosbäuerin
бумага	Papier	бумажник	Brieftasche		
разный	verschieden			разница	Unterschied
окно	Fenster	подоко́нник	Fensterbrett		

–ство (n.)

производить	produzieren	производство	Produktion
государь	Herrscher	государство	Staat
крестьянин	Bauer	крестьянство	Bauernschaft
доказать	beweisen	доказательство	Beweis

–ствие (n.)

путешествовать	reisen	путешествие	Reise
след	Spur	следствие	Folge

§ 17. Die Suffixe der Adjektive

1. Ableitungen von Substantiven:

–н–	союз	Union	союз–н–ый	Unions-
	восток	Osten	восточ–н–ый	östlich
	успех	Erfolg	успеш–н–ый	erfolgreich
	радость	Freude	радост–н–ый	freudig, froh
	нача́ло	Anfang	началь–н–ый	Anfangs-

Beachte den Konsonantenwechsel im Stammauslaut (vgl. § 4)!

–енн–	о́бщество	Gesellschaft	обще́ств–енн–ый	gesellschaftlich
	качество	Qualität	качеств–енн–ый	qualitativ
	жизнь	Leben	жизн–енн–ый	Lebens-
–онн–	революция	Revolution	революци–онн–ый	revolutionär
–ск–	Китай	China	китай–ск–ий	chinesisch
	автор	Autor	а́втор–ск–ий	Autoren-
–ическ–	история	Geschichte	истор–ическ–ий	geschichtlich
	химия	Chemie	хим–ическ–ий	chemisch
–ов–	класс	Klasse	класс–ов–ый	Klassen-
–ев–	алюминий	Aluminium	алюми́ни–ев–ый	Aluminium-

–ий, –ья bezeichnet die Zugehörigkeit; beachte den Konsonantenwechsel im Stammauslaut (vgl. § 4)!

–ье, –ьи	человек	Mensch	человеч–ий	Menschen-
	волк	Wolf	волч–ий	Wolfs-
	птица	Vogel	птич–ий	Vogel-

-оват- bezeichnet die **abgeschwächte oder verringerte Eigenschaft**:

жёлтый	gelb	желт–оват–ый	gelblich
слабый	schwach	слаб–оват–ый	schwächlich
азотноватистая кислота			untersalpetrige Säure
фосфорноватистая кислота			unterphosphorige Säure

2. Ableitungen von Substantiven:

-ист- bezeichnet die **Ähnlichkeit** oder den **Gehalt**:

пятно	Fleck	пятн–ист–ый	fleckig
волна	Welle	волн–ист–ый	wellig
азот	Salpeter	азот–ист–ая кислота	salpetrige Säure
	(dagegen:	азотная кислота	Salpetersäure)
фосфор	Phosphor	фосфор–ист–ая кислота	phosphorige Säure

3. Ableitungen von Adverbien:

–шн–	вчера	gestern	вчера–шн–ий	gestrig
	тогда	damals	тогда–шн–ий	damalig
	вне	außerhalb	вне–шн–ий	Außen-

§ 18. Die Suffixe der Verben

1. Ableitungen von Substantiven:

–овать	образ	Bild, Gestalt	образ–овать	bilden
–евать	ночь	Nacht	ноч–евать	übernachten

2. Ableitungen von Adjektiven:

–еть bildet **Inchoativ-Verben** (Eintritt eines Zustandes), intransitiv, z. B.:

белый	weiß	бел–еть	weiß werden
красный	rot	красн–еть	erröten
богатый	reich	богат–еть	reich werden

–ить bildet **faktitive Verben** (Herbeiführung eines Zustandes), transitiv, z. B.:

белый	weiß	бел–ить	weißen, tünchen
богатый	reich	о–богат–ить	bereichern, an-
великий	groß	у–велич–ить	vergrößern

§ 19. Wortzusammensetzungen

Wortzusammensetzungen enthalten Stämme von zwei selbständigen Wörtern. Sie sind wie folgt gebildet:

1. mit Bindevokal -o-, -e-

Substantiv + Substantiv:	машиностроение	Maschinenbau
	жизнеспособность	Lebensfähigkeit

Wortfamilien

Wurzel	Verb	Substantiv	Substantiv	Adjektiv	Substantiv
да-ть	издать	издание	издатель	издательский	издательство
образ	образовать	образование	преобразователь	образовательный	образованность
раствор	растворить	растворение	растворитель	растворительный	растворимость
богат-ый	обогатить разбогатеть	обогащение	обогатитель	обогатительный	богатство
скор-ый	ускорить	ускорение	ускоритель	ускорительный	скорость
слаб-ый	ослабить слабеть	ослабление	ослабитель		слабость
свой	усвоить	усвоение			усвояемость
как				качественный	качество
общ-ий	обобщить	обобщение	общественник	общественный	общество общность
коммун-а орган	организовать		коммунист организатор	коммунистический организационный	коммунизм организация

Крупная промышленность ускорила темпы своего развития. – Мы читали об ускорительных механизмах в строгальных станках. – Ускоритель – русский перевод латинского названия nervus accelerans. – Необходимо ускорение доставки телеграмм. – Поезд двигался с большой скоростью.
Серная кислота является растворителем для многих металлов. – При охлаждении растворителя насыщенные растворы выделяют кристаллы. – При растворении тел иногда происходит заметное выделение тепла. – С повышением давления растворимость газов заметно увеличивается.
Эта болезнь ослабила его нервы. – Его память слабеет. – Ослабители света – это оптические устройства для уменьшения интенсивности светового пучка. – Фотографическое ослабление – это уменьшение оптической плотности негативов. – Они проявили слабость в осуществлении своих решений.

Substantiv + Adjektiv:	машиностроительный	Maschinenbau-
	жизнеспособный	lebensfähig
Adjektiv + Adjektiv:	немецко-русский	deutsch-russisch
	рабоче-крестьянский	Arbeiter-und-Bauern-
	черно-красно-золотой	schwarzrotgold
Adverb + Adjektiv:	малоупотребительный	wenig gebräuchlich
Pronomen + Substantiv:	самообслуживание	Selbstbedienung

2. mit Zahlwort im Genitiv
Vergleiche:

	семь лет	семилетний	siebenjährig
(Genitiv	семи лет)	семилетка	Siebenjahrplan
	четыре угла	четырёхугольный	viereckig
(Genitiv	четырёх углов)	четырёхугольник	Viereck

3. ohne Bindevokal (wenige Bildungen)

Substantiv + Substantiv:	Ленингра́д	Leningrad
	пионерлагерь	Pionierlager

4. Einwort-Appositionen

Substantiv + Substantiv:	женщина-врач	Ärztin
	автомат-контролёр	Kontrollautomat
	(vgl. hierzu § 139)	

§ 20. Wortfamilien

Die durch die verschiedenen Möglichkeiten der Wortbildung von einem Stamm (bzw. einer Wurzel) abgeleiteten, inhaltlich zusammengehörigen Wörter bezeichnet man gewöhnlich als Wortfamilien.

A. Übersicht über typische, durch Präfigierung und Suffigierung entstandene Wortfamilien siehe Tabelle Seite 33.

B. Beispiele für die Vielseitigkeit von Wortfamilien.

1. Von –вод–, –вед– (führ–en) sind u. a. folgende Wörter abgeleitet:

a) ohne Präfix

вождь, водитель автомашины, вагоновожатый, пионервожатый, экскурсово́д, счетово́д.

b) mit Präfix в–   (**ein**–führen)
вводить, ввести   введение

c) mit Präfix пере–   (**über**–führen, **über**–setzen)
переводить, перевести   перевод, переводная литература, переводчик, переводчица

d) mit Präfix про–   (**durch**–führen)
проводить, провести   1. verwirklichen, 2. geleiten, 3. anlegen (Leitung)
про́вод   Leitung, Kabel

проводи́мость	Leitvermögen
прово́дка	Geleit; Leitung
проводни́к	1. Führer, Schaffner; vgl. f. проводни́ца; 2. *phys.* Leiter; vgl. полупроводни́к
провожа́ть	begleiten
провожа́тый	Begleiter

   e) **mit den Präfixen произ-**   (**durch-**, **aus**-führen)

производи́ть, произвести́	1. produzieren, 2. ableiten
произведе́ние	Werk, Erzeugnis; *math.* Produkt
производи́тель	Produzent
производи́тельный	produktiv, z. B. производительные силы
произво́дство	Produktion

vgl.: производственный процесс, производственник, производительность труда

произво́дный	abgeleitet, z. B. производное слово
произво́дная	*math.* Ableitung, Differentialquotient

   f) **mit Präfix раз-**   (**auseinander**-führen)

разводи́ть, развести́	1. auseinandernehmen; 2. *Ehe* scheiden; 3. auflösen, verdünnen; 4. züchten, anpflanzen
разво́д	Scheidung
разведе́ние	Zucht; Anbau
конево́д	Pferdezüchter

vgl.: коневодство, коневодческая ферма; овцевод, овцеводство, овцеводческий совхоз

садово́д	Gärtner

vgl.: садоводство, садоводческий колхоз

   g) **mit рук- (Hand)**

руководи́ть	führen, leiten

vgl.: руководитель, руководство, руководящая роль

руково́дствовать	führen, leiten

   2. Von голос, -глас-[1]) sind u. a. folgende Wörter abgeleitet:
   a) **ohne Präfix**

(про)голосова́ть	abstimmen (vgl. голосование Abstimmung)

---

[1]) -глас- ist die kirchenslawische bzw. südslawische Form, der eine russische (ostslawische) Form mit sog. Vollaut (полногласие) entspricht; vgl. auch: -град-/город, -млек-/молоко.

голосовой	Stimm-, z. B. голосовы́е упражнения
-голо́сый	-stimmig, z. B. многоголо́сая песня, разноголо́сый говор
гласи́ть	1. verkünden; 2. lauten
гла́сный	1. öffentlich, z. B. гла́сный проте́ст, гла́сность суда́; 2. vokalisch, Vokal
единогла́сие	Einstimmigkeit
разногла́сие	Uneinigkeit; Widerspruch

vgl.: единогла́сное реше́ние, разногла́сные показа́ния свиде́телей

b) **mit den Präfixen o-, при-, co-**

огласи́ть, оглаша́ть	veröffentlichen, verkündigen (vgl. оглаше́ние резолю́ции)
пригласи́ть, приглаша́ть	einladen

vgl.: приглаше́ние, пригласи́тельный биле́т

согла́сие	Einverständnis

vgl.: согласи́тельная коми́ссия — Schlichtungskommission

согласи́ться, соглаша́ться	1. zustimmen, 2. vereinbaren
соглаше́ние	1. Schlichtung, 2. Zustimmung. 3. Vereinbarung
согла́сный	1. übereinstimmend, 2. einverstanden, z. B. Они́ согла́сны на все усло́вия. 3. konsonantisch, Konsonant
согла́сно	gemäß, z. B. согла́сно на́шему реше́нию
соглаша́тель	Versöhner, Opportunist

vgl.: соглаша́тельство, соглаша́тельская та́ктика меньшевико́в

согласова́ть	in Übereinstimmung bringen, koordinieren
согласова́ться	übereinstimmen, kongruieren

Substantiv

§ 21. Grundregeln zur Bestimmung des Geschlechts der Substantive

Maskulina enden auf einen Konsonanten, auf -ь (mit G. auf -я) oder auf й.
Feminina enden auf -a, -я, -ь (mit G. auf -и).
Neutra enden auf -o, -e, -ё, -мя.

Einige Wörter mit maskuliner Endung bezeichnen weibliche Personen, einige mit femininer Endung bezeichnen männliche Personen. Das Prädikat im Präteritum richten sich nach dem natürlichen Geschlecht des Subjekts:

Наш дире́ктор сказа́ла...	Unsere Direktorin sagte...
Мой де́душка чита́л.	Mein Großvater las.
Мой дя́дя ушёл.	Mein Onkel ist weggegangen.
Он говори́л с мои́м дя́дей.	Er sprach mit meinem Onkel.

§ 22. Die drei Grundtypen der Deklination der Substantive

Mit Ausnahme einiger weniger Wörter lassen sich die russischen Substantive im Singular zu drei Deklinationstypen zusammenfassen:
  I. Maskulina und Neutra;
 II. Feminina auf –a (–я) im N. Sg.;
III. Feminina auf –ь im N. Sg. und –и im G. Sg. (i-Deklination).
Im Plural fallen die drei Grundtypen zusammen (§ 29 bis 32).

§ 23. Substantive außerhalb der drei Deklinationen

1. **Zehn Neutra auf** –мя (имя, время, знамя, семя, стремя, племя, пламя, бремя, вымя, темя) haben im G., D. und P. Sg. die Endung –и wie die i-Deklination, im Instr. Sg. dagegen die weiche Endung –ем der I. Deklination, während sie im Pl. wie harte Neutra behandelt werden. Beachte –ен– in allen Kasus außer N. u. A. Sg.

2. Das durchweg endbetonte einzige Maskulinum der i-Deklination **путь** hat im Instr. Sg. die maskuline Endung: путём.

3. Die Substantive **мать** und **дочь** gehören zur i-Deklination. Beachte –ер– in allen Kasus außer N. und A. Sg.:
мать, ма́тери, матери, мать, ма́терью, о матери; ма́тери, матере́й, матеря́м, матере́й, матеря́ми (aber: дочерьми́), о матеря́х.

4. **Substantivierte Adjektive und Partizipien** werden wie Adjektive dekliniert:

ру́сский   Russe   ру́сская   Russin   гла́вное   Hauptsache
учёный   Gelehrter   столо́вая   Speisesaal   да́нные   Angaben

5. Bei russischen **Familiennamen auf** –ов, –ев (–ёв), –ин, –ын ist ein Teil der Endungen adjektivisch, z. B.: Пу́шкин – Instr. Sg.: Пу́шкиным vgl. § 36).

6. Einige Substantive, insbesondere Fremdwörter, sind **undeklinierbar**:

a) Die meisten vokalisch auslautenden Fremdwörter und Eigennamen: кака́о, ко́фе, такси́, интервью́; боа́, атташе́, буржуа́, кенгуру́, коли́бри, кули́, шимпанзе́; Золя́, Гюго́, Ра́у.

Nicht endbetonte Fremdwörter auf –a werden dekliniert, z. B. ла́мпа.

Namen ukrainischer Herkunft auf –o dekliniert man gewöhnlich nicht, z. B. Мака́ренко, Лысе́нко, Шевче́нко. Zuweilen kommen einzelne Endungen der I. und II. Deklination vor: G. Sg. Шевченка́ (oder seltener Шевче́нки).

b) Konsonantisch auslautende Eigennamen weiblicher Personen: Маргот Леман, Вальтрауд Мюллер, z. B.:

Я знаю товарищ(а)¹) Леман.	Ich kenne die Genossin Lehmann.
Я говорю с товарищ(ем)¹) Леман.	Ich spreche mit Genossin Lehmann.
aber: Я говорю с товарищем Леманом.	Ich spreche mit Genossen Lehmann.

c) Die meisten Abkürzungen aus Anfangsbuchstaben:
СССР (Союз Советских Социалистических Респу́блик)
КПСС (Коммунистическая партия Советского Союза)
Abkürzungen, die aussprechbare Wörter ergeben, dekliniert man:
вуз (высшее учебное заведение) Hochschule
вуз, вуза, вузу, вуз, вузом, вузе, вузы, вузов, вузам . . .
эсе́р (социалист-революционер) Sozialrevolutionär
эсеры, эсеров, эсерам, эсеров, эсерами, эсерах.

---

¹) In der Umgangssprache wird die Endung auch bei товарищ (Genossin) oft weggelassen.

§ 24. Musterbeispiele aus allen drei Deklinationen

	I. Deklination (Maskulina)				I. Deklination (Neutra)		
	hart	weich	j-Stämme	ij-Stämme	hart	weich	j-Stämme	ij-Stämme
N.	труд	рубль	сарай	критерий	слово	поле	копьё	мнение
G.	труда́	рубля́	сара́я	крите́рия	слова́	поля́	копья́	мне́ния
D.	труду́	рублю́	сара́ю	крите́рию	сло́ву	по́лю	копью́	мне́нию
A.	труд	рубль	сара́й	крите́рий	сло́во	по́ле	копьё	мне́ние
I.	трудо́м	рублём	сара́ем	крите́рием	сло́вом	по́лем	копьём	мне́нием
P.	труде́	рубле́	сара́е	крите́рии	сло́ве	по́ле	копье́	мне́нии
N.	труды́	рубли́	сара́и	крите́рии	слова́	поля́	ко́пья	мне́ния
G.	трудо́в	рубле́й	сара́ев	крите́риев	слов	поле́й	ко́пий	мне́ний
D.	труда́м	рубля́м	сара́ям	крите́риям	слова́м	поля́м	ко́пьям	мне́ниям
A.	труды́	рубли́	сара́и	крите́рии	слова́	поля́	ко́пья	мне́ния
I.	труда́ми	рубля́ми	сара́ями	крите́риями	слова́ми	поля́ми	ко́пьями	мне́ниями
P.	труда́х	рубля́х	сара́ях	крите́риях	слова́х	поля́х	ко́пьях	мне́ниях

	II. Deklination (Feminina)				III. Dekl.	Ausnahmedeklination		
	hart	weich	j-Stämme	ij-Stämme	i-Dekl. (Fem.)	i-Dekl. (Mask.)	n-Stämme
N.	рабо́та	неде́ля	статья́	ли́ния	часть	путь	и́мя (!)
G.	рабо́ты	неде́ли	статьи́	ли́нии	ча́сти	пути́	и́мени
D.	рабо́те	неде́ле	статье́	ли́нии	ча́сти	пути́	и́мени
A.	рабо́ту	неде́лю	статью́	ли́нию	часть	путь	и́мя (!)
I.	рабо́той	неде́лей	статьёй	ли́нией	ча́стью	путём	и́менем
P.	рабо́те	неде́ле	статье́	ли́нии	ча́сти	пути́	и́мени
N.	рабо́ты	неде́ли	статьи́	ли́нии	ча́сти	пути́	имена́
G.	рабо́т	неде́ль	стате́й	ли́ний	часте́й	путе́й	имён (!)
D.	рабо́там	неде́лям	статья́м	ли́ниям	частя́м	путя́м	имена́м
A.	рабо́ты	неде́ли	статьи́	ли́нии	ча́сти	пути́	имена́
I.	рабо́тами	неде́лями	статья́ми	ли́ниями	частя́ми	путя́ми	имена́ми
P.	рабо́тах	неде́лях	статья́х	ли́ниях	частя́х	путя́х	имена́х

Anm.: Der 6. Fall (Präpositiv) wird im Russischen nur mit Präpositionen gebraucht. Die in den meisten Grammatiken angeführte Präposition o ist hier weggelassen worden.
Man lese also: о труде́, о труда́х, о рубле́, о рубля́х usw. – Beachte aber: об и́мени, об имена́х.

§ 25. Anmerkungen zur Deklination

1. Bei den weichen und j-Stämmen steht
bei Endbetonung ё: статьёй, землёй, рублём, копьём; слоёв;
bei Stammbetonung e: неде́лей, ли́нией, учи́телем, сара́ем; сара́ев.

Anm.: Im Instr. Sg. der Feminina kommen neben -ой, -ей (-ёй), -ью sehr selten auch Formen auf -ою, -ею (-ёю), -ию vor.

2. Bei allen ij-Stämmen steht im P. Sg. (bei f. auch im D. Sg.) -ии: о критерии, о мнении, о линии; к линии.

3. Bei Konsonantenhäufung erfolgt in endungslosen Formen oft Einschub von o oder e:

m. N. Sg.:   день (дня, дню), конец (конца́, концу́)
n. G. Pl.:   о́кон (окно́), чи́сел (число́), пи́сем (письмо́)
f. G. Pl.:   сестёр (сестра́), оши́бок (оши́бка)
i-Dekl.:   рожь, ржи, ржи, рожь, ро́жью (!), ржи.

4. Rechtschreiberegeln siehe § 7a − d.

§ 26. Belebtheit und Unbelebtheit

Man unterscheidet im Russischen Belebtheit und Unbelebtheit. Danach ist im Sg. der Akkusativ der Substantive **maskuliner** Deklination und im Plural der Akkusativ **aller** Substantive (und dazugehörigen Adjektive und Pronomen) bei Lebewesen (außer Pflanzen) gleich dem Genitiv:

Sg.: Я вижу студе́нта, бра́та, това́рища, учи́теля, пролета́рия, учёного
aber: студе́нтку, сестру́, мать, дочь, лицо́, живо́тное

Pl.: Я вижу студе́нтов, бра́тьев, това́рищей, учителе́й, геро́ев, учёных, студе́нток, сестёр, матере́й, дочере́й, живо́тных

aber: Я вижу это расте́ние, эти расте́ния.

Anm.: Kollektivbezeichnungen gelten nicht als belebt:
Я люблю́ свой наро́д.   Ich liebe mein Volk.
Я вижу войска́.   Ich sehe die Truppen.

§ 27. Genitiv Singular auf -у, -ю

Der G. Sg. kann bei einigen Maskulina zur Bezeichnung des Teils einer Menge (partitiver Genitiv) auf -у, -ю gebildet werden.

Mengenangabe: keine Mengenangabe:
кило́ са́хару (= са́хара)   цена́ са́хара
стака́н ча́ю (= ча́я)   цвет ча́я
Дай табаку́!   убо́рка табака́

Die Betonung ist die gleiche wie beim Genitiv auf −a.

§ 28. Präpositiv Singular auf –у, –ю

Der P. Sg. auf –ý, –ю́ (stets betont) steht bei einigen, meist einsilbigen Substantiven nach den Präpositionen в und на, z. B.:

в году́	im Jahr	на берегу́	am Ufer
на Дону́	am Don	в лесу́	im Wald
на краю́	am Rande	на лугу́	auf der Wiese
в Крыму́	auf der Krim	в саду́	im Garten

Nach den Präpositionen **о, по, при** steht der regelmäßige P. Sg. auf –e, z. B.: о бе́реге, о ле́се

In manchen Wendungen steht auch nach в der Präpositiv auf –e, z. B.: в ря́де слу́чаев (in einer Reihe von Fällen, in einigen Fällen), aber в пе́рвом ряду́ (in der ersten Reihe).

Zu Adverbien geworden sind: внизу́ (unten), наверху́ (oben), наряду́ с этим (daneben).

§ 29. Dativ, Instrumental und Präpositiv Plural

Im Plural haben Dativ, Instrumental und Präpositiv bei allen Substantivdeklinationen gleiche Endungen:

–ам, –ами, –ах bei harten Stämmen und nach ч, щ,
–ям, –ями, –ях bei weichen Stämmen, j-Stämmen und ij-Stämmen.

Nur wenige Substantive bilden den Instrumental Plural auf –ьми́: детьми́, дочерьми́, людьми́, лошадьми́.

§ 30. Nominativ Plural

Im N. Pl. kommen folgende Endungen vor: –ы, –и, –а, –я, –е.
1. **Feminina** haben ausnahmslos –ы, –и (рабо́ты, неде́ли, ча́сти).
2. **Neutra** haben meist –а, –я (слова́, поля́, ко́пья, мне́ния, имена́) Beachte Stammerweiterung –j– im Plural bei де́рево – дере́вья, крыло́ – кры́лья, перо́ – пе́рья.

Bei einigen Wörtern steht –и, z. B.:
ухо – уши (Ohren), плечо́ – пле́чи (Schultern), коле́но – коле́ни (Knie), я́блоко – я́блоки (Äpfel), око́шко – око́шки (Fensterchen).

3. **Maskulina** haben im allgemeinen die Endung –ы, –и (труды́, рубли́), oft –а́, –я́, –ья, selten –е (крестья́не § 31,1).

a) Den N. Pl. auf –а́, –я́, –ья bilden u. a. folgende Maskulina:

бе́рег – берега́	Ufer	по́езд – поезда́	Eisenbahnzüge
бок – бока́	Seiten	профе́ссор – –а́	Professoren
глаз – глаза́	Augen	сорт – сорта́	Sorten
го́род – города́	Städte	учи́тель – учителя́	Lehrer
до́ктор – доктора́	Doktoren	брат – бра́тья, –ьев	Brüder
дом – дома́	Häuser	друг – друзья́, –е́й	Freunde

лес – леса́	Wälder	князь – князья́, –е́й	Fürsten
луг – луга́	Wiesen	ко́лос – коло́сья, –ьев	Ähren
о́стров – острова́	Inseln	стул – сту́лья, –ьев	Stühle

b) Bei einigen Maskulina kommen sowohl der N. Pl. auf –ы, –и als auch der N. Pl. auf –а, –я vor. Beachte dabei folgende Bedeutungsunterschiede:

хле́бы	Brote	хлеба́	Getreide(arten)
про́пуски	Lücken	пропуска́	Passierscheine
то́ны	Töne, Klänge	тона́	Farbtöne
цветы́	Blumen, Blüten	цвета́	Farben
листы́	Papierblätter	ли́стья, –ьев	Pflanzenblätter
весы́	Waage (§ 33,2)	а́томные веса́	Atomgewichte
сыны́	Söhne (in übertragenem Sinne, z. B. Söhne des Volkes)	сыновья́, –е́й	Söhne

§ 31. Stammveränderung im Plural

Bei einigen Substantiven erfolgt bei der Bildung des Plurals zugleich eine Veränderung des Stammes:

1. Bei den Substantiven auf –янин, –анин fällt das Suffix –ин des Singulars in **allen** Kasus des Pl. weg. Der N. Pl. endet auf –е, der Genitiv ist endungslos: крестьяне, крестьян, крестьянам, крестьян, крестьянами, крестьянах.

Ebenso z. B. англича́нин – англича́не.

Beachte die Betonung bei граждани́н – гра́ждане Bürger (offizielle Anrede der Staatsbürger der UdSSR).

2. Bei господи́н Herr (offizielle Anrede im diplomatischen Verkehr und gegenüber Ausländern) fällt das Suffix –ин ebenfalls im Pl. weg: господа́, госпо́д, господа́м, госпо́д, господа́ми, господа́х.

3. Das Substantiv хозя́ин (Wirt, Hausherr, Eigentümer) hat im Sg. das Suffix –ин, im Pl. das Suffix –ев–:
хозя́ева, хозя́ев, хозя́евам, хозя́ев, хозя́евами, хозя́евах.

4. Bei Substantiven auf –ёнок, –онок, z. B. ребёнок, ребёнка (Kind), медвежо́нок (junger Bär), hat der Pl. das Suffix –ят–, –ат–: ребя́та, ребя́т, ребя́там, ребя́т, ребя́тами, ребя́тах.

§ 32. Systematisierung des Genitiv Plural

Im G. Pl. kommen drei Grundtypen von Endungen vor, die sich jedoch nicht mit den drei Grundtypen der Deklination decken:

I. –ов	(–ев, –ьев) bei den **meisten Maskulina,**
II. Null	(= der reine Stamm) bei den **meisten Feminina und Neutra** (orthographisch ergeben sich dabei folgende Varianten: endungslos, –ь, –й, –ий),
III. –ей	**bei allen Wörtern auf –ь und einigen anderen Typen.**

Die wichtigsten Regeln für den Gebrauch dieser Endungen:
I. 1. –ов a) трудо́в = m. hart (außer nach ж, ш)
           b) концо́в = m. hart nach ц bei Endbetonung (N. Sg. коне́ц)
   2. –ев a) сараев, критериев = m. j-Stämme und ij-Stämme
           b) не́мцев = m. hart nach ц bei Stammbetonung (N. Sg. не́мец)
   3. –ьев a) бра́тьев = einige m. mit stammbetontem N. Pl. auf –ья (vgl. § 30,3)
           b) дере́вьев = wenige n. mit stammbetontem N. Pl. auf –ья
II. 1. –   a) работ, слов = f. hart und n. hart
           b) человек = einige m. hart (глаз, раз, солдат, ампер, ватт, вольт; vgl. auch § 31)
   2. –ь   неде́ль = f. weich (N. Sg. неде́ля)
   3. –й   иде́й = f. auf j nach Vokal (N. Sg. иде́я)
   4. –ий a) мне́ний, ли́ний = n. ij-Stämme und f. ij-Stämme
           b) гости́й = f. j-Stämme, stammbetont (N. Sg. го́стья weiblicher Gast)
III. –ей   a) рубле́й, часте́й = alle Wörter auf –ь = m. und f. weich
           b) стате́й = f. j-Stämme endbetont (N. Sg. статья́)
           c) поле́й, море́й = n. weich (es gibt nur diese zwei Wörter)
           d) карандаше́й = m. nach ж, ш, ч, щ (N. Sg. каранда́ш), ebenso: этаже́й, враче́й, това́рищей
           e) друзе́й = m. mit endbetontem N. Pl. auf –ья
           f) einzelne Wörter: дядей, тётей.

§ 33. Singulariatantum und Pluraliatantum

1. Singulariatantum (Einzahlwörter)

a) Wörter, die im Russischen keine Pluralform besitzen, ins Deutsche aber je nach Zusammenhang auch als Plural übersetzt werden können:

повышение зарпла́ты   Erhöhung der **Löhne**
нехватка рабочей силы   Mangel an **Arbeitskräften**
много сырья́   viele **Rohstoffe**
обмениваться о́пытом   **Erfahrungen** austauschen

In der Bedeutung Versuch hat о́пыт jedoch Singular- und Pluralformen. Ferner:
Alle Bezeichnungen von **Beeren** und Beerensträuchern, z. B.: кило малины, клубники, винограда, ein Kilo Himbeeren, Erdbeeren, Weinbeeren,
die meisten **Gemüsearten**, z. B.:
много картофеля, лука, редиса, моркови, viele Kartoffeln, Zwiebeln, Radieschen, Möhren.
b) Singulariatantum sind nicht zählbar; „zwei Kartoffeln" wird umschrieben mit два клу́бня картофеля (клу́бень = Knolle).

c) Bei einigen Singulariatantum bezeichnet die Pluralform große Mengen oder verschiedene Arten, Sorten usw.: снега́ (Schneemassen), хлеба́ (Getreidearten), пшеницы (Weizensorten).

2. Pluraliatantum (Mehrzahlwörter)

a) Wörter, die im Russischen keine Singularformen besitzen, ins Deutsche aber als Singular übersetzt werden:

су́тки, су́ток	24 Stunden	Beachte Doppelbedeutungen:
воро́та, воро́т	das Tor	часы́ a) Stunden
де́ньги, де́нег	Geld	b) Uhr (Plt.)
щи, щей	Stschi (Kohlsuppe)	вес Gewicht eines Gegenstandes,
очки́, очко́в	Brille	Pl. веса́ (а́томные веса́);
		весы́ Waage (Plt.)

b) Da Pluraliatantum keine Singularformen haben, werden für 2, 3, 4 nicht два, три, четыре (die den G. Sg. nach sich haben), sondern die Sammelzahlwörter дво́е, тро́е, че́тверо verwendet (die den G. Pl. nach sich haben): дво́е, тро́е, че́тверо су́ток (vgl. § 53,4a).

Beachte: два часа́ zwei Stunden oder 2 Uhr,
aber дво́е часо́в zwei Uhren

Auch über 5 werden Sammelzahlen gebraucht, z. B.
пя́теро сане́й fünf Schlitten

Adjektiv

§ 34. Deklination der Adjektive (hart und weich)

1. hart:

	m.	n.	f.	Pl.
N.	добр|ый	добр|ое	добр|ая	добр|ые
G.	ого	ого	ой	ых
D.	ому	ому	ой	ым
A.	ый (-ого)	ое	ую	ые (-ых)
I.	ым	ым	ой	ыми
P.	ом	ом	ой	ых

2. weich:

	m.	n.	f.	Pl.
N.	зимн|ий	зимн|ее	зимн|яя	зимн|ие
G.	его	его	ей	их
D.	ему	ему	ей	им
A.	ий (-его)	ее	юю	ие (-их)
I.	им	им	ей	ими
P.	ем	ем	ей	их

Die wichtigsten weichen Adjektive

Ortsbestimmungen:

верхний	der obere	– нижний	der untere
передний	der vordere	– задний	der hintere
внешний	der äußere	– вну́тренний	der innere
дальний	der ferne	– ближний	der nahe
здешний	der hiesige	– дома́шний	Haus-

Zeitbestimmungen:

ранний	der frühe	– поздний	der späte
утренний	Morgen-	– вече́рний	Abend-
зимний	Winter-	– летний	Sommer-
вчера́шний	der gestrige	– сего́дняшний	der heutige
прежний	der frühere	– тепе́решний	der jetzige

zeitlich und örtlich:

средний	der mittlere	последний	der letzte

zudem: лишний überflüssig, синий blau, односторо́нний einseitig

3. Anmerkungen:

a) G. Sg. m. u. n. -ого, -его wird gesprochen -ово, ево.

b) **Die** Endung des Akkusativs richtet sich nach dem Substantiv, bei Lebewesen also: -ого, -ых bzw. -его, -их (vgl. § 26).

c) Instr. Sg. f. kennt auch, allerdings nur noch in der Schriftsprache, die längere Form: -ою, -ею.

d) Harte endbetonte Adjektive haben in der m. Form -о́й statt -ый, z. B.: молодо́й, основно́й (vgl. § 11,2 und § 9,2 b).

e) Orthographische Regeln siehe § 7 a – d.

§ 35. Deklination der Possessivadjektive

Die Deklination der Possessivadjektive auf -ий, -ья, -ье ähnelt der weichen Deklination nach dem Muster зимний, wobei jedoch -ь- in allen Kasus außer N. (und unbelebtem A.) Sg. m. zu beachten ist.

	Singular		Plural
	m./n.	f.	m./n./f.
N.	рыб'ий, -ье (!)	рыб'ья (!)	рыб'ьи (!)
G.	ьего	ьей	ьих
D.	ьему	ьей	ьим
A.	ий (-ьего), -ье (!)	ью (!)	ьи (-ьих)
I.	ьим	ьей	ьими
P.	ьем	ьей	ьих

Beispiele: разбо́йничий план — der räuberische Plan
поме́щичьи зе́мли — die Ländereien der Gutsbesitzer

Anm.: Zu dieser Deklination gehört auch das Zahlwort тре́тий, z. B.: Сего́дня тре́тье (число́) ма́я. Heute ist der dritte Mai.

§ 36. Deklination russischer Familiennamen

Russische Familiennamen auf –ов, –ев (–ёв), –ын, –ин sind ihrer Entstehung nach Adjektive und haben zum Teil adjektivische Endungen:

	Singular		Plural
	Maskulinum	Femininum	
N.	Петро́в	Петро́ва	Петро́вы
G.	а	ой	ых
D.	у	ой	ым
A.	а	у	ых
I.	ым	ой	ыми
P.	е	ой	ых

Beispiele: Па́вловым, Никола́евым, Ковалёвым, Цицыным, Чиче́риным, у А́нны Каре́ниной, к А́нне Каре́ниной, об А́нне Каре́ниной.

Nichtrussische Familiennamen mit diesen Suffixen werden wie Substantive dekliniert: Да́рвин – Да́рвином, Ви́рхов – Ви́рховом.

Ortsnamen auf –ов (–ово), –ев (–ево), –ин (–ино), –ын (–ыно) werden im modernen Russisch in *allen* Kasus wie Substantive dekliniert: ме́жду Ки́евом и Ха́рьковом, под Сара́товом, под Бородино́м, под го́родом Кали́нином.

Eigentliche Adjektive des obengenannten Deklinationstyps sind in Fachtexten selten. Sie haben im P. Sg. m. und n. die adjektivische Endung –ом: в Ма́рксовом „Капита́ле" in Marx' „Kapital".

Merke ferner: го́рдиев у́зел, прокру́стово ло́же.

§ 37. Bildung der Kurzform

1. Viele Adjektive haben eine Kurzform, die nicht dekliniert wird und nur im Prädikat vorkommt. Sie tritt nur im Nominativ auf und richtet sich in Genus und Numerus nach dem Subjekt:

Вопро́с ва́жен. — Die Frage ist wichtig.
Пробле́ма важна́. — Das Problem ist wichtig.
Де́ло ва́жно. — Die Angelegenheit ist wichtig.
Э́ти вопро́сы ва́жны. — Diese Fragen sind wichtig.

Zum **Gebrauch der Kurzform** als Teil des Prädikats siehe § 129, B 2. Zur Betonung der Kurzformen siehe § 11, 4 und 5.

2. Besonderheiten der maskulinen Kurzform.

a) Vokaleinschub zwischen konsonantischem Stammauslaut und Suffix:
–о– steht zwischen hartem Konsonanten (außer ж) und Suffix –к–:

близкий	– близок (близка́)	nahe
редкий	– редок (редка́)	selten

–е– steht in allen anderen Fällen:

горький	– горек (горька́)	bitter
тяжкий	– тяжек (тяжка́)	schwer
спокойный	– споко́ен (споко́йна)	ruhig
бедный	– беден (бедна́)	arm
больной	– бо́лен (больна́)	krank

Unregelmäßige Kurzformen sind:

злой	– зол	(зла)	böse
долгий	– долог	(долга́)	lang
полный	– полон	(полна́)	voll
смешно́й	– смешо́н	(смешна́)	lächerlich

b) **Vokaleinschub bei der Gruppe –нн–:**

длин–ный – длинен (длинна́)	lang
неизмен–ный – неизменен (неизме́нна)	unveränderlich

3. Adjektivische Kurzformen sind:

согласен – Она согласна.	Sie ist einverstanden.
до́лжен – они должны́	sie müssen
прав – Вы пра́вы.	Sie haben recht. ⎫
рад – Она ра́да.	Sie ist froh, freut sich. ⎬ nur Kurzform
наме́рен – мы наме́рены	wir beabsichtigen
ну́жен – Нам нужна́ газета.	Wir brauchen eine Zeitung.

Komparation der Adjektive

§ 38. Übersicht über die Steigerungsformen

Langform und Kurzform haben unterschiedliche Steigerungsformen:

	Langform	Kurzform
Positiv	ва́жный вопрос	вопрос ва́жен
Komparativ	бо́лее ва́жный вопрос	вопрос важне́е
Superlativ	са́мый ⎫ важный вопрос наибо́лее ⎭ важне́йший вопрос	вопрос важне́е ⎰ всего́ ⎱ всех

§ 39. Komparativ der Langform

Der Komparativ der Langform wird gewöhnlich mit **бо́лее + Positiv** gebildet: бо́лее ва́жный вопро́с. Wie im Positiv wird die Langform meist attributiv verwendet: Я не зна́ю бо́лее ва́жного вопро́са. Ich kenne keine wichtigere Frage.
Sie kann aber auch (anstelle der Kurzform) prädikativ stehen:
Э́тот вопро́с бо́лее ва́жный.   Diese Frage ist wichtiger.
(seltener: Э́тот вопро́с бо́лее ва́жен.)

§ 40. Komparativ der Kurzform

Der Komparativ der Kurzform wird gebildet:
a) **mit Suffix –ee** (auch verkürzt zu –ей):

нове́е (нове́й)	zu нов, нова́, но́во, но́вы	neu
важне́е (важне́й)	zu ва́жен, важна́, ва́жно, ва́жны	wichtig
интере́снее (интере́сней)	zu интере́сен, интере́сна, интере́сно, интере́сны	interessant

b) **mit Suffix –e und Konsonantenwechsel** bei stammauslautendem г, к, х, д, т, ст:

доро́же	zu до́рог, дорога́, до́рого, до́роги	teuer
кре́пче	zu кре́пок, крепка́, кре́пко, кре́пки	stark
ти́ше	zu тих, тиха́, ти́хо, ти́хи	still
моло́же	zu мо́лод, молода́, мо́лодо, мо́лоды	jung
бога́че	zu бога́т, бога́та, бога́то, бога́ты	reich
про́ще	zu прост, проста́, про́сто, про́сты	einfach

Bei stammauslautendem –к– sind jedoch Unregelmäßigkeiten zu beachten:

бли́же	zu бли́зок, близка́, бли́зко, бли́зки	nahe
глу́бже	zu глубо́к, глубока́, глубо́ко́, глубо́ки́	tief
коро́че	zu ко́роток, коротка́, ко́ротко́, ко́ротки́	kurz
ре́же	zu ре́док, редка́, ре́дко, ре́дки	selten
ши́ре	zu широ́к, широка́, широко́, широ́ки́	breit
у́же	zu у́зок, узка́, у́зко, у́зки	schmal

Merke ferner:

деше́вле	zu дёшев, дешева́, дёшево, дёшевы	billig

Die Kurzform wird gewöhnlich prädikativ verwendet. Der Vergleich wird vorgenommen mit чем (= als) + Nominativ oder mit dem reinen Genitiv. Vor чем steht stets ein Komma. Zum Beispiel:

Кита́йский язы́к трудне́е { , чем ру́сский. Chinesisch ist schwerer als
                          { ру́сского.   Russisch.

In der Umgangssprache kommt die nachgestellte Kurzform des Komparativs auch in attributiver Bedeutung vor, wobei sie entweder das Präfix по– erhält oder mit einem Vergleichswort gebraucht wird, z. B.:

Да́йте мне ко́мнату побо́льше.   Geben Sie mir ein größeres Zimmer.
Он получи́л ко́мнату бо́льше мое́й.   Er erhielt ein größeres Zimmer als ich.

§ 41. Gradadverbien beim Komparativ

1. Zur Verstärkung stehen beim Komparativ:

гораздо, намного, значительно, куда́, несравне́нно
bei weitem, weitaus, bedeutend, unvergleichlich

Beispiel: Это гораздо легче.
Das ist weitaus leichter.

2. Einschränkende Bedeutung haben:

немно́го, не́сколько, Präfix по–
etwas

Beispiel: Это немного легче. (= Это полегче.)
Das ist etwas leichter.

3. Beachte folgende Wendungen:

всё лучше и лучше — immer besser
как нельзя лучше — auf das beste
как можно точнее — möglichst genau

§ 42. Superlativ der Langform

Der Superlativ der Langform wird gebildet:

1. analytisch: mit **са́мый** oder **наибо́лее + Positiv**, z. B.:

са́мый важный вопрос
наибо́лее важный вопрос

2. synthetisch: mit **Suffix –ейш–** (nach Zischlaut, der aus г, к, х entstanden ist, **Suffix –а́йш–**), z. B.:

но́вый – нове́йший — neu – der neueste
ва́жный – важне́йший — wichtig – der wichtigste
интере́сный – интере́снейший — interessant – der interessanteste
высо́кий – высоча́йший — hoch – der höchste
лёгкий – легча́йший — leicht – der leichteste
кра́ткий – кратча́йший — kurz – der kürzeste
auch: бли́зкий – ближа́йший — nahe – der nächste

Die synthetische Form wird nicht von allen Adjektiven gebildet. Sie ist sehr oft an bestimmte Redewendungen gebunden, z. B.:

просте́йший спо́соб — das einfachste Verfahren
без мале́йшего сомнения — ohne den geringsten Zweifel
в ближа́йшие дни — in den nächsten Tagen
в кратча́йший срок — in kürzester Frist

Beachte: Im modernen Russisch haben zwei Bildungen dieses Typs komparativische Bedeutung bzw. werden gar nicht mehr als Steigerungsformen empfunden (ähnlich wie im Deutschen):

дальне́йший der weitere (дальнейшее развитие Weiterentwicklung)
поздне́йший der spätere (позднейший наблюдения spätere Beobachtungen)

3. Möglich ist auch die Zusammensetzung von **самый** mit den **Formen auf –ейший– (айший)**, z. B.:

в самое ближа́йшее время — in allernächster Zeit

Die Langform wird in der Regel attributiv verwendet, z. B.:

Са́мая дли́нная река́ в Евро́пе – это Волга.	Der längste Fluß in Europa ist die Wolga.

Sie kann aber auch prädikativ stehen:

Из европе́йских рек Волга – са́мая дли́нная.	Von den europäischen Flüssen ist die Wolga am längsten (der längste).

§ 43. Die Langform des Superlativs als Elativ

Sowohl die Bildungen mit **самый** als auch die mit **–ейший (айший)** können eine zweite, sog. elativische Bedeutung haben. Mit Elativ bezeichnet man eine **Höchststufe ohne Vergleich,** die man bei der Übersetzung ins Deutsche meist mit „sehr", „ganz", „höchst", „außerordentlich" u. dgl. wiedergeben muß, z. B.:

Он мог расска́зывать о са́мых интере́сных веща́х.	Er konnte die interessantesten (d. h. sehr interessante) Dinge erzählen.
добре́йший челове́к	ein äußerst gutmütiger (herzensguter) Mensch
интере́снейшая кни́га	ein höchst interessantes Buch
Де́ло са́мое просто́е.	Die Sache ist ganz einfach.

§ 44. Superlativ der Kurzform

Der Superlativ der Kurzform wird umschrieben mit dem **Komparativ der Kurzform + Vergleichswort всего́** (bei allgemeinem Vergleich) **oder всех** (bei Vergleich innerhalb der Gattung), z. B.:

Это важне́е всего́	Das ist am wichtigsten. (Das ist wichtiger als alles.)
Этот студе́нт умне́е всех. (ergänze: студе́нтов)	Dieser Student ist am klügsten. (Dieser Student ist klüger als alle – ergänze: Studenten.)

§ 45. Unregelmäßig gesteigerte Adjektive

Positiv		Komparativ		Superlativ	
Langform	Kurzform	Langform	Kurzform	Langform	Kurzform
большо́й великий groß	вели́к велика́ велико́ велики́	бо́льший	бо́льше; бо́лее nur Adv.	са́мый большо́й наибо́льший (са́мый бо́льший) велича́йший	бо́льше всего́, всех
ма́ленький ма́лый klein	мал мала́ ма́ло малы́	ме́ньший	ме́ньше; ме́нее nur Adv.	са́мый ма́ленький са́мый ме́ньший наиме́ньший (са́мый ма́лый) мале́йший	ме́ньше всего́, всех
высо́кий hoch	высо́к высока́ высоко́ высоки́	бо́лее высо́кий (вы́сший)	вы́ше	вы́сший наивы́сший са́мый вы́сший са́мый высо́кий высоча́йший	вы́ше всего́, всех
ни́зкий niedrig	ни́зок низка́ ни́зко ни́зки	бо́лее ни́зкий (ни́зший)	ни́же	ни́зший са́мый ни́зший са́мый ни́зкий нижа́йший	ни́же всего́, всех
хоро́ший gut	хоро́ш хороша́ хорошо́ хороши́	лу́чший бо́лее хоро́ший	лу́чше	лу́чший наилу́чший са́мый лу́чший са́мый хоро́ший	лу́чше всего́, всех
плохо́й schlecht	плох плоха́ пло́хо пло́хи	ху́дший (бо́лее плохо́й)	ху́же	ху́дший наиху́дший са́мый ху́дший са́мый плохо́й	ху́же всего́, всех
ста́рый alt	стар стара́ ста́ро ста́ры	бо́лее ста́рый (ста́рший)	ста́рше старе́е	са́мый ста́рый (ста́рший) са́мый ста́рший старе́йший	ста́рше всех
молодо́й jung	мо́лод молода́ мо́лодо мо́лоды	бо́лее молодо́й (мла́дший)	моло́же	са́мый молодо́й (мла́дший) са́мый мла́дший	моло́же всех

Anm.: Die in der Tabelle eingeklammerten Formen sind meist an bestimmte Redewendungen gebunden, und zwar:

a) im Komparativ
от низшего к высшему, высшая математика, высшая нервная де́ятельность, младшие классы (= Unterstufe), старшие классы (= Oberstufe).
b) im Superlativ
самое бо́льшее   „das höchste", höchstens
самое меньшее   „das kleinste", mindestens
бо́льшей частью = по бо́льшей части   größtenteils
по меньшей мере (= по крайней мере)   mindestens

Merke ferner:
вы́ше   heißt auch: weiter oben
вышеука́занный   der obengenannte
ни́же   heißt auch: unten, im folgenden
смотри ни́же   siehe unten

Zahlwort

§ 46. Einteilung der Zahlwörter

Das Zahlwort gliedert sich in 2 Hauptgruppen auf. Jede von ihnen antwortet auf eine bestimmte Frage:

1. ско́лько?   wieviel?   Grundzahlen (Kardinalia)
2. кото́рый, -ая, -ое? der, die, das wievielte? Ordnungszahlen (Ordinalia)

Wir unterscheiden also:

1. Grundzahlwörter

a) bestimmte Grundzahlen:
семь домо́в   sieben Häuser
сто книг   hundert Bücher

b) unbestimmte Grundzahlen:
мно́го ученико́в   viele Schüler
немно́го хле́ба   ein wenig Brot, etwas Brot

c) Sammelzahlen (d. h. Zahlwörter, die eine bestimmte Summe abstrakter oder konkreter Einheiten als Ganzheit bezeichnen):
Нас было тро́е.   Wir waren zu dritt.

d) Bruchzahlen:
че́тверть $1/4$
две шесты́х $2/6$
ноль це́лых во́семь деся́тых   0,8

2. Ordnungszahlwörter

третий опыт   der dritte Versuch
пятый сын   der fünfte Sohn

Nach der Bildungsweise lassen sich die Zahlwörter in 3 Gruppen aufgliedern:

1. einfache: два, шесть, сто
2. zusammengesetzte: пятнáдцать, двести
3. Zahlenverbindungen: сто двадцать семь

§ 47. Übersicht über die Grundzahlen

1—10	11—19	20—90	100—900	1000 und höher
одѝн m. однá f. однó n. однѝ pl.	одѝннадцать		сто	ты́сяча
два m. n. две f.	двенáдцать	двáдцать	двести	две ты́сячи
три	тринáдцать	трѝдцать	трѝста	три тысячи
четы́ре	четы́рнадцать	сóрок	четы́реста	четыре тысячи
пять	пятнáдцать	пятьдесят	пятьсóт	пять тысяч
шесть	шестнáдцать	шестьдесят	шестьсóт	шесть тысяч
семь	семнáдцать	сéмьдесят	семьсóт	семь тысяч
вóсемь	восемнáдцать	вóсемьдесят	восемьсóт	восемь тысяч
дéвять	девятнáдцать	девянóсто	девятьсóт	девять тысяч
дéсять				десять тысяч
				миллион два миллиона пять миллионов

§ 48. Die Grundzahl 1

1. Die Grundzahl 1 unterscheidet Genus und Numerus:

один дом   ein Haus
однá книга   ein Buch
однó село   ein Dorf
двадцать одна книга   einundzwanzig Bücher
однѝ часы́   eine Uhr (Pluraletantum, § 33,2)

2. **Deklination:**

	m.	n.	f.	Pl.
N.	оди́н	одно́	одна́	одни́
G.	одного́	одного́	одно́й	одни́х
D.	одному́	одному́	одно́й	одни́м
A.	оди́н (одного́)	одно́	одну́	одни́ (одни́х)
I.	одни́м	одни́м	одно́й	одни́ми
P.	об одно́м	об одно́м	об одно́й	об одни́х

3. **Nebenbedeutungen:**

a) irgendeiner, ein gewisser (= какой-то)

Оди́н студе́нт расска́зывал...	(Irgend)ein Student erzählte...
Одни́ чита́ют – други́е пи́шут.	Die einen lesen, die anderen schreiben.

b) nur (als Verstärkung = то́лько)

Оди́н он реши́л э́ту зада́чу.	Nur er hat diese Aufgabe gelöst.
Для вас одни́х	nur für euch, für euch allein

c) allein (= отде́льно)

Я реши́л зада́чу оди́н.	Ich löste die Aufgabe allein (ohne fremde Hilfe).

§ 49. Die Grundzahlen 2, 3, 4

1. Die Grundzahl 2 hat zwei Genusformen: два (m./n.) und две (f.).
2. **Deklination:**

два, две	три	четы́ре
двух	трёх	четырёх
двум	трём	четырём
два, две (двух)	три (трёх)	четы́ре (четырёх)
двумя́	тремя́	четырьмя́
о двух	о трёх	о четырёх

3. **Rektion:**

a) Nach den Formen **два (две), три, четы́ре** steht das **Substantiv im Gen. Sg.**:

два стола́, две страны́	zwei Tische, zwei Länder
три кни́ги, четы́ре письма́	drei Bücher, vier Briefe
се́мьдесят четы́ре газе́ты	vierundsiebzig Zeitungen

b) Tritt zu dem Substantiv ein **Adjektiv**, dann steht dieses entweder **im Nom. Pl.** (vorwiegend bei Feminina, die ja im Gen. Sg. und Nom. Pl. die gleiche Endung haben) **oder im Gen. Pl.** (vorwiegend bei Maskulina):

две, три, четыре большие (больших) группы
два, три, четыре больших (большие) стола́

Anm.: Vorangestellte Ordnungszahlen (пе́рвый, второ́й usw.), Adjektive (z. B. после́дний) und Pronomina (ка́ждый, друго́й usw.) stehen immer im N. Pl., z. B.:

за после́дние два дня   in den letzten 2 Tagen
ка́ждые два шага́   alle 2 Schritte
пе́рвые три уда́ра   die ersten 3 Schläge

c) In den **obliquen Kasus** stimmen Grundzahl, Attribut und Substantiv überein, z. B.:

Я говори́л с двумя́ францу́зскими   Ich sprach mit zwei französischen
студе́нтами.   Studenten.

d) Bei **Lebewesen** steht im Akkusativ die Genitivform, z. B.:

Заво́д при́нял на рабо́ту двух (трёх,   Das Werk stellte zwei (drei, vier) erчетырёх) о́пытных мастеро́в.   fahrene Meister ein.

Im Gegensatz dazu steht in Zahlenverbindungen mit 2, 3, 4 (22, 23, 24 usw.) das Zahlwort in der Nominativform, z. B.:

Заво́д при́нял на рабо́ту два́дцать   Das Werk stellte 22 erfahrene Meiдва о́пытных ма́стера.   ster ein.

§ 50. Die Grundzahlen über 5

1. **Bildung:**

a) Die Zahlen 11 bis 19 sind durch Kontraktion, z. B. von altem оди́н на де́сяте („eins auf zehn"), entstanden. Vergleiche:

двена́дцать 12 (zwei auf zehn)   – два́дцать 20 (zwei Zehner)
трина́дцать 13 (drei auf zehn)   – три́дцать 30 (drei Zehner)

b) Die Hunderter werden durch Zusammensetzung der Grundzahlen 2 bis 9 mit den entsprechenden Kasus von сто gebildet, und zwar 300, 400 mit dem G. Sg.: триста, четы́реста, und 500 bis 900 mit dem G. Pl.: пятьсо́т, шестьсо́т, семьсо́т usw.
Beachte die unregelmäßige Bildung две́сти – 200 (–и ist die Nominativendung des ausgestorbenen Duals).

c) Die Zahlwörter ab 1000 sind Substantive.

2. **Deklination:**

a) Alle Grundzahlen auf –ь (5 bis 20 und 30) werden nach der i-Deklination (часть) dekliniert, also:

N. und A.   пять   во́семь   Zur Betonung:
G., D., P.   пяти́   восьми́   5 bis 10, 20, 30 sind endbetont,
I.   пятью́   восьмью́   11 bis 19 sind stammbetont.

b) Bei den Grundzahlen 50 bis 80 werden beide Teile dekliniert:

N. und A.   пятьдеся́т
G., D., P.   пяти́десяти
I.   пятью́десятью

c) Eine besondere Deklination haben 40, 90, 100:

N. und A.   со́рок, девяно́сто, сто
alle übrigen Kasus   сорока́, девяно́ста, ста

d) Bei 200 bis 900 werden beide Teile dekliniert, z. B.:

две́сти	пятьсо́т
двухсо́т	пятисо́т
двумста́м	пятиста́м
двести	пятьсо́т
двумяста́ми	пятьюста́ми
о двухста́х	о пятиста́х

e) **ты́сяча** wird wie ein Substantiv auf Zischlaut dekliniert: ты́сяча, ты́сячи, ты́сяче, ты́сячу, ты́сячей und ты́сячью, о ты́сяче.

миллио́н, миллиа́рд werden wie Substantive der ersten Deklination dekliniert (труд), vgl. § 24.

f) In Zahlenverbindungen von Grundzahlen wird in der Schriftsprache jeder Bestandteil dekliniert, z. B.:

с четырьмяста́ми пятью́десятью   mit 452 Rubel
двумя́ рубля́ми
с пятью́ ты́сячами шестьюста́ми   mit 5674 Büchern
семью́десятью четырьмя́ книгами

In der Umgangssprache dagegen, vor allem beim Lesen gedruckter Ziffern, dekliniert man oft nur das letzte bzw. die letzten beiden Zahlwörter sowie die Wörter ты́сяча, миллио́н usw., z. B.:

с четы́реста пятью́десятью двумя́ рубля́ми   mit 452 Rubel
с пятью́ ты́сячами шестьсо́т се́мьдесят четырьмя́ кни́гами   mit 5674 Büchern

3. Rektion:

a) Alle Grundzahlen ab 5 regieren den G. Pl., z. B.:

пять столо́в, шесть книг, семь часте́й   5 Tische, 6 Bücher, 7 Teile

b) In **Zahlenverbindungen** entscheidet jedoch das **zuletzt gesprochene Zahlwort** über die Rektion (vgl. deutsch „tausendundeine Nacht" und nicht „Nächte"), z. B.:

два́дцать оди́н дом	21 Häuser
три́дцать два до́ма	32 Häuser
со́рок четыре книги	44 Bücher
сто четыре рубля́	04 Rubel

§ 51. Unbestimmte Zahlenangaben

1. Nachgestelltes Zahlwort bezeichnet eine unbestimmte Zahlenangabe, die mit „etwa", „annähernd", „ungefähr" zu übersetzen ist, z. B.:

часá двá	**etwa** zwei Stunden
книг сто	**annähernd** 100 Bücher
десятка два примеров	etwa zwei Dutzend Beispiele (vgl. § 60)

2. Daneben kommen Wendungen vor wie:

примерно две минуты	etwa zwei Minuten
приблизительно два месяца	annähernd zwei Monate

3. Folgende Präpositionen bezeichnen eine ungefähre Menge:

около mit Genitiv (vgl. § 117)

Он жил там **около двух лет**.	Er lebte dort etwa zwei Jahre.

с mit Akkusativ (vgl. § 113, § 116)

Он жил там **с два года**.	Er lebte dort etwa zwei Jahre.
oder: Он жил там **года с два**.	

§ 52. Unbestimmte Grundzahlen

1. Die unbestimmten Grundzahlen sind den Pronomen verwandt. Hierher gehören:

сколько	wieviel, wie viele	сколько книг	wieviel Bücher
столько	so viel, so viele	столько книг	so viele Bücher
нéсколько	einige	нéсколько книг	einige Bücher

Deklination:

N. сколько		A.	сколько
G. скольких		I.	сколькими
D. скольким		P.	о скольких

2. Zu den unbestimmten Grundzahlen kann man ferner rechnen:

много	viel, viele	много времени	viel Zeit
		много книг	viele Bücher
немного	etwas, einige	немного времени	etwas Zeit
		немного книг	einige Bücher
мало	wenig, wenige	мало времени	wenig Zeit
		мало книг	wenige Bücher
немало	nicht wenig(e)	немало времени	nicht wenig Zeit
		немало книг	nicht wenige Bücher
достáточно	genug	достáточно времени	genug Zeit
		достáточно книг	genug Bücher

3. Bei Lebewesen sind im Akkusativ zwei Konstruktionen möglich:

Я встрéтил нéскольких студентов.	Ich traf einige Studenten.
Я встретил нéсколько студентов.	

§ 53. Sammelzahlen

1. Sammelzahlen heben im Unterschied zu den Grundzahlen die enge Zusammengehörigkeit der Einheiten einer genannten Menge hervor.

Zu den Sammelzahlen gehören: óба, óбе beide, двóе, трóе, чéтверо und die weniger gebräuchlichen пя́теро, шéстеро, сéмеро, вóсьмеро, дéвятеро, дéсятеро.

2. **Deklination:** оба, обо, двое, трое lehnen sich in der Deklination an die weichen Adjektive, die Bildungen auf –еро an die harten Adjektive an:

óба (m., n.)	óбе (f.)	двóе	пя́теро
обóих	обéих	двойх	пятеры́х
обóим	обéим	двойм	пятеры́м
óба (обóих)	óбе (обéих)	двóе (двойх)	пя́теро (пятеры́х)
обóими	обéими	двойми	пятеры́ми
об обóих	об обéих	о двойх	о пятеры́х

3. **Rektion:**

Die Sammelzahlen **оба, обе** regieren den G. Sg., die Sammelzahlen auf **-ое** und **-еро** den G. Pl., z. B.:

| оба глáза, обе руки́ | beide Augen, beide Arme |
| двое детéй, трое рабочих | zwei Kinder, drei Arbeiter |

4. **Gebrauch:**

Der Gebrauch von оба, обе entspricht im wesentlichen dem Deutschen. Die Sammelzahlen двое, трое, чéтверо werden gebraucht:

a) im Nom. und Akk. bei Pluraliatantum (vgl. § 33,2)

| двое сýток, трое очкóв | zwei Tage, drei Brillen |

b) im Nom. und Akk. in Verbindung mit dem Genitiv der Personalpronomen (нас, вас, их):

| Нас (было) чéтверо. | Wir sind (waren) unser vier. |

c) in allen Kasus zur Bezeichnung von Personen (ohne Substantiv):

| номер на двойх | Zweibettzimmer |
| Все трое спáли. | Alle drei schliefen. |

d) im Nom. in Verbindung mit дети:

| двое, трое, чéтверо детéй. | zwei, drei, vier Kinder. |

In den obliquen Kasus werden (außer bei c) die Grundzahlen verwendet:

| бóлее двух суток | über zwei Tage |
| с четырьмя́ детьми́ | mit vier Kindern |

Anm.: Außerdem können die Sammelzahlen bei männlichen Personen gebraucht werden, wenn die Zusammengehörigkeit betont wird: двое друзéй (= два друга) zwei Freunde, трое сыновéй (= три сына) drei Söhne.

§ 54. Die Präposition по in distributiver Bedeutung (= je)

1. Bei der Zahl **1** stehen Zahlwort und Substantiv im **Dativ:** по (одному́) рублю́, по (одно́й) ма́рке. Das Zahlwort kann wegbleiben. Im Dativ stehen auch die Zahlsubstantive со́тня, ты́сяча, миллио́н, миллиа́рд usw. Das abhängige Substantiv steht danach im Genitiv:

Ка́ждый получи́л по со́тне (по ты́сяче) ма́рок.	Jeder bekam (je) hundert (tausend) Mark.

2. Die übrigen Grundzahlen sowie die Sammelzahlen stehen im **Akkusativ:**

Да́йте пять ма́рок по четы́ре копе́йки (пять, де́сять копе́ек).	Geben Sie mir fünf Marken zu (je) vier (fünf, zehn) Kopeken.
Они́ вы́играли по две ты́сячи со́рок три ма́рки.	Sie gewannen jeder 2043 Mark.
по двести два́дцать одно́й ма́рке	je 221 Mark

Anm.: Bei den Zahlen 5—20, 30—90 wurde früher stets der Dativ gebraucht. Heute setzt sich dafür der Akkusativ durch.

§ 55. Übersicht über die Ordnungszahlen

1—10	11—19	20—90	100 und höher
пе́рвый, ая, ое, ые	оди́ннадцатый		со́тый
второ́й, а́я, о́е, ы́е	двена́дцатый	двадца́тый	двухсо́тый
тре́тий, ья, ье, ьи	трина́дцатый	тридца́тый	трёхсо́тый
четвёртый	четы́рнадцатый	сороково́й	четырёхсо́тый
пя́тый	пятна́дцатый	пятидеся́тый	пятисо́тый
шесто́й	шестна́дцатый	шестидеся́тый	шестисо́тый
седьмо́й	семна́дцатый	семидеся́тый	семисо́тый
восьмо́й	восемна́дцатый	восьмидеся́тый	восьмисо́тый
девя́тый	девятна́дцатый	девяно́стый	девятисо́тый
деся́тый			ты́сячный
			миллио́нный
			миллиа́рдный

§ 56. Bildungsweise, Deklination und Gebrauch der Ordnungszahlen

1. Die Ordnungszahlen werden aus den bestimmten Grundzahlen durch Anfügen der Adjektivendungen gebildet: пя́тый der fünfte.

Besondere Bildungen liegen vor:
a) bei 1, 2, 3, 4, 7, 40, 100, 1000 und 1 000 000:

пе́рвый, второ́й	sind neue Stämme
тре́тий, четвёртый, седьмо́й	sind unregelmäßig bei gleichem Stamm
сороково́й	mit Suffix –ов–
со́тый	mit Einschub –о–, vgl. пятьсо́т
ты́сячный, миллио́нный	mit Suffix –н–

b) bei zusammengesetzten Zahlen, wie 50, 500, 5000, 5 000 000, 2000, 40 000, wo der erste Teil im Genitiv steht:

пятидеся́тый, пятисо́тый, пятиты́сячный, пятимиллио́нный, двухты́сячный, сорокаты́сячный.

Abweichend hiervon steht сто in Zusammensetzungen mit 100 im Nominativ: стоты́сячный, стомиллио́нный.

2. Die Ordnungszahlen werden wie harte Adjektive dekliniert. (Ausnahme: тре́тий wird wie ein Possessivadjektiv dekliniert, also тре́тьего, тре́тьему; тре́тья, тре́тью; тре́тье; тре́тьи, vgl. § 35.) In **Zahlenverbindungen** wird **nur das letzte Zahlwort dekliniert,** also три тысячи девятьсо́т три́дцать **девя́тую** кни́гу.

3. Die Ordnungszahlen werden im Russischen häufiger verwendet als im Deutschen, und zwar insbesondere

a) zur Angabe von **Datum** und **Jahreszahl**, z. B.:

В како́м году́?	In welchem Jahr?
В тысяча девятьсо́т сорок девя́том году.	Im Jahre 1949.
В тысяча девятьсо́т пятидеся́том году.	Im Jahre 1950.
Како́е сего́дня число́?	Der wievielte ist heute?
Сего́дня пе́рвое (число́) ма́я.	Heute ist der 1. Mai.
Како́го числа́?	An welchem Tag?
Пе́рвого ма́я тысяча девятьсо́т шестьдеся́т седьмо́го года = 1 ма́я 1967 г.	Am 1. Mai 1967.
С 1959 по 1965 г. (С тысяча девятьсо́т пятьдеся́т девя́того по тысяча шестьдеся́т пя́тый год).	Von 1959 bis 1965.
От 1960 до 1970 г. (От тысяча девятьсо́т шестидеся́того до тысяча девятьсо́т семидеся́того года.)	Von 1960 bis 1970.
В 1902–1903 гг. (В тысяча девятьсо́т второ́м-тре́тьем года́х.)	In den Jahren 1902 bis 1903.
В 900-х гг. (В девятисо́тых года́х.)	Im ersten Jahrzehnt des 20. Jh.
В 90-х гг. XIX в. (В девяно́стых года́х девятна́дцатого ве́ка.)	In den neunziger Jahren des 19. Jahrhunderts.
В XX в. (В двадца́том ве́ке.)	Im 20. Jahrhundert

(начиная) с 1956 г. seit 1956
(с тысяча девятьсот пятьдесят шестóго года.)

b) in Verbindung mit Wörtern wie Punkt, Kapitel:

в третьем пункте in Punkt 3
в двадцать первой главé in Kapitel 21

c) Sowohl Ordnungszahlen als auch Grundzahlen kommen vor bei:

номер первый	= номер один
на двести тридцать шестой странице	= на странице двести тридцать шесть
упражнение пятьдесят первое	= упражнение (номер) пятьдесят один
парáграф сто третий	= парáграф сто три

§ 57. Altersangabe

Сколько вам лет? Wie alt sind Sie?
Мне двадцать один год. Ich bin 21 Jahre alt.
Ему (брату) двадцать два года. Er (der Bruder) ist 22 Jahre alt.
Ей (сестре) двадцать пять лет. Sie (die Schwester) ist 25 Jahre alt

§ 58. Uhrzeit

Die offizielle Angabe der Uhrzeit erfolgt wie im Deutschen. Soweit es sich nicht um volle Stunden handelt, wird in der Umgangssprache eine andere Zeitangabe gebraucht:

a) in der ersten Stundenhälfte: „x Minuten der x-ten (Stunde)"
b) in der zweiten Stundenhälfte: „ohne x (Minuten) x (Uhr)"

13.00	тринадцать часóв	час
14.05	четы́рнадцать часов пять минут	пять минут **третьего**
8.15	восемь часов пятнадцать минут	чéтверть **девя́того** (§ 59)
7.20	семь часов двадцать минут	двадцать минут **восьмóго**
12.30	двенадцать часов тридцать минут	половина первого (§ 59)
6.55	шесть часов пятьдеся́т пять минут	**без пяти́ семь**
4.45	четыре часá сорок пять минут	**без четверти пять**
21.56	двадцать один час пятьдеся́т шесть минут	**без четырёх десять**
0.58	ноль часов пятьдеся́т восемь минут	**без двух час**

§ 59. Bruchzahlen

1. Gemeine und gemischte Brüche:

In der Gruppe der gemeinen Brüche haben wir drei Bildungsarten:
a) Substantive:

полови́на $^1/_2$, треть (f.) $^1/_3$, че́тверть (f.) $^1/_4$, восьму́шка $^1/_8$

b) Brüche mit substantivischen Formen:

полтора́ m., n.   ⎫   ⎧ полтора́ часа́   1$^1/_2$ Stunde
полторы́ f.   ⎬ 1$^1/_2$ ⎨
                  ⎭   ⎩ полторы́ мину́ты   1$^1/_2$ Minute

In den obliquen Kasus aller drei Geschlechter wird als gemeinsame Form полу́тора gebraucht, z. B. Instr. полу́тора часами (минутами).

Dasselbe ist bei полтора́ста („anderthalbhundert" = 150) der Fall, also: N. u. A. полтора́ста метров, G. полу́тораста метров, D. полу́тораста метрам usw.

Bei $^1/_2$, $^2/_3$, $^1/_4$ kann der gemischte Bruch mit der Präposition с gebildet werden, z. B.:

пять с полови́ной метров, пять с тре́тью, четы́ре с че́твертью.

c) Bei den anderen Brüchen steht im Nenner eine Ordnungszahl, z. B.:
одна́ пя́тая, две пя́тых, три пя́тых, четы́ре пя́тых.

Anm. 1: Die fem. Form erklärt sich daraus, daß in Gedanken до́ля, часть (Teil) ergänzt wird. (Vgl. deutsch Drittel, entstanden aus Dritteil.)

Anm. 2: In der Mathematik bezeichnet man $^1/_2$ nicht mit полови́на, sondern mit одна́ втора́я.

2. Dezimalbrüche:

Dezimalbrüche werden wie gemeine Brüche gelesen:

6,4 m a) шесть и четы́ре деся́тых метра
       b) шесть це́лых четы́ре деся́тых метра

2,3   две три деся́тых

0,1   ноль це́лых (и) одна́ деся́тая

3. Die meisten Bruchzahlen werden nach folgendem Schema dekliniert:

две пя́тых	проце́нта
двух пятых	процента
двум пятым	процента
две пятых	процента
двумя пятыми	процента
о двух пятых	процента

§ 60. Stämme von Zahlwörtern in anderen Wortarten

Substantive:

единица	die Eins	десяток	der Zehner, zehn Stück
двойка	die Zwei	десятки примеров	Dutzende von Beispielen
тройка	die Drei	сотня	der Hunderter, hundert Stück
четвёрка	die Vier	сотни книг	Hunderte von Büchern
пятёрка	die Fünf	полчаса́	eine halbe Stunde

Adjektive:

единый	einheitlich
двойно́й	doppelt
однокра́тный	einmalig, einfach
двукратный	zweimalig, zweifach
троекратный	dreimalig, dreifach
многократный	vielmalig, vielfach

Adverbien:

вдвоём, втроём	zu zweit, zu dritt
вдвойне́, вдвое	zweifach, zweimal mehr
на́двое	in zwei Teile, entzwei
впервы́е	zum ersten Male
однажды, дважды, трижды, четы́режды, пя́тью и т. д.	einmal (einst), zweimal, dreimal, viermal, fünfmal usw.
во-первых, во-вторы́х, в-третьих, в-четвёртых, в-пятых	erstens, zweitens, drittens, viertens, fünftens

Verben:

удва́ивать, удво́ить	verdoppeln
раздва́ивать, раздво́ить	entzweien
удесятеря́ть, удесятери́ть	verzehnfachen

§ 61. Zum Lesen mathematischer und chemischer Formeln

1. Zum Lesen **mathematischer Ausdrücke und Formeln**[1] im Russischen:

$\frac{a}{2}$ = а попола́м

$\frac{a}{3}$ = а делённое на три

xc = икс умно́женное на цэ

$\frac{3}{100} \cdot b$ = три сотых умноженных на бэ

---

[1] Ausführliche Angaben über mathematische Zeichen und Formeln sind in der Zeitschrift „Fremdsprachen" 4/1961, S. 257—261 zu finden.

x^2 = икс (в) квадрат(е) $\sqrt{3}$ = ко́рень квадра́тный из трёх
y^3 = и́грек (в) куб(е) $\sqrt[3]{2}$ = ко́рень куби́чный из двух
z^4 = зет в четвёртой сте́пени $\sqrt[4]{36}$ = ко́рень четвёртой сте́пени из тридцати́ шести́
$\varphi(x)$ = фи от икс $\log 2$ = логари́фм двух

Erläuterungen:
a) Nur bei „a halbe" wird die erste Lesart verwendet, sonst liest man „a geteilt durch drei" usw.
b) Die Formel xc wird gelesen: „x multipliziert mit c".
c) Befindet sich über und unter dem Bruchstrich eine Ziffer, so wird das Wort „multipliziert" entsprechend dekliniert.
d) Nur für „hoch 2" und „hoch 3", sowie „2. und 3. Wurzel" gibt es (ähnlich wie im Deutschen) besondere Ausdrücke; von 4 an heißt es „im vierten Grade" bzw. „Wurzel vierten Grades".
e) Nach dem Wort „Logarithmus" steht die Zahl im Genitiv.

2. Zum Lesen **chemischer Formeln** im Russischen:
a) Bei acht Elementen wird nur der Anfangsbuchstabe ausgesprochen: C, O, H, N, P, S, B, J lies: цэ, о, аш (!), эн, пэ, эс, бэ, йот. Beachte die französische Aussprache des Zeichens H.
b) Bei den übrigen Elementen wird der volle lateinische Name (z. T. mit veränderter Endung) ausgesprochen, z. B.:
Ag, Al, As, Au, Ba, Br, Ca, Cl, Cr, Cu, F, Fe, He, Hg, K, Mg, Mn, Na, Pb, Si, Zn lies: аргенту́м, алюми́ний, арсе́никум, ау́рум, ба́рий, бром, ка́льций, хлор, хром, купру́м, фтор, фе́ррум, ге́лий, гидра́ргирум, ка́лий, ма́гний, ма́рганец (!), на́трий, плю́мбум, сили́ций, цинк.
c) Zahlen werden normal gelesen, z. B.:
H_2SO_4 = аш-два-эс-о-четы́ре, Fe_2O_3 = фе́ррум-два-о-три.
d) Beim Lesen von Formeln mit Klammern werden die in § 60 besprochenen Zahladverbien verwendet:
$Ca(OH)_2$ = ка́льций-о-аш-два́жды
$Al(OH)_3$ = алюми́ний-о-аш-три́жды

Pronomen

§ 62. Einteilung der Pronomen

Man faßt die Pronomen gewöhnlich zu folgenden Gruppen zusammen:
1. Personalpronomen: я, ты, мы, вы; он, она́, оно́, они́ und das reflexive Personalpronomen себя́.
2. Possessivpronomen: мой, твой, наш, ваш, свой; его́, её, их, свой.
3. Demonstrativpronomen: тот, э́тот, тако́й, тако́в, сей, сто́лько.

4. Interrogativ- und Relativpronomen: кто, что, какой, каковой, который, чей, сколько.
5. Negativpronomen: никто́, ничто́, никакой, ничей, не́кого, не́чего.
6. Indefinitpronomen: не́кто, не́что, не́который, не́сколько, не́кий, кто́-то, что́-то, какой-то u. a.
7. Definitivpronomen: весь, всякий, каждый, сам, любой, самый, ино́й, другой.

§ 63. Personalpronomen

1. **Die Personalpronomen** я, ты, мы, вы, Вы (ich, du, wir, ihr, Sie)

N.	я	ты	мы	вы
G.	меня	тебя	нас	вас
D.	мне	тебе	нам	вам
A.	меня	тебя	нас	вас
I.	мной (мною)	тобой (тобою)	нами	вами
P.	обо мне	о тебе	о нас	о вас

ты bezeichnet nicht nur den konkreten, sondern auch einen beliebigen Gesprächspartner:

Он смо́трит на тебя так, как будто он на тебя зол.
Er blickt einen an, als ob er einem böse wäre.

Merke:
мы с братом
Мы с вами договорились.
mein Bruder und ich
Wir beide sind uns einig (geworden).

2. **Die Personalpronomen** он, она, оно, они (er, sie, es, sie)

	m.	n.	f.	Pl.
N.	он er	оно es	она sie	они sie
G.	его	его	её	их
D.	ему	ему	ей	им
A.	его	его	её	их
I.	им	им	ей, е́ю	ими
P.	о нём	о нём	о ней	о них

Im Gegensatz zu den Substantiven entspricht beim Personalpronomen der 3. Pers. der Akkusativ stets dem Genitiv, ganz gleich, ob Lebewesen oder unbelebte Gegenstände bezeichnet werden.

Stehen die obliquen Kasus des persönlich-hinweisenden Pronomens он, она, оно, они **nach Präpositionen**, so tritt vor die entsprechende Form des Pronomens ein н:

Я иду к нему.
Мы говорим о ней.
Ты говоришь с ним.
Он был у неё.
Ich gehe zu ihm.
Wir sprechen über sie.
Du sprichst mit ihm.
Er war bei ihr.

Werden die Genitive его, её und их zum Ausdruck des Possessivums verwendet, so wird kein н vorgesetzt:

Я говорю с его матерью.
Я говорю об их отце́.
Ich spreche mit seiner Mutter.
Ich spreche über ihren Vater.

Anm. zu 1 und 2:
Das Personalpronomen wird oft weggelassen, vor allem in der Umgangssprache:

Поняли?	Haben *Sie* (*es*) verstanden?
Он не помнит, что сказал.	Er kann sich nicht erinnern, was *er* gesagt hat.

3. **Das reflexive Personalpronomen:**

N.	—
G.	себя (mich, dich, sich, uns, euch)
D.	себе
A.	себя
I.	собой (собою)
P.	о себе

Es bezieht sich stets auf das jeweilige Subjekt und hat deshalb keinen Nominativ. Es findet Anwendung unabhängig davon, ob das Subjekt in der 1., 2. oder 3. Pers. Sg. oder Pl. steht. Genus- und Numerusunterschiede fehlen.

Я чувствую себя лучше.	Ich fühle mich besser.
Ты чувствуешь себя лучше.	Du fühlst dich besser.
Мы чувствуем себя лучше.	Wir fühlen uns besser.
Я купил (купила) себе книгу.	Ich habe mir ein Buch gekauft.

Vergleiche auch:

Я купил себе книгу. Ich habe mir ein Buch gekauft.	Я купил тебе книгу. Ich habe dir ein Buch gekauft.
Перед собой я увидел мотороллер. Vor mir erblickte ich einen Motorroller.	Передо мной ехал мотороллер. Vor mir fuhr ein Motorroller.
Они должны между собой договориться. Sie müssen sich (miteinander) absprechen.	Я должен с ними договориться. Ich muß mich mit ihnen absprechen.
Он недоволен собой. Er ist mit sich nicht zufrieden.	Я недоволен им. Ich bin mit ihm nicht zufrieden.
Ты пишешь мало о себе. Du schreibst wenig über dich.	Я много слышал о тебе. Ich habe viel von dir gehört.

Anm.: Die Wendung друг друга, друг другу ist dem Reflexivpronomen bedeutungsmäßig verwandt. Es handelt sich hier eigentlich um Kurzformen von другой „ein anderer", bei denen die zweite wie ein Substantiv dekliniert wird. Präpositionen werden dazwischengestellt, z. B.:

друг с другом; друг против друга	miteinander; gegeneinander
В производстве люди воздействуют не только на природу, но и друг на друга.	In der Produktion wirken die Menschen nicht allein auf die Natur, sondern auch aufeinander.

§ 64. Possessivpronomen

1. Persönliche Possessiva: **мой, твой, наш, ваш** (mein, dein, unser, euer)

	m.	n.	f.	Pl.
N.	мой	моё	моя́	мои́
G.	моего́	моего́	мое́й	мои́х
D.	моему́	моему́	мое́й	мои́м
A.	мой (моего́)	моё	мою́	мои́ (мои́х)
I.	мои́м	мои́м	мое́й (мое́ю)	мои́ми
P.	о моём	о моём	о мое́й	о мои́х

твой wird ebenso dekliniert wie мой.

	m.	n.	f.	Pl.
N.	наш	на́ше	на́ша	на́ши
G.	на́шего	на́шего	на́шей	на́ших
D.	на́шему	на́шему	на́шей	на́шим
A.	наш (на́шего)	на́ше	на́шу	на́ши (на́ших)
I.	на́шим	на́шим	на́шей (на́шею)	на́шими
P.	о на́шем	о на́шем	о на́шей	о на́ших

ваш wird ebenso dekliniert wie наш.

2. Ein entsprechendes **Possessivpronomen der 3. Pers.** fehlt im Russischen. Zugehörigkeit eines Gegenstandes zur 3. Pers. wird deshalb durch den Genitiv der Personalpronomen (**его, её** und **их**) ausgedrückt. Diese Genitivformen sind indeklinabel, z. B.:

Я видел его отца́.   Ich sah seinen Vater.
Я говорил с её отцо́м.   Ich sprach mit ihrem Vater.
Я говорил с их отцо́м.   Ich sprach mit ihrem Vater.

Bei Zusammentreffen von Präposition und diesem als Possessivum gebrauchten его, её und их tritt kein **н** vor das Pronomen.

3. Das **reflexiv-possessive свой** bezeichnet die Zugehörigkeit eines Gegenstandes zum Subjekt des Satzes. Es ist für alle Personen anwendbar.
Свой wird ebenso dekliniert wie мой.

a) Für die 1. und 2. Person können auch мой, твой, наш, ваш stehen:

Я вижу свою́ (= мою́) мать.   Ich sehe meine Mutter.
Ты видишь свою́ (= твою́) мать.   Du siehst deine Mutter.
Мы видим свою́ (= на́шу) мать.   Wir sehen unsere Mutter.
Вы видите свою́ (= ва́шу) мать.   Ihr seht eure Mutter.
Читай свой доклад!   Halte deinen Vortrag!
Читайте свой доклад!   Halten Sie Ihren Vortrag!

b) In der 3. Person steht es im Unterschied zu его, её, их:

Он видит свою мать.	Er sieht seine (eigene) Mutter.
Он видит его мать.	Er sieht seine Mutter (die eines anderen).
Она видит свою мать.	Sie sieht ihre (eigene) Mutter.
Она видит её мать.	Sie sieht ihre Mutter (die einer anderen).
Они видят свою мать.	Sie sehen ihre (eigene) Mutter.
Они видят их мать.	Sie sehen ihre Mutter (die von anderen).
Он читает свой доклад.	Er hält seinen (eigenen) Vortrag.
Он читает его доклад.	Er liest seinen (eines anderen) Vortrag.

Vergleiche auch:

Его первое произведение обосновало его значение в развитии физиологии. — Sein erstes Werk begründete seine Bedeutung in der Entwicklung der Physiologie.

c) Свой bezieht sich auch auf den Träger einer durch den Infinitiv ausgedrückten Handlung:

Мне нужно собрать свои вещи.	Я должен собрать свои вещи.
Вам необходимо испрáвить свои ошибки.	Вы должны испрáвить свои ошибки.
Профессор попросил ассистента прочитать свой доклад.	Ассистент должен прочитать свой доклад.

Anm.: 1. В свою óчередь – meinerseits, deinerseits, seinerseits, unsrerseits usw.
    2. Свой kann auch „der eigene" heißen:
       Свои победили. – Die Unseren (eigenen) haben gesiegt.

§ 65. Demonstrativpronomen

1. тот, этот (jener, dieser)

	m.	n.	f.	Pl.
N.	тот	то	та	те
G.	того́	того́	той	тех
D.	тому́	тому́	той	тем
A.	тот (того́)	то	ту	те (тех)
I.	тем	тем	той (тою)	теми
P.	о том	о том	о той	о тех
N.	этот	это	эта	эти
G.	этого	этого	этой	этих
D.	этому	этому	этой	этим
A.	этот (этого)	это	эту	эти (этих)
I.	этим	этим	этой (этою)	этими
P.	об этом	об этом	об этой	об этих

Besonderheiten im Gebrauch:

a) **тот** bezeichnet im Gegensatz zu **этот** etwas Fernerliegendes:

на этом берегу́	auf diesem Ufer
на том берегу́	auf jenem (auf dem anderen) Ufer

b) Als **Stützwort vor Nebensätzen** steht nicht **это**, sondern **то**:

Я убеждён в том, что он прав.	Ich bin davon überzeugt, daß er recht hat.
(aber: Я убеждён в этом.	Ich bin davon überzeugt.)

c) **тот же, тот же самый, тот самый** (derselbe):

Это тот же самый человек, которого я видел вчера́.	Das ist derselbe Mann, den ich gestern sah.

d) **тот** „der richtige", **не тот** „der falsche":

Она се́ла не в тот тролле́йбус.	Sie ist in den falschen Obus gestiegen.
Это не совсем то.	Das ist nicht ganz das Richtige.

2. **такой** (solch ein, so ein) wird wie ein Adjektiv auf г, к, х dekliniert:

такие люди	solche Menschen
в таку́ю пого́ду	bei so einem Wetter
в таку́ю хоро́шую пого́ду	bei so (einem) schönen Wetter

Auch bei prädikativem Gebrauch der Langform steht **такой**:

Погода была такая хорошая.	Das Wetter war so schön.

такой же (genau so einer) weist auf die gleiche Eigenschaft hin:

Он был в таком же сером пальто́, как и я.	Er hatte den gleichen grauen Mantel an wie ich.

3. An Stelle von **этот** wird das veraltete **сей** noch in einigen Redewendungen und Zusammensetzungen gebraucht, z. B.:

до сих пор	bis jetzt
сегодня	heute
сейча́с	sofort
сию́ мину́ту	diesen Augenblick
по сей день	bis auf den heutigen Tag
сего́ года	dieses (laufenden) Jahres

4. **тако́в, такова́, таково́, таковы́** werden wie alle Kurzformen nur prädikativ gebraucht:

Таково́ положение.	So ist die Lage. Das ist die Lage.
Како́в о́браз жизни люде́й - тако́в о́браз их мы́слей.	Wie die Lebensweise der Menschen ist, so ist ihre Denkweise.

§ 66. Interrogativ- und Relativpronomen

1. Die **Interrogativpronomen** (Fragepronomen):
кто, что (wer, was)   чей (wessen)

			m.	n.	f.	Pl.
N.	кто	что	чей	чьё	чья	чьи
G.	кого́	чего́	чьего́	чьего́	чьей	чьих
D.	кому́	чему́	чьему́	чьему́	чьей	чьим
A.	кого́	что	чей (чьего)	чьё	чью	чьи (чьих)
I.	кем	чем	чьим	чьим	чьей	чьи́ми
P.	о ком	о чём	о чьём	о чьём	о чьей	о чьих

какой wird wie ein Adjektiv auf г, к, х dekliniert, **каковой** und **который** wie normale harte Adjektive.

Von каковой kommen fast nur die prädikativ gebrauchten Kurzformen vor: како́в, какова́, каково́, каковы́, z. B.:

Каков (Какой) будет урожай?   Wie wird die Ernte?

Beispiele:
Кто там работал?	Wer hat dort gearbeitet?
Что из этого сле́довало?	Was folgte daraus?
Какая будет сегодня погода?	Wie wird heute das Wetter?
Чья это книга?	Wessen Buch ist das?
О чьих докладах мы говорим?	Über wessen Vorträge sprechen wir?
Чью книгу ты взял?	Wessen Buch hast du genommen?
Сколько у вас книг?	Wieviel Bücher haben Sie?
Который раз вы были там?	Das wievielte Mal waren Sie dort?
Который час?	Wie spät ist es?

2. Die mit dem Interrogativpronomen gleichlautenden **Relativpronomen** stellen die Beziehung zwischen Haupt- und Nebensatz her. Besonders zu beachten ist dabei die Verwendung von **кто für который und которые** (oft in Verbindung mit тот, те):

тот, кто = derjenige, welcher; те, кто = diejenigen, welche; z. B.:

Челове́к, **кото́рый** читает...	Der Mann, der liest...
Тот, **кто** (= который) выступа́л на собра́нии...	Derjenige, der in der Versammlung sprach...
Те, кто выступал(и) на собрании...	Diejenigen, die in der Versammlung sprachen...
Те товарищи, которые выступали на собрании...	Die Kollegen, die in der Versammlung sprachen...
Даже многие из тех, кто признаёт (= признают) эту теорию,...	Sogar viele, die diese Theorie anerkennen,...
Это то, **что** я сказал.	Das ist das, was ich gesagt habe.

что kann auch **für который und которые** stehen:

В старом парке, **что** шёл между колхозом и берегом моря, до войны стояли здания санаториев.	Im alten Park, **der** zwischen dem Kolchos und dem Meeresufer lag, standen vor dem Krieg Sanatorien.
Немало учёных по-разному толкуют эти факты. Есть и такие, **что** вообще отрицают их.	Nicht wenige Wissenschaftler interpretieren diese Tatsachen in unterschiedlicher Weise. Es gibt auch solche, die sie überhaupt leugnen.
У нас была́ такая погода, **какая** ещё не была́ в последнее время.	Wir hatten solch ein (herrliches) Wetter, wie in der letzten Zeit lange nicht.
У тебя столько (же) книг, сколько и у меня.	Du hast ebensoviel Bücher wie ich.

Dem deutschen Relativpronomen **dessen, deren** entspricht im Russischen **nachgestelltes которого, которой, которых**, seltener **чей**:

Человек, сыну которого я дал книгу, ...	Der Mann, dessen Sohn ich das Buch gab, ...
Рабочие, права́ которых обеспе́чены, ... = Рабочие, чьи права́ обеспе́чены, ...	Die Arbeiter, deren Rechte gewährleistet sind, ...

§ 67. Negativpronomen

1. Die Negativpronomen **никто** (niemand), **ничто** (nichts), **никакой** (keiner, keinerlei), **ничей, ничья, ничьё** (niemandem gehörig) werden aus Interrogativpronomen mit der verneinenden Partikel **ни–** gebildet, z. B.:

Я **никого́** не вижу.	Ich sehe niemanden.
У него нет **никако́го** вкуса.	Er hat keinen Geschmack.
Ничья́ работа не была́ премирована.	Keine (Niemandes) Arbeit wurde prämiert.

Werden sie zusammen mit Präposition gebraucht, so tritt diese zwischen verneinende Partikel und Pronomen:

Я **ни у кого** не́ был.	Ich war bei niemandem.
Я **ни к кому** не иду.	Ich gehe zu niemandem.
Я **ни с кем** не говорю.	Ich spreche mit niemandem.
Я **ни о ком** не говорю.	Ich spreche über niemanden.
Это **ни в какой** мере не удовлетворяет меня.	Das befriedigt mich in keiner Weise (= keineswegs).

Merke: **ни в ко́ем** (**ни в како́м**) случае auf keinen Fall, keinesfalls.

Entsprechend werden die negierten Pronominaladverbien gebildet, z. B.:

Я никогда не думал об этом.	Ich habe nie daran gedacht.

2. Eine besondere Stellung nehmen die Negativpronomen **нéчего** und **нéкого** ein, die nur in unpersönlichen Konstruktionen gebraucht werden. Sie haben keinen Nominativ und stehen stets zusammen mit dem Infinitiv. (Vgl. auch § 140,5.)

Нéкому расскáзывать.	Es ist niemand da, dem man es erzählen kann (könnte).
Некому было рассказывать.	Es war niemand da, dem man es erzählen konnte.
Некому будет рассказывать.	Es wird niemand da sein, dem man es erzählen kann.
Нéкого будет послать.	Es wird niemand da sein, den man wird schicken können.
Нéчем писать.	Es ist nichts zum Schreiben da.
Нéчего делать.	Da kann man nichts machen.
Нé с кем было говорить.	Es war niemand da, mit dem man sprechen konnte.

Entsprechend werden die negierten Pronominaladverbien gebildet, z. B.:

Ему нéкогда (ходить в театр).	Er hat keine Zeit (ins Theater zu gehen).

3. Von den nur in Infinitivsätzen gebrauchten nominativlosen нéкого und нéчего sind die in zwei Wörtern zu schreibenden Negativpronomen **не кто** und **не что** zu unterscheiden. Sie kommen meist in Verbindungen wie не кто инóй, как (kein anderer als), не что инóе, как (nichts anderes als) vor, z. B.:

Для меня ... идеáльное есть не что инóе, как материáльное, пересáженное в человéческую гóлову и преобразóванное в ней.	Bei mir ist ... das Ideelle nichts anderes als das im Menschenkopf umgesetzte und übersetzte Materielle. (Marx)

§ 68. Indefinitpronomen

Die Indefinitpronomen werden aus Interrogativpronomen mit Hilfe der besonderen Partikeln –то, –либо, –нибудь, кое– (кой–), нé– gebildet.

1. **–то** wird verwendet, wenn im Satz von einer bestimmten Person oder einem bestimmten Gegenstand gesprochen wird, die der Sprechende nicht genau bezeichnen kann oder will:

Кто-то постучáл в дверь.	Jemand hat geklopft.
Что-то упáло нá пол.	Etwas ist heruntergefallen.

2. **-нибудь (-либо)** bezeichnet eine Person oder einen Gegenstand, die unbekannt ist, und hat die Bedeutung irgendeiner, ein beliebiger, irgend etwas:

Если кто-нибудь придёт, позовите меня!	Falls irgendjemand kommt, rufen Sie mich!
Дело в чём-нибудь другом.	Es geht dabei um irgend etwas anderes.

Mit **-либо** zusammengesetzte Pronomen werden selten gebraucht. In manchen Wörterbüchern werden Zusammensetzungen mit -нибудь odeı -либо zur Bezeichnung der Rektion verwendet, z. B. учить кого-н., чему-н. (oder учить кого-л., чему-л.) j-n etwas lehren.

Vergleiche:

-нибудь	-то
Расскажи мне что-нибудь. Erzähle mir irgend etwas.	Он сказал мне что-то, но я не не расслышал. Er hat mir etwas erzählt, aber ich habe nicht genau verstanden was.
Тебе нужно поговорить об этом с кем-нибудь из преподавателей. Darüber mußt du mit irgendeinem Lehrer sprechen.	Я видел тебя вчера в институте, когда ты разговаривал с кем-то. Ich sah dich gestern im Institut, als du mit jemandem sprachst.
Звонил мне кто-нибудь? Hat mich irgendjemand angerufen?	Тебе кто-то звонил. Dich hat jemand angerufen.
Ему всегда кто-нибудь помогал. Ihm hat immer irgendjemand geholfen (verschiedene Personen).	Ему всегда кто-то помогал. Ihm hat immer jemand geholfen (die gleiche Person).

3. Pronomen mit der Partikel **кое- (кой-)** werden gebraucht:

a) wenn im Satz von etwas gesprochen wird, das dem Sprechenden bekannt, dem Gesprächspartner jedoch unbekannt ist:

Мне нужно вам кое-что сказать.	Ich muß Ihnen etwas sagen.

b) in der Bedeutung von не́которые:

Я ко́е-кого (не́которых) из них знаю.	Ich kenne einige von ihnen.
vgl.: Я кого-то (одного́) из них знаю.	Ich kenne einen von ihnen.

Wie die Indefinitpronomen werden auch die unbestimmten Pronominaladverbien gebildet und verwendet:

Пообедаем где-нибудь!	Essen wir irgendwo Mittag!
Он живёт где-то вблизи.	Er wohnt irgendwo in der Nähe.
Это кое-где встречается.	Das kommt hier und da vor.

4. **некто** (jemand) wird nur im Nominativ und **нечто** (etwas) nur im Nominativ und Akkusativ gebraucht. (Die scheinbar zugehörigen Deklinationsformen haben negative Bedeutung, vgl. § 67.)

Этот доклад содержит нечто (что-то) новое.	Dieser Vortrag enthält etwas Neues.
Нечто вроде этого сказал и он.	Etwas Ähnliches hat auch er gesagt.

Werden **некто**, **какой-то** oder das seltenere (deklinierbare) **некий** zur Bezeichnung von Personen verwendet, so können sie dem Satz eine Schattierung der Gleichgültigkeit oder Geringschätzung geben:

некий критик (некоего, некоему, некоего, ...)	irgendein (irgend so ein) Kritiker
некто (какой-то) Петров	ein gewisser Petrow

5. **некоторый** ein gewisser und **некоторые** (несколько) einige

в некоторой степени	in gewissem Grade
некоторые сорта, несколько сортов	einige Sorten

§ 69. Definitivpronomen

1. **весь, вся, всё** ganz (всё auch: alles,) **все** Plur. alle

Vgl.	весь год	**das ganze** Jahr
	целый год	**ein ganzes** Jahr

	m.	n.	f.	Pl.
N.	весь	всё	вся	все
G.	всего	всего	всей	всех
D.	всему	всему	всей	всем
A.	весь (всего)	всё	всю	все (всех)
I.	всем	всем	всей (всею)	всеми
P.	обо всём	обо всём	о всей	о всех

Весь мир знает этого учёного.	Die gesamte Welt kennt diesen Wissenschaftler.
Весь материал лежит на столе.	Das ganze Material liegt auf dem Tisch.
Это вся проблема.	Das ist das ganze Problem.
Всё произведение интересно.	Das ganze Werk ist interessant.
Всё зависит от него.	Alles hängt von ihm ab.
Мы затронули все вопросы.	Wir berührten alle Fragen.
Он уже познакомился со всеми.	Er hat sich schon mit allen bekannt gemacht.

Всё wird auch als Adverb in der Bedeutung „immer" gebraucht:

Он всё откладывал это дело.	Er hat diese Sache immer wieder verschoben.
Становилось всё темнее.	Es wurde immer dunkler.

Merke ferner:

всего пять лет	nur fünf Jahre
Он читал всего пять страниц.	Er las insgesamt fünf Seiten.

2. сам, сама́, само́, са́ми – selbst, selber

	m.	n.	f.	Pl.
N.	сам	само́	сама́	са́ми
G.	самого́	самого́	само́й	сами́х
D.	самому́	самому́	само́й	сами́м
A.	сам (самого́)	само́	самоё, саму́	сами́х
I.	сами́м	сами́м	само́й (о́ю)	сами́ми
P.	о само́м	о само́м	о само́й	о сами́х

сам steht in Verbindung vor allem mit Personen, bisweilen auch mit Gegenständen:

Beispiele:

Он сам это сказал.	Er selbst hat dies gesagt.
Скажи́те это ему самому́.	Sagen Sie das ihm selbst.
Са́ми скажите ему это.	Sagen Sie ihm das selbst.
Он сделал это сам.	Er hat das selbst (allein) gemacht.
Ты плохо знаешь самого себя.	Du kennst dich selbst schlecht.
Само собой разумеется.	Das versteht sich von selbst.
Я видел её самоё (их сами́х).	Ich sah sie selbst.
Самому́ придётся поехать.	Ich muß selbst fahren.
	Man muß selbst fahren.
Са́ми факты говорят, что ...	Die Tatsachen selbst besagen, daß ...

3. самый, са́мая, са́мое, са́мые

a) verstärkt die hinweisende Bedeutung von тот, этот (wie же):

тот самый	derselbe, eben jener
этот самый	derselbe, eben dieser

z. B.:
этот (же) самый человек	dieser selbe Mann
Он читал ту (же) са́мую лекцию, что и в прошлом году.	Er hat genau die gleiche Vorlesung wie im Vorjahr gehalten.

b) verstärkt Orts- und Zeitangaben im Sinne von **unmittelbar, eigentlich, ganz**, z. B.:

с са́мого начала	gleich von Anfang an
у са́мой реки́	unmittelbar am Fluß
на са́мой глубине́	an der tiefsten Stelle, ganz unten

c) kann **selbst** bedeuten (bei Gegenständen), z. B.:

Достáточен самый факт согласия.	Die Tatsache des Einverständnisses **selbst** genügt (**Allein** die Tatsache des Einverständnisses genügt).

d) dient zur Bildung des Superlativs bzw. Elativs, z. B.:

самый интересный вы́вод	die interessant**este** Schlußfolgerung, eine **höchst** interessante Schlußfolgerung

4. каждый, всякий, любой (jeder) werden oft ohne wesentlichen Unterschiede gebraucht:

Всякий (каждый, любой) человек на моём месте поступил бы так же.	Jeder Mensch würde an meiner Stelle genauso handeln.

Beachte aber:

a) In einer ähnlichen Bedeutung wie все (alle) steht nur **каждый**:

Каждый присутствующий выска́зался. (Все присутствующие выска́зались.)	Jeder Anwesende äußerte sich. (**Alle** Anwesenden äußerten sich.)
Он приходил каждые сутки.	Er kam **alle** 24 Stunden einmal.
Мы встречались каждые два дня.	Wir trafen uns **alle zwei** Tage (**jeden zweiten** Tag).

b) In der Bedeutung „alle möglichen", „verschiedene" steht nur **всякий**:

Он читал всякие книги.	Er las **alle möglichen** Bücher.
Он рассказывал всякие интересные истории.	Er erzählte **verschiedene** interessante Geschichten.

Nach der Präposition **без** steht nur **всякий**:

без всякого сомнения.	**ohne jeden** Zweifel.

c) In der Bedeutung „ein beliebiger" steht nur **любой**:

Ты можешь взять любую книгу.	Du kannst **jedes (beliebige)** Buch nehmen.
Ты можешь зайти ко мне в любое время.	Du kannst **jederzeit** zu mir kommen.

§ 70. Andere Wörter in der Funktion von Pronomen

In der Funktion von Pronomen kommen besonders einige Adjektive, Partizipien und Substantive vor. Sie sind meist pronominal zu übersetzen:

Это представляет известный интерес.	Das ist von gewissem (**einigem**) Interesse.
первый ..., последний	ersterer (**jener**) ..., letzterer (**dieser**)

в данном случае	in **diesem** Falle (im gegebenen)
в ряде случаев	in **einigen** Fällen (in einer Reihe von Fällen)
в большинстве случаев	in den **meisten** Fällen, meist (in der Mehrzahl der Fälle)

§ 71. Besonderheiten bei der Übersetzung

1. Die Formen von **что** mit oder ohne Präposition entsprechen einer deutschen Zusammensetzung mit wo(r)–, z. B.:

от чего; после чего; к чему	wovon; wonach; wozu
за что; на что	wofür; worauf
(с) чем; перед чем	womit; wovor
в чём; о чём; при чём	worin; worüber (woran, wovon); wobei
Beachte: отчего, вследствие чего, в результате чего	weshalb (oder: ...; infolgedessen)

2. Die Formen von **это** und **то** mit oder ohne Präposition werden im Deutschen häufig durch ein mit da(r)– zusammengesetztes Adverb wiedergegeben:

после (э)того; кроме того	danach; außerdem
к (э)тому	dazu
за (э)то; на (э)то	dafür; darauf (daran)
об этом (о том); при (э)том	darüber (daran, davon); dabei
Я согласен с этим.	Ich bin damit einverstanden.
Я доволен этим.	Ich bin damit zufrieden. (§ 144,4)
Я этому обрадовался.	Ich habe mich darüber gefreut. (§ 142,2)
Я в этом уверен.	Ich bin davon überzeugt. (§ 145,3)

3. Zu beachten sind folgende feststehende Ausdrücke:

в том числе	darunter („in jener Zahl")
в результате этого	infolgedessen, dadurch
поэтому (: почему)	deshalb (: weshalb)
наряду с этим	daneben
более того; к тому же	darüber hinaus; außerdem
подобно тому как	ebenso wie, ähnlich wie
и тому подобное (и т. п.)	und dergleichen mehr (u. dgl.)
год тому назад	vor einem Jahr
тем более	um so mehr
тем не менее	nichtsdestoweniger, trotzdem
тем самым	dadurch, damit, so
вместе с тем	gleichzeitig, zugleich
всё же	dennoch
всё равно	einerlei, ohnehin, sowieso

всего; всего лишь	insgesamt; nur
прежде всего	vor allem
во́все не	gar nicht, keineswegs
совсе́м	ganz, ganz und gar

Der Umgangssprache gehören Wendungen an wie:

Не́ за что!	Keine Ursache! (Nichts zu danken.)
По чём это?	Wieviel kostet das?
Он тут не при чём.	Er hat damit nichts zu tun.

§ 72. Zusammenfassende Übersicht über die Deklination der wichtigsten Pronomen

N.	G.	D.	A.	I.	P.
я	меня	мне	меня	мной	мне
ты	тебя	тебе	тебя	тобой	тебе
мы	нас	нам	нас	нами	нас
вы	вас	вам	вас	вами	вас
он	его	ему	его	им	нём
чей	чьего	чьему	N. o. G.	чьим	чьём
мой	моего	моему	N. o. G.	моим	моём
наш	нашего	нашему	N. o. G.	нашим	нашем
этот	этого	этому	N. o. G.	этим	этом
сам	самого	самому	самого	самим	самом
тот	того	тому	N. o. G.	тем	том
весь	всего	всему	N. o. G.	всем	всём
кто	кого	кому	кого	кем	ком
что	чего	чему	что	чем	чём
она	её	ей	её	ею, ей	ней
чья	чьей	чьей	чью	чьей	чьей
моя	моей	моей	мою	моей	моей
наша	нашей	нашей	нашу	нашей	нашей
эта	этой	этой	эту	этой	этой
сама	самой	самой	самоё	самой	самой
та	той	той	ту	той	той
вся	всей	всей	всю	всей	всей
они	их	им	их	ими	них
чьи	чьих	чьим	N. o. G.	чьими	чьих
мои	моих	моим	N. o. G.	моими	моих
наши	наших	нашим	N. o. G.	нашими	наших
эти	этих	этим	N. o. G.	этими	этих
сами	самих	самим	самих	самими	самих
те	тех	тем	N. o. G.	теми	тех
все	всех	всем	N. o. G.	всеми	всех

Verb
(Konjugation)

§ 73. Infinitiv und Präsens, Infinitivstamm und Präsensstamm

Der Infinitiv endet auf **–ть, –ти́, –чь**
читать, нести́, мочь   lesen, tragen, können

Das russische Verb hat nur eine konjugierbare Zeitform, das Präsens, die allerdings bei perfektiven Verben Zukunftsbedeutung hat (§ 76 und 78).

Für die Konjugation gibt es zwei Reihen von Endungen, die an den Stamm treten und ihrem Merkmal nach die Konjugation bestimmen:

I. Konjugation (e):		II. Konjugation (i):	
чита–ть	нес–ти́	говори–ть	лежа–ть
чита–ю	нес–у	говор–ю	леж–у
–ешь	–ёшь	–ишь	–ишь
–ет	–ёт	–ит	–ит
–ем	–ём	–им	–им
–ете	–ёте	–ите	–ите
–ют	–ут	–ят	–ат

Beim russischen Verb unterscheidet man **Infinitivstamm** und **Präsensstamm**. Den Infinitivstamm erhält man durch Abstreichen des Infinitivsuffixes –ть, –ти, den Präsensstamm durch Abstreichen der Konjugationsendungen.

Infinitiv	Infinitivstamm	Präsensstamm
читать	чита–(ть)	чита–(ют)
писать	писа–(ть)	пиш–(ут)
говорить	говори–(ть)	говор–(ят)
лежать	лежа–(ть)	леж–(ат)
нести	нес–(ти)	нес–(ут)

Alle Präsensformen werden vom Präsensstamm gebildet, alle Präteritalformen vom Infinitivstamm (mit Ausnahme weniger Verben, vgl. § 75).

§ 74. Regeln zur Bestimmung der Konjugation

Zur II. Konjugation gehören:

1. Alle Verben auf **–ить**, z. B. говори́ть (§ 92, 1), mit Ausnahme von zehn meist einsilbigen (§ 92, 2).

2. Ungefähr 45 Verben auf **–еть**, bei denen das –e– im Präsens wegfällt, z. B. смотре́ть, смотрю́, смо́тришь (§ 91, 2).

3. Ungefähr 25 Verben auf **–жать, –шать, –чать, –щать**, bei denen das –а– im Präsens wegfällt, z. B. лежать, лежу, лежишь (§ 90, 7).

4. Die vier Verben **стоять, бояться, спать, гнать** (§ 90, 7).
Alle übrigen Verben gehören zur I. Konjugation.

§ 75. Bildung des Präteritums

Die Formen des Präteritums werden nicht nach der Person, sondern nach Genus und Numerus verändert. Im Russischen gibt es *ein* Präteritum, das den *drei* deutschen Vergangenheitsformen entspricht. Bildung:

1. Bei **Vokalstämmen** geht man vom Infinitiv aus und ersetzt –ть durch –л, –ла, –ло, –ли. Die Betonung ist gewöhnlich wie im Infinitiv:

читáть – читал, читала, читало, читали   lesen
имéть – имел, имела, имело, имели   haben
говори́ть – говорил, говорила, говорило, говорили   sprechen

2. Bei **Konsonantstämmen** schwindet das –л der maskulinen Form; die übrigen Formen werden regelmäßig gebildet, sind aber (außer c) gewöhnlich endbetont:

a) Verben auf –ти (§ 96, 1 = Präsensstamm auf с, з):

нести (несу́т) – нёс, несла́, несло́, несли́   tragen
везти (везу́т) – вёз, везла́, везло́, везли́   fahren (transitiv)

Anm.: Endet der Präsensstamm jedoch auf т, д (§ 96,2), so fällt dieses im Präteritum vor –л, -ла, -ло, -ли weg:

цвести (цвету́т) — цвёл, цвела́, цвело́, цвели́   blühen
вести (веду́т) — вёл, вела́, вело́, вели́   führen

b) Verben auf –чь (§ 97 = Präsensstamm auf к, г):

влечь (влеку́т) – влёк, влекла́, влекло́, влекли́   ziehen
мочь (мо́гут) – мог, могла́, могло́, могли́   können

c) Diejenigen Verben mit Suffix –ну–, die dieses im Präteritum verlieren (siehe § 94, 2):

дости́гнуть – дости́г, дости́гла, дости́гло, дости́гли   erreichen
aber: подчеркну́ть – подчеркну́л, подчеркну́ла,   unterstreichen
подчеркну́ло, подчеркну́ли

d) Zu einzelnen weiteren Verben siehe § 98 (4, 8, 11, 13, 15, 18, 21, 24, 27, 28, 34, 36, 37, 38).

§ 76. Bildung des Futurs

1. Imperfektive Verben bilden ein zusammengesetztes Futur mit Hilfe von буду – ich werde (sein):
я буду читать, ты будешь читать usw.

2. Perfektive Verben haben ein einfaches Futur:
я прочитаю, ты прочитаешь usw. (vgl. Tabelle § 78)

Die Aspekte

§ 77. Aspektgebrauch

Es gibt im Russischen im Gegensatz zum Deutschen nur drei Zeitformen (Präsens, Präteritum, Futur), dafür aber zwei Aspekte, den imperfektiven und den perfektiven Aspekt, die ein Zeitwortpaar bilden, z. B.:

писать, написать	schreiben (ipf. und pf.)
получать, получить	bekommen (ipf. und pf.)

Der **imperfektive Aspekt** betrachtet die Handlung des Verbs in ihrer Dauer, ohne auf die Erzielung eines Ergebnisses oder auf die zeitliche Begrenzung der Handlung (auf ihren Abschluß oder Beginn) hinzuweisen. Er drückt auch eine wiederholte Handlung oder einen Versuch aus.

Der **perfektive Aspekt** betrachtet die Handlung des Verbs mit dem Hinweis auf die Erzielung eines Ergebnisses oder auf die zeitliche Begrenzung der Tätigkeit (Abschluß oder Beginn).

Beispiele hierzu auf Seite 82–83.

Tabelle zu § 77: Aspektgebrauch

Vergleichen Sie den Gebrauch der Aspekte in folgenden Sätzen:

ipf.	pf.
Ablauf der Handlung, Prozeß	**Abschluß, Resultat; Feststellung der Tatsache**
1. Троллейбус как раз уходил. Der Obus fuhr gerade ab.	Троллейбус как раз ушёл. Der Obus war gerade abgefahren.
2. Он будет сдавать зачёт в среду. Er wird das Testat am Mittwoch ablegen.	Я уверен, что он сдаст зачёт. Ich bin überzeugt, daß er die Prüfung besteht.
3. Когда я возвращался домой .... Als ich auf dem Heimweg war	Когда я возвратился домой .... Als ich wieder nach Hause kam ... .
4. Что же делал Бельтов в продолжение этих десяти лет? – Всё или почти всё. Womit hat sich Beltow in diesen zehn Jahren beschäftigt? – Mit allem oder fast allem.	Что он сделал? – Ничего или почти ничего. (Герцен) Was hat er zustande gebracht? – Nichts oder fast nichts. (Herzen)
5. Я убеждал его бросить курить, Ich versuchte ihn zu überzeugen, das Rauchen aufzugeben.	но не убедил. aber ich konnte ihn nicht überzeugen.
Wiederholte oder gewohnheitsmäßige Handlung	**Einmalige Handlung (nicht im Verlauf dargestellt)**
6. Он всегда получал двойку. Er erhielt immer die Note 2.	Вчера он получил единицу. Gestern erhielt er die 1.
7. Когда учительница задавала вопрос, Таня первой поднимала руку. Wenn die Lehrerin eine Frage stellte, meldete sich Tanja als erste.	Когда учительница задала вопрос, Таня первой подняла руку. Als die Lehrerin die Frage stellte, meldete sich Tanja als erste.

Unerwünschte Handlung	Erwünschte einmalige Handlung
8. **Не открывайте окно!** Macht das Fenster nicht auf!	**Откройте окно!** Macht das Fenster auf!
9. Он телеграфировал, чтобы я **не приезжал**. Er telegrafierte, ich solle nicht kommen.	Он телеграфировал, чтобы я **приехал**. Er telegrafierte, ich solle kommen.
10. Советую тебе **не покупать** книгу. Ich rate dir, das Buch nicht zu kaufen.	Советую тебе **купить** книгу. Ich rate dir, das Buch zu kaufen.
	Warnung
11. **Не закрывай дверь!** Mach die Tür nicht zu!	**Не закрой** случайно **дверь!** Mach nicht aus Versehen die Tür zu!
Verbot, unerwünschte Handlung (in verneinten Infinitivsätzen)	**Unmöglichkeit** (in verneinten Infinitivsätzen)
12. **Нельзя переоценивать** результаты этого эксперимента. Man darf die Ergebnisse dieses Versuchs nicht überschätzen.	**Нельзя переоценить** результаты этого эксперимента. Die Ergebnisse dieses Versuchs können nicht hoch genug eingeschätzt werden.
13. **Туда не подходить!** Dorthin darf man nicht gehen.	**Туда не подойти.** Dorthin kann man nicht gehen.

Das Futur des pf. Aspekts gibt dem Verb manchmal einen modalen Nebensinn:

В доказательство **приведу** следующие примеры.
Zum Beweis möchte (will, kann) ich folgende Beispiele anführen.

Из чёрного **не сделаешь** белого.
Aus schwarz kann man nicht weiß machen.

§ 78. Formenbestand der Aspekte

Imperfektive Verben haben Präsens, Präteritum und Futur, perfektive Verben haben **nur** Präteritum und Futur:

Präsens	Präteritum	Futur
я пишу	я писал	я буду писать
я вписываю	я вписывал	я буду вписывать
я выписываю	я выписывал	я буду выписывать
я подписываю	я подписывал	я буду подписывать
я предписываю	я предписывал	я буду предписывать
fehlt	я написал	я напишу
	я вписал	я впишу
	я выписал	я выпишу
	я подписал	я подпишу
	я предписал	я предпишу

Verben ohne Präfix sind gewöhnlich imperfektiv: писать schreiben
Durch ein Präfix werden sie perfektiviert: написать schreiben

Meist verändert das Präfix nicht nur den Aspekt, sondern gleichzeitig auch die Wortbedeutung, z. B. писать ipf. schreiben, вписать pf. einschreiben, выписать pf. ausschreiben, подписать pf. unterschreiben, предписать pf. vorschreiben. In diesem Falle wird der ipf. Aspekt mit **gleicher** Wortbedeutung gewöhnlich durch ein Suffix (z. B. -ыва-) gebildet: вписать pf. und вписывать ipf. = einschreiben (siehe obige Tabelle).

Ein Präfix, das bei dem **einen** Verb nur aspektbildend auftritt, kann bei einem **anderen** Verb zugleich die Wortbedeutung ändern, vergleiche:

pf.		ipf.	
построить	bauen	zu строить	(Präfix ist bedeutungsleer)
смочь	können	zu мочь	(Präfix ist bedeutungsleer)
помочь	helfen	zu помогать	(Präfix ist bedeutungsändernd)
списать	abschreiben	zu списывать	(Präfix ist bedeutungsändernd)

Die wichtigsten perfektivierenden Präfixe sind:
по-, за-, с-, о- (об-), на-, вы-, про-, раз- (рас-), от-, из- (ис-), у-, вз- (вс-); vgl. § 79 und 15.

Die imperfektivierenden Suffixe sind:
-ыва- (-ива-), -ва-, -а- (-я-); vgl. § 80.

§ 79. Perfektivierung durch Präfixe

Von Verben des ipf. Aspekts wird der pf. Aspekt mit Hilfe folgender Präfixe gebildet (ohne wesentliche Veränderung der Wortbedeutung):

Präfix	imperfektiv	perfektiv	deutsch
по–	стро́ить	постро́ить	bauen
за–	плати́ть *w*	заплати́ть	zahlen
с–	де́лать	сде́лать	machen, tun
о–	кре́пнуть	окре́пнуть	stark werden
на–	писа́ть *w*	написа́ть	schreiben
вы–	расти́	вы́расти	wachsen
про–	чита́ть	прочита́ть	lesen
раз–	дели́ть *w*	раздели́ть	teilen
от–	шлифова́ть	отшлифова́ть	schleifen
из–	расхо́довать	израсхо́довать	verbrauchen
у–	соверше́нствовать	усоверше́нствовать	vervollkommnen
вз–	паха́ть *w*	вспаха́ть	pflügen
пере–	зимова́ть	перезимова́ть	überwintern
при–	гото́вить	пригото́вить	vorbereiten
под–	гото́виться	подгото́виться	sich vorbereiten

Anm.: Die Perfektivierung mit Präfix ist die wichtigste Art der Bildung perfektiver Verben. Es kommt auch – weit seltener – eine Perfektivierung mit Suffix –ну– vor, z. B. дви́гать – дви́нуть bewegen, крича́ть – кри́кнуть schreien, тро́гать – тро́нуть berühren.
Im allgemeinen sind jedoch nichtpräfigierte Verben mit Suffix –ну– imperfektiv, vgl. oben кре́пнуть (ipf.) und окре́пнуть (perfektiviert durch Präfix о–).

§ 80. Imperfektivierung durch Suffixe

Von Verben des pf. Aspekts wird der ipf. Aspekt mit Hilfe folgender Suffixe gebildet:

Suffix –ыва– (–ива–), das stets unbetont ist:

1	запи́сывать	записа́ть, –пишу́, –пи́шешь *w*	aufschreiben
2	подпи́сывать	подписа́ть, –пишу́, –пи́шешь *w*	unterschreiben
3	пока́зывать	показа́ть, –кажу́, –ка́жешь *w*	zeigen
4	дока́зывать	доказа́ть, –кажу́, –ка́жешь *w*	beweisen
5	ука́зывать	указа́ть, –кажу́, –ка́жешь *w*	hinweisen
6	переде́лывать	переде́лать	umgestalten
7	учи́тывать	уче́сть, –чту́, –чтёшь; –чёл, –чла́	berücksichtigen
8	увели́чивать	увели́чить	vergrößern
9	обеспе́чивать	обеспе́чить	gewährleisten *versorgen*
10	подде́рживать	поддержа́ть, –жу́, –де́ржишь *w*	unterstützen

Anm.: Die mit *w* bezeichneten Verben haben Betonungswechsel (Zurückziehung der Betonung von der 2. P. Sg. an), z. B. спрошу́, спро́сишь ... спро́сят (vgl. § 12,6 und 7).

11	подчёркивать	подчеркну́ть	unterstreichen betonen
12	разрабатывать	разрабо́тать	ausarbeiten
13	выраба́тывать	вы́работать	ausarbeiten, herstellen
14	рассматривать	рассмотре́ть, –рю́, –смо́тришь w	betrachten, behandeln
15	перестраивать	перестро́ить	umbauen, umgestalten
16	зака́нчивать	зако́нчить	beenden
17	спра́шивать	спроси́ть w	fragen

Suffix –ва–, das stets betont ist:

18	забыва́ть	забы́ть, –бу́ду, –бу́дешь	vergessen
19	закрыва́ть	закры́ть, –кро́ю, –кро́ешь	schließen
20	открыва́ть	откры́ть, –кро́ю, –кро́ешь	öffnen
21	развива́ть	разви́ть, разовью́, разовьёшь	entwickeln
22	разбива́ть	разби́ть, разобью́, разобьёшь	zerschlagen
23	заболева́ть	заболе́ть	erkranken
24	созрева́ть	созре́ть	reifen
25	нагрева́ть	нагре́ть	erwärmen
26	высева́ть	вы́сеять, –сею, –сеешь	aussäen
27	дава́ть (§ 90,5)	дать, дам, дашь usw. (§ 98)	geben
28	встава́ть (§ 90,5)	встать, –ста́ну, –ста́нешь	aufstehen
29	узнава́ть (§ 90,5)	узна́ть	erkennen

Suffix –а– (–я–), das stets betont ist:

30	заменя́ть	замени́ть w	ersetzen austauschen
31	изменя́ть	измени́ть w	verändern
32	применя́ть	примени́ть w	anwenden
33	распространя́ть	распространи́ть	verbreiten
34	выполня́ть	вы́полнить	erfüllen
35	дополня́ть	допо́лнить	ergänzen
36	соединя́ть	соедини́ть	verbinden
37	объясня́ть	объясни́ть	erklären
38	уделя́ть	удели́ть внима́ние	beachten
39	явля́ться	яви́ться w	sein erscheinen
40	представля́ть	предста́вить	vorstellen
41	укрепля́ть	укрепи́ть	festigen
42	выража́ть	вы́разить	ausdrücken
43	заража́ть	зарази́ть	infizieren
44	заряжа́ть	заряди́ть	laden
45	побежда́ть	победи́ть } 1. P. Sg. ungebräuchlich {	siegen
46	убежда́ть	убеди́ть	überzeugen
47	возвраща́ть	возврати́ть	zurückgeben
48	превраща́ть	преврати́ть	verwandeln
49	обраща́ть	обрати́ть	wenden
50	прекраща́ть	прекрати́ть	abbrechen, einstellen
51	защища́ть	защити́ть	schützen, verteidigen
52	замеща́ть	замести́ть	ersetzen, vertreten
53	помеща́ть	помести́ть	unterbringen
54	отвеча́ть	отве́тить	antworten, entsprechen

Замена – Austausch
Заполнить – ausfüllen

обнимать (uv)] umarmen
обнять (v)]

55	встреча́ть	встре́тить	treffen, begegnen
56	замеча́ть	заме́тить	bemerken
57	получа́ть	получи́ть w	bekommen
58	изуча́ть	изучи́ть w	studieren, untersuchen
59	различа́ть	различи́ть	unterscheiden
60	отлича́ть	отличи́ть	unterscheiden; auszeichnen
61	включа́ть	включи́ть	einschließen, einschalten
62	выключа́ть	вы́ключить	ausschalten
63	уменьша́ть	уме́ньшить	verringern
64	улучша́ть	улу́чшить	verbessern
65	разреша́ть	разреши́ть	erlauben; lösen
66	разруша́ть	разру́шить	zerstören
67	уничтожа́ть	уничто́жить	vernichten
68	выпуска́ть	вы́пустить	produzieren *ausstoßen*
69	разлага́ть	разложи́ть w	zerlegen, zersetzen
70	выступа́ть	вы́ступить	eine Rede halten
71	расцвета́ть	расцвести́, -цвету́, -цветёшь	aufblühen
72	отцвета́ть	отцвести́, -цвету́, -цветёшь	verblühen
73	приобрета́ть	приобрести́, -обрету́, -обретёшь	erwerben
74	счита́ть	счесть, сочту́, -ёшь; счёл, сочла́	halten für
75	привлека́ть	привле́чь, -влеку́, -влечёшь, -влеку́т	heranziehen
76	протека́ть	проте́чь, -течёт, -теку́т; -тёк, -текла́	verlaufen
77	вытека́ть	вы́течь, -течет, -текут; -тек, -текла	sich ergeben *(Ergebnis)*
78	помога́ть	помо́чь, -могу́, -мо́жешь, -мо́гут	helfen
79	зажига́ть	заже́чь, -жгу, -жжёшь, -жгут; -жёг, -жгла́	anzünden
80	достига́ть	дости́гнуть, -сти́гну, -сти́гнешь; -сти́г(ла)	erreichen
81	принима́ть	приня́ть, приму́, при́мешь; при́нял, -а́	annehmen
82	занима́ть	заня́ть, займу́, займёшь; за́нял, -а́	einnehmen
83	понима́ть	поня́ть, пойму́, поймёшь; по́нял, -а́	verstehen
84	сжима́ть	сжать, сожму́, сожмёшь	zusammendrücken
85	начина́ть	нача́ть, начну́, начнёшь; на́чал, -а́	beginnen
86	умира́ть	умере́ть, умру́, умрёшь; у́мер, -ла́	sterben
87	растира́ть	растере́ть, разотру́, -ёшь; -тёр, -ла	zerreiben
88	запира́ть	запере́ть, запру́, запрёшь; за́пер, -ла́	verschließen
89	опира́ться	опере́ться, обопру́сь, -ёшься; опёрся, оперла́сь	sich stützen
90	разреза́ть	разреза́ть, -ре́жу, -ре́жешь (vgl. §82,1)	zerschneiden
91	называ́ть	назва́ть, -зову́, -зовёшь; назва́л, -а́	nennen
92	вызыва́ть	вы́звать, -зову, -зовешь; вы́звал, -а	hervorrufen
93	посыла́ть	посла́ть, -шлю́, -шлёшь	schicken
94	собира́ть	собра́ть, -беру́, -берёшь; -бра́л, -а́	sammeln
95	разбира́ть	разобра́ть, разберу́, -ёшь	analysieren *auseinander- nehmen*
96	конча́ть	ко́нчить	beenden
97	реша́ть	реши́ть	beschließen; lösen
98	лиша́ть	лиши́ть	entziehen
99	броса́ть	бро́сить	werfen
100	покупа́ть	купи́ть w	kaufen

доста́ть — aufreiben, bekommen
умножа́ть — vermehren
обману́ть — betrügen

Anm.: 1. Alle *imperfektiven Bildungen* der obigen Tabelle (außer Nr. 27—29) gehören zur *produktiven* Konjugation читать (читаю, читаешь, читает, читаем, читаете, читают; читал, -а, -о, -и).
Diejenigen *perfektiven* Ausgangsformen, bei denen keine Konjugation angegeben ist, gehören zur *produktiven* Konjugation der Typen читать, иметь, говорить, подчеркнуть.
Bei allen unproduktiven perfektiven Verben sind dagegen die wichtigsten Konjugationsformen angegeben.

2. *Vokalwechsel* erfolgt bei einigen Verben als zusätzliches Merkmal zur regelmäßigen Suffigierung:

    a) Betontes oder unbetontes o zu betontem a (Nr. 12—17)
    b) Nullstufe (Inf.) und о (Futur) zu ы (Nr. 91—92)
    c) Nullstufe (Inf.) zu ы (Nr. 93)
    d) Nullstufe (Inf.) und е (Futur) zu и (Nr. 94—95)

3. *Konsonantenwechsel* im ipf. Inf. wie in der 1. P. Sg. pf.:

    з, д – ж (Nr. 42—44)   д – жд (Nr. 45—46)
    т, ст – щ (Nr. 47—53)   т – ч (Nr. 54—56)
    с – ш (Nr. 17)   в, п – вл, пл (Nr. 39—41)

Der gleiche Konsonantenwechsel tritt im Partizip Präteritum Passiv auf, vgl. § 100,4. Anm. zu b und c.

4. *Präfixlose Verben* in dieser Gruppe sind selten, aber auch bei diesen ist der imperfektive Aspekt durch das betonte -ва- (Nr. 27) oder -а- (Nr. 39 und 96—99) vom perfektiven zu unterscheiden. Bei Nr. 100 besteht ein eigenartiges Aspektverhältnis: das ipf. hat Präfix und Suffix, während beim pf. das erwartete Präfix по- fehlt.

5. *Konsonantische Stämme* mit Inf. auf -сти (-сть), -чь haben im ipf. Aspekt denselben Konsonanten wie in der 1. P. Sg. (bzw. 3. P. Pl.) pf. (Nr. 71—79).

6. *Nasalstämme* mit Inf. auf -ать (orthographisch auch -ять) haben im ipf. Aspekt denselben Konsonanten, der im Fut. der pf. Verben auftritt (Nr. 81—85).

§ 81. Doppelzeitwörter

1. Einigen deutschen Verben der Bewegung entsprechen im Russischen je zwei Verben, die aber trotz gleichen Aspekts (ipf.) und oft gleicher Wurzel nicht beliebig verwendet werden können. So entsprechen dem deutschen „gehen" die beiden Verben идти und ходить, z. B.:

Он идёт в сад.	Er geht in den Garten.
Он хо́дит по са́ду.	Er geht im Garten umher.
Ма́льчик идёт домо́й.	Der Junge geht nach Hause.
Ма́льчик уже́ хо́дит.	Der Junge läuft (geht) schon.
Я люблю́ ходи́ть в теа́тр.	Ich gehe gern ins Theater.

Идёт drückt also ein einmaliges Gehen aus, das in **bestimmter Richtung** erfolgt, хо́дит dagegen ein Gehen in **unbestimmter Richtung** oder mit häufiger Wiederholung.

Ganz ähnlich liegen die Verhältnisse auch bei den anderen sog. Doppelzeitwörtern. Man unterscheidet demnach z. B.:

unbestimmte Form	bestimmte Form	
ходи́ть (хожу́, хо́дишь)	идти́ (иду́, идёшь); шёл, шла	gehen
води́ть (вожу́, во́дишь)	вести́ (веду́, ведёшь); вёл, вела́	führen
носи́ть (ношу́, но́сишь)	нести́ (несу́, несёшь); нёс, несла́	tragen
вози́ть (вожу́, во́зишь)	везти́ (везу́, везёшь); вёз, везла́	fahren

Als Probe für die richtige Übersetzung merke man sich: Die bestimmte Form muß immer durch „auf dem Wege sein" u. ä. übersetzt werden können, es sei denn, daß es sich um eine Verwendung im übertragenen Sinne handelt, z. B.:

Он ведёт переговоры.   Er führt Verhandlungen.

2. Durch Präfigierung wird die bestimmte Form perfektiv. Zur Bildung der ipf. Entsprechung wird die unbestimmte Form (mit gleichem Präfix) verwendet, z. B.:

ipf. приходи́ть – pf. прийти́   kommen
ipf. переводи́ть – pf. перевести́   übersetzen

3. Durch das Präfix по– wird nicht nur die bestimmte Form perfektiv, sondern auch die unbestimmte. Die bestimmte Form mit Präfix по– betont den **Beginn der Handlung** oder bezeichnet nur den perfektiven Aspekt (пойти́ *los*gehen, gehen), die unbestimmte Form bezeichnet die **Beschränkung der Bewegung auf eine kurze Dauer** (походи́ть *eine Weile umher*gehen). Wichtig ist ferner, daß das Präfix с– bei unbestimmten Verben die einmalige Hin- und Herbewegung bezeichnet (= *pf.*).

Vergleiche den Gebrauch der Doppelzeitwörter in folgenden Sätzen:

a) Он походи́л (побе́гал) по па́рку.   Er lief eine Weile im Park herum.
   Он уже́ пошёл (побежа́л) домо́й.   Er ist bereits nach Hause gelaufen.

b) Я сходи́л (сбе́гал) в библиоте́ку за кни́гой.   Ich war in der Bücherei, um ein Buch zu holen.
   Я пошёл (побежа́л) за кни́гой в библиоте́ку и верну́лся.   Ich ging (lief) in die Bücherei, um ein Buch zu holen und kehrte zurück.

c) Я вчера́ съе́здил в Дре́зден (= пое́хал в Дре́зден и верну́лся).   Ich bin gestern in Dresden gewesen, d. h. ich bin nach Dresden gefahren und zurückgekehrt.
   Он пое́хал в Москву́.   Er ist nach Moskau gefahren. (Über seine Rückkehr ist nichts gesagt.)

d) Когда́ он е́хал в Москву́, он встре́тил в по́езде своего́ бра́та.   Auf der Fahrt nach Moskau traf er im Zug seinen Bruder.
   Когда́ он прие́хал в Москву́, он встре́тил на вокза́ле свою́ сестру́.   Bei seiner Ankunft in Moskau traf er auf dem Bahnhof seine Schwester.

е) Он ко мне часто заходил (забе- Er kam im Sommer oft zu mir.
гал) летом.
Он зашёл (забежал) ко мне Er ist gestern früh auf dem Weg zur
вчера утром по дороге на ра- Arbeit bei mir vorbeigekommen.
боту.

§ 82. Besonderheiten der Aspektbildung

1. Bei einigen Verben unterscheidet sich der eine Aspekt vom anderen in manchen Formen nur durch die Betonung, z. B.:

ipf.	pf.	
узнава́ть (узнаю́)	– узна́ть (узна́ю)	erkennen
разреза́ть (разреза́ю)	– разре́зать (разре́жу)	zerschneiden

2. In einzelnen Fällen besteht ein Aspektpaar aus zwei Verben verschiedener Stämme:

ipf.	pf.	
говори́ть (говорю́)	– сказа́ть (скажу́, ска́жешь)	sagen
класть (кладу́)	– положи́ть (положу́, поло́жишь)	legen
лови́ть (ловлю́) и	– пойма́ть (пойма́ю, пойма́ешь)	fangen
брать (беру́)	– взять (возьму́, возьмёшь)	nehmen

3. Bei einigen Aspektpaaren ist die Gemeinsamkeit der Stämme nicht mehr ohne weiteres erkennbar:

ipf.	pf.	
ложи́ться	– лечь (ля́гу, ля́жешь)	sich legen
сади́ться	– сесть (ся́ду, ся́дешь)	sich setzen
станови́ться и	– стать (ста́ну, ста́нешь)	sich stellen; werden
возвраща́ться	– верну́ться (возврати́ться)	zurückkehren
обора́чиваться	– оберну́ться	sich umdrehen
развёртывать	– разверну́ть	entwickeln

4. Manche Verben können je nach dem Zusammenhang bald imperfektive, bald perfektive Bedeutung haben, z. B.:

арестова́ть	verhaften
иссле́довать	untersuchen
испо́льзовать	ausnutzen, verwenden
образова́ть	bilden
организова́ть	organisieren
сочета́ть	verbinden

5. Verschiedene präfigierte Verben haben nur den ipf. Aspekt, z. B.:

зави́сеть	abhängen
отсу́тствовать	fehlen, abwesend sein
прису́тствовать	anwesend sein
принадлежа́ть	gehören

содержать и·	enthalten
соответствовать	entsprechen
состоять	bestehen

Von diesen Verben kann man keine pf. Form ableiten, da sie nur eine Tätigkeit, eine Eigenschaft oder einen Zustand bezeichnen, ohne auf ein Resultat hinzuweisen.

Anm.: Komposita mit без– sind stets ipf., z. B. бездействовать untätig sein.

6. Manche Verben haben nur den pf. Aspekt, z. B.:

| состояться | stattfinden |

§ 83. Zusammenfassende Übersicht der Aspekte

1. Dem ipf. Verb ohne Präfix entspricht ein pf. Verb mit einem „bedeutungsleeren", d. h. nur aspektbildenden Präfix (§ 79).
2. Dem pf. Verb mit einem bedeutungsändernden Präfix entspricht ein ipf. Verb mit gleichem Präfix und mit einem Suffix, das die Perfektivierung aufhebt (§ 80).
3. Dem pf. Verb entspricht ein ipf. Verb mit gleichem Präfix, aber anderem Stamm (die Ableitungen der vier wichtigsten „Doppelzeitwörter", § 81).

Ausnahme 1: Formengleichheit für beide Aspekte (§ 82, 4).
Ausnahme 2: Fehlen des perfektiven Aspekts (§ 82, 5).

Tabelle der Grundtypen

Imperfektives Verb		Perfektives Verb		Übersetzung
Infinitiv	Merkmal	Infinitiv	Merkmal	
строить	—	построить	по–	bauen
делать	—	сделать	с–	machen
показывать	–ыва–	показать	—	zeigen
увеличивать	–ива–	увеличить	—	vergrößern
подчёркивать	–ива–	подчеркнуть	—	unterstreichen
закрывать	–ва–	закрыть	—	schließen
развивать	–ва–	развить	—	entwickeln
заболевать	–ва–	заболеть	—	erkranken
получать	–а–	получить	—	erhalten
помогать	–а–	помочь	—	helfen
достигать	–а–	достигнуть	—	erreichen
переходить	–о–ить	перейти	—	hinübergehen
переводить	–о–ить	перевести	—	hinüberführen
перевозить	–о–ить	перевезти	—	hinüberfahren
переносить	–о–ить	перенести	—	hinübertragen
использовать		использовать		ausnutzen
содержать		perfektiv fehlt		enthalten

Anm.: In vielen Wörterbüchern (z. B. Lochowiz-Leping) werden die Bedeutungen eines Verbs **nur** bei dem merkmallosen Infinitiv angeführt, z. B. bei строить, показать, перейти.
Bei den merkmalhaltigen Infinitiven (построить, показывать, переходить) steht nur ein Hinweis auf den anderen Infinitiv, z. B.: построить см. (= siehe) строить.
Das muß besonders bei Verben wie проводить beachtet werden. Im Wörterbuch von Lochowiz-Leping steht:
проводить I 1. см. провести во всех знач., кроме 8;
            2. физ. leiten;
проводить II begleiten...
In diesem Falle muß man zuerst bei „провести in allen Bedeutungen außer der achten" nachsehen, weil dort das Verb in seiner eigentlichen Grundbedeutung aufgeführt ist. Die im Wörterbuch unter проводить angeführten Bedeutungen „leiten" (physikalisch) und „begleiten" kommen, wie aus der Anordnung der Ziffern ersichtlich ist, erst in zweiter Linie in Frage.

Die Modi des Verbs

Der Gebrauch des Indikativs ist im Russischen und im Deutschen im wesentlichen gleich. (Zur Bildung siehe §§ 73 bis 76.)
Nur in der Anwendung des Imperativs und Konjunktivs sind einige Besonderheiten zu beachten.

§ 84. Imperativ
A. Bildung

Der Imp. Sg. wird vom Präsensstamm gebildet, indem man an die Stelle der Endungen -ют, -ут, -ят, -ат

            -и, -ь, -й setzt.

1. **-и** steht, wenn der Präsensstamm auf einen **Konsonanten** ausgeht und die 1. P. Sg. endbetont ist (einschließlich der Komposita mit вы-, das den Akzent bei pf. Verben auf sich zieht), z. B. говори́! помоги́! бери́! вы́бери!
Es steht auch bei nicht endbetonter 1. P. Sg., wenn der Präsensstamm auf **mehrere** Konsonanten ausgeht, z. B. ко́нчи!
2. **-ь** steht, wenn der Präsensstamm auf **einen** Konsonanten ausgeht und die 1. Sg. **nicht** endbetont ist, z. B. будь! верь!
3. **-й** steht, wenn der Präsensstamm auf einen **Vokal** ausgeht, z. B. читай!
Bei einigen unregelmäßigen Verben kann man nicht vom Präsensstamm ausgehen, vgl.:

пить,	бить,	вить;	признавать,	переставать,	давать,	дать
пьют,	бьют,	вьют;	признают,	перестают,	дают,	дадут
пей!	бей!	вей!	признавай!	переставай!	давай!	дай!

Als Ersatz für die fehlenden Imperative von éхать, ви́деть, слы́шать dienen поезжа́й! смотри́! слушай!

Der Imp. Pl. wird durch Anhängen von **–те** an den Imp. Sg. gebildet, z. B. дайте! gebt! geben Sie!

B. Besondere Erscheinungen

1. Als Aufforderung in der 1. Pl. unter Einschluß des Sprechenden dienen:

a) die 1. P. Pl. Fut. (meist mit Partikel **–те**):

Пойдём(те)!	Gehen wir! Laßt uns gehen!

b) bei lebhafter Aufforderung auch zuweilen nur 1. Pl. Präs. des Indikativs:

Идём!	Nun los, gehen wir!
Едем!	Fahren wir los!

c) давай(те) mit pf. Fut. oder ipf. Infinitiv:

Давай сыграем (играть)!	Los, spielen wir! Spiel mit mir!
Давайте начнём!	Beginnen wir! Laßt uns anfangen!

Anm.: In der Umgangssprache wird bei manchen Verben das Präteritum verwendet:

Пошёл!	Geh!
Пошли!	Geht! Wollen wir gehen! Gehen wir!
Поехали!	Fahrt (los)! Wollen wir (ab-)fahren!

2. In der Bedeutung des Imperativs der 3. Person (im Sinne von „mögen", „sollen") steht die 3. P. Sg. oder Pl. des Präs. bzw. Fut. in Verbindung mit vorangehendem **пусть, пускай**:

Пусть зайдут!	Sollen (mögen) sie hereinkommen!
Пусть подождёт!	Er soll (möge) warten!

Anm.: „Пусть" kann aber auch ein Zugeständnis ausdrücken:

Пусть это случилось, но что из этого?	Nun, mag das schon vorgefallen sein, was hat es auf sich?

In gleichem Sinne steht in gehobener Rede **да,** heute aber fast nur noch als feststehende Wendung mit здравствует:

Да здравствует 1-ое Мая!	Es lebe der 1. Mai!

3. Als allgemeine Aufforderung oder scharfer Befehl kann auch der Infinitiv stehen:

Молчать!	Ruhe!
Не курить!	Rauchen verboten!

4. Ähnlich wie im Deutschen kann der Konjunktiv als gemilderter Imperativ stehen:

Ты бы лучше молчал.	Du solltest lieber schweigen.

§ 85. Konjunktiv

1. **Bildung:** Der Konjunktiv wird durch die Partikel **бы** (seltener **б**) in Verbindung mit dem Präteritum beider Aspekte gebildet. Welche Zeitform des Konjunktivs im Deutschen stehen muß, richtet sich nach dem Zusammenhang.

Если бы я это знал, я пришёл бы (завтра).	Wenn ich das **wüßte,** würde ich (morgen) kommen.
Если бы я это знал, я пришёл бы (вчера).	Wenn ich das **gewußt hätte,** wäre ich (gestern) gekommen.

2. **Wortstellung:** Im allgemeinen steht бы nach dem Verb. Außerdem kann es auch einem anderen Wort unmittelbar folgen, wenn dieses besonders hervorgehoben werden soll, z. B.:

Я бы этого не сделал.	**Ich** hätte das nicht getan.
Этого бы я не сделал.	**Das** hätte ich nicht getan.

Die Konjunktionen если, да, только und хотя ziehen die Partikel unmittelbar nach sich.

Mit der Konjunktion что verschmilzt sie zu чтобы.

3. **Gebrauch:** In vielen Fällen stimmt der Gebrauch des Konjunktivs mit dem Deutschen überein (siehe obige Beispiele).

Zur Verwendung der Konjunktion чтобы in Wunsch- und Finalsätzen siehe § 158, 2 und § 167.

§ 86. Transitive und intransitive Verben

1. a) **Transitiv** heißen die Verben, die ein Akkusativobjekt bei sich haben können, z. B.:

Студент читает книгу.	Der Student liest ein Buch.

b) Transitive Verben bilden ein persönliches Passiv, z. B.:

Книга прочитана.	Das Buch ist durchgelesen worden.
Книга читается (студентом).	Das Buch wird (von dem Studenten) gelesen.

2. a) **Intransitiv** heißen die Verben, die gewöhnlich ohne Akkusativobjekt gebraucht werden, z. B.:

идти gehen	спать schlafen	умирать sterben

b) Intransitive Verben können kein persönliches Passiv bilden. Als Umschreibung für „Ihm wird geholfen" dient:

Ему помогают.	Man hilft ihm.

§ 87. Handlungsformen des Verbs (Genera verbi)

Im Russischen unterscheiden wir – wie im Deutschen – zwei Handlungsformen: Aktiv und Passiv.

1. Aktiv

a) transitive Verben:

Студент читает книгу.	Der Student liest ein Buch.

b) intransitiv gebrauchte transitive Verben:

Студент читает.	Der Student liest.

c) intransitive Verben (vgl. § 86,2):

Он мне помогает.	Er hilft mir.

d) Verben, die durch die Partikel –ся als intransitiv gekennzeichnet sind (vgl. § 88,3):

Урок начинается.	Die Stunde beginnt.

e) Verben, die durch die Partikel –ся reflexiv geworden sind (vgl. § 88,1):

Он моется.	Er wäscht sich.

2. Passiv

a) Passiv I – von imperfektiven Verben – wird mit der Partikel –ся gebildet (vgl. § 89,1):

Книга читается (нами).	Das Buch wird (von uns) gelesen.

b) Passiv II – von perfektiven Verben – wird mit н–Partizip bzw. т–Partizip gebildet (vgl. § 89,2):

Книга (была́) прочи́тана (мно́ю).	Das Buch ist (von mir) gelesen worden.
Эта теория (была́) разби́та.	Diese Theorie ist zerschlagen worden.

Anm.: Das reflexive Verb ist keine besondere Handlungsform. Die passivische oder nichtpassivische (intransitive bzw. reflexive) Bedeutung der Verben (Formen) auf –ся läßt sich nur aus dem Zusammenhang bzw. mit Hilfe des Wörterbuchs ermitteln. (Vgl. A. V. Isačenko. Die russische Sprache der Gegenwart. Teil I. Formenlehre. Halle 1962. S. 442ff., besonders § 238,2.)

§ 88. Das reflexive Verb

Merkmal des reflexiven Verbs im Russischen ist die Partikel **–ся** (entstanden aus dem Reflexivpronomen себя). Nach Vokalen wird sie zu **–сь**, außer bei den aktiven Partizipien, wo sie immer –ся lautet, z. B.:

a) **nach Konsonant:** заниматься, занимаешься, занимается, занимаемся, занимаются, занимайся!, занимался;

b) **nach Vokal:** занимаюсь, занимаетесь, занимайтесь!, занималась, занималось, занимались, займись!;

c) **bei Partizipien:** занимающегося, занимающемуся; занимающаяся, занимающуюся; занимающееся; занимающиеся, занимающимися; ebenso занимавшегося, занявшегося usw.

Bei der Übersetzung ins Deutsche muß man **drei Hauptbedeutungen** reflexiver Verben unterscheiden, und zwar:

1. **reflexive** Bedeutung, z. B.

Он моется.	Er wäscht **sich** (zu „мыть" jem. waschen).
Они встрéтились.	Sie trafen **sich** (zu „встрéтить" jem. treffen).

2. **passive** Bedeutung bei ipf. Verben (vgl. § 89,1), z. B.

Книга читается всеми студентами.	Das Buch **wird** von allen Studenten **gelesen.**

Bei pf. Verben wird das Passiv durch Partizipien ausgedrückt (vgl. § 89.2).

3. **intransitive** Bedeutung, z. B.

Работа начинается.	Die Arbeit beginnt.
Vgl. Он начинает работу.	Er beginnt die Arbeit.

Einige Besonderheiten der Verben auf –ся

1. a) Einige Verben sind im Russischen reflexiv, nicht aber im Deutschen, z. B.:

надéяться	hoffen	борóться	w kämpfen
смеяться	lachen	являться	sein
становиться	w werden		

b) Andererseits gibt es deutsche reflexive Verben, denen ein russisches nichtreflexives Verb entspricht, z. B.:

опаздывать	**sich** verspäten	разговаривать	**sich** unterhalten
отдыхать	**sich** erholen	вспоминать	**sich** erinnern

2. Die Partikel –ся kann zu Bedeutungsänderungen führen, z. B.:

учить	w lehren	учиться	w lernen
относить к	w beziehen auf	относиться к	w gehören zu
содержать	w enthalten	содержаться	w enthalten sein
сохранять	erhalten	сохраняться	erhalten bleiben
терять	verlieren	теряться	verloren gehen

3. Reflexive Verben kommen häufig in unpersönlichen Konstruktionen vor, z. B.:

Ему не спится.	Er kann nicht schlafen.

4. Einige reflexive Verben kommen nur mit Präfix vor und drücken u. a. aus, daß die Tätigkeit zur Genüge, bis zur Sättigung ausgeführt wird, z. B.:

наесться	sich satt essen
наиграться	zur Genüge spielen

§ 89. Das Passiv

Im Russischen wird das Passiv durch reflexive Formen des Verbs oder durch passive Partizipien wiedergegeben. Wird der Urheber der Handlung genannt, so steht er im Instrumental.

1. Die **reflexiven Formen** stehen **bei imperfektiven Verben,** können also im Präsens, Präteritum (Indikativ und Konjunktiv) und Futur auftreten.

Книга **читается** всеми студентами.	Das Buch **wird** von allen Studenten **gelesen.**
Книга **читалась** всеми студентами.	Das Buch **wurde** von allen Studenten **gelesen.**
Книга **будет читаться** всеми студентами.	Das Buch **wird** von allen Studenten **gelesen werden.**
Книга **читалась бы** всеми студентами, если бы у нас было достáточно экземпляров.	Das Buch **würde** von allen Studenten **gelesen werden,** wenn wir genug Exemplare hätten.
Санаторий **строился** в течение многих лет.	Das Sanatorium **wurde** im Verlaufe vieler Jahre **gebaut** (d. h., der Bau zog sich über viele Jahre hin).

2. Das **Partizip Präteritum Passiv** steht bei **perfektiven Verben,** d. h. es kann nur im Präteritum, Futur und Konjunktiv, nicht aber im Präsens verwendet werden.

Санаторий **(был) построен** государством.	Das Sanatorium **wurde** vom Staat **gebaut, ist ... gebaut worden.**
Санаторий **будет построен** государством.	Das Sanatorium **wird** vom Staat **gebaut werden.**
Санаторий **был бы построен** государством.	Das Sanatorium **wäre** vom Staat **gebaut worden.**

3. Auch **unbestimmt-persönliche Sätze** (Sätze ohne grammatisches Subjekt und mit verbalem Prädikat in der 3. Pers. Pl.) können ins Deutsche als Passiv übersetzt werden. **Diese Konstruktion ist nicht aspektgebunden.**

Там **строят** санаторий.	Dort **wird** ein Sanatorium **gebaut.** (Dort baut man ein Sanatorium.)
Там **построили** санаторий.	Dort **wurde** ein Sanatorium **gebaut.** (Dort hat man ein Sanatorium gebaut.)

Tabelle der Entsprechungen des deutschen Passivs

		Reflexiv	Partizip	3. Pers. Pl. ohne Personalpronomen
Präsens: Das Buch wird gelesen.	ipf.	Книга читается.	—	Читают книгу.
Futur: Das Buch wird gelesen werden.	ipf.	Книга будет читаться.	—	Будут читать книгу.
	pf.	—	Книга будет прочитана.	Прочтут (прочитают) книгу.
Präteritum (Indikativ): Das Buch wurde gelesen, ist, war gelesen worden.	ipf.	Книга читалась.	—	Читали книгу.
	pf.	—	Книга (была) прочитана.	Прочитали книгу.
Präteritum (Konjunktiv): Das Buch würde gelesen, wäre gelesen worden.	ipf.	Книга читалась бы.	—	Книгу читали бы.
	pf.	—	Книга была бы прочитана.	Книгу прочитали бы.

Anm.: Es besteht keine feste Zuordnung deutscher Zeitformen zu einem bestimmten Aspekt.

Klassifizierung der Verben

Die folgende Einteilung geht vom Infinitiv des Verbs aus und unterscheidet acht Hauptgruppen:

    I. Infinitiv auf –ать (–ять)
   II. Infinitiv auf –еть
  III. Infinitiv auf –ить
  IV. Infinitiv auf –оть
   V. Infinitiv auf –уть
  VI. Infinitiv auf –ыть
 VII. Infinitiv auf –сти (–сть), –зти (–зть)
VIII. Infinitiv auf –чь

§ 90. Verben auf -ать (-ять)

1. **Produktiver Typ чита́ть**: чита́ю, чита́ешь, чита́ют lesen. Zu diesem Typ gehört die Mehrzahl der russischen Verben, vor allem die durch Suffix -ыва- (-ива-), -ва́-, -а́- (-я́-) imperfektivierten (§ 80).

2. **Produktiver Typ организовáть:** организýю, -ýешь, -ýют organi‌ren. Hierzu gehören auch Verben auf –евать:

малевáть, малю́ю, малю́ешь	malen (umgangsspr.)
воевáть, вою́ю, вою́ешь	Krieg führen
кочевáть, кочýю, кочýешь	nomadisieren
Merke ferner:	
он обязýется	er verpflichtet sich

3. **Тур писáть:** пишý, пи́шешь, пи́шут   schreiben
Diese Verben haben im Präsens Konsonantenwechsel und (ab 2. Sg.) Zurückziehung der Betonung:

вязáть, вяжý, вя́жешь	binden
pf обязáть, обяжý, обя́жешь	verpflichten
казáться, кажýсь, кáжешься	scheinen
pf показáть, покажý, покáжешь	zeigen
pf сказáть, скажý, скáжешь	sagen
рéзать, рéжу, рéжешь	schneiden
пахáть, пашý, пáшешь	pflügen
искáть, ищý, и́щешь	suchen
сы́пать, сы́плю, сы́плешь	schütten
двигать, дви́жет, дви́жут	bewegen
(gebräuchlicher: двúгаю, двúгаешь)	

4. **Тур сéять:** сéю, сéешь, сéют   säen

вéять, вéю, вéешь	wehen
надéяться, надéюсь, надéешься	hoffen
смеяться, смею́сь, смеёшься	lachen

5. **Тур давáть:** даю́, даёшь, даю́т; давáя   geben
Dieser Typ umfaßt die mit den verschiedensten Präfixen vorkommenden Wurzeln -да-, -зна-, -ста-, z. B.:

создавáть, создаю́, создаёшь; создавáя	schaffen
узнавáть, узнаю́, узнаёшь; узнавáя	erkennen, erfahren
уставáть, устаю́, устаёшь, уставáя	müde werden
вставáть, встаю́, встаёшь; вставáя	aufstehen

6. **Тур** (*pf.*) **взять:** возьмý, возьмёшь, возьмýт; взятый nehmen
Diese Verben haben einen Nasal (м oder н) im Präsens (bzw. *pf.* Fut.), der im Infinitiv nicht auftritt.

a) weitere Zusammensetzungen mit dem alten Stamm –ять (nehmen)

pf заня́ть, займý, займёшь; зáнятый	einnehmen
pf поня́ть, поймý, поймёшь; пóнятый	verstehen
pf приня́ть, примý, при́мешь; при́нятый	annehmen
pf отня́ть, отнимý, отни́мешь; óтнятый	wegnehmen
pf подня́ть, поднимý, подни́мешь; пóднятый	aufheben

b) dazu noch wenige andere, z. B.:

pf начать, начнý, начнёшь; нáчатый	anfangen
жать, жму, жмёшь; сжатый	drücken
жать, жну, жнёшь; сжатый	ernten

7. **Тур лежа́ть**: лежу́, лежи́шь, лежа́т (II. Konj.)　　liegen
Diese Verben haben ж, ш, ч, щ im Stammauslaut.

принадлежа́ть, принадлежу́, принадлежи́шь	gehören
держа́ть, держу́, де́ржишь	halten
содержа́ть, содержу́, соде́ржишь	enthalten
дыша́ть, дышу́, ды́шишь	atmen
слы́шать, слы́шу, слы́шишь	hören
стуча́ть, стучу́, стучи́шь	klopfen
молча́ть, молчу́, молчи́шь	schweigen
крича́ть, кричу́, кричи́шь	schreien

Zur II. Konj. gehören auch folgende vier Verben:

стоя́ть, стою́, стои́шь	stehen
боя́ться, бою́сь, бои́шься	sich fürchten
спать, сплю, спишь	schlafen
гнать, гоню́, го́нишь	jagen

§ 91. Verben auf -еть

1. **Produktiver Typ име́ть**: име́ю, име́ешь, име́ют (I. Konj.) haben
Zu diesem Typ gehört die Mehrzahl der Verben auf -еть, z. B.:

боле́ть, боле́ю, боле́ешь	krank sein
греть, гре́ю, гре́ешь; гре́тый	wärmen
зреть, зре́ю, зре́ешь	reifen

So auch viele von Adj. abgeleitete Verben, z. B.:
беле́ть weiß werden (aber: бели́ть weißen)

2. **Тур сиде́ть**: сижу́, сиди́шь, сидя́т (II. Konj.) sitzen

боле́ть, боли́т, боля́т	schmerzen
ви́деть, ви́жу, ви́дишь	sehen
висе́ть, вишу́, виси́шь	hängen
зави́сеть, зави́шу, зави́сишь	abhängen, abhängig sein
горе́ть, горю́, гори́шь	brennen
лете́ть, лечу́, лети́шь	fliegen
смотре́ть, смотрю́, смо́тришь	schauen, sehen

§ 92. Verben auf -ить

1. **Produktiver Typ говори́ть**: говорю́, говори́шь, говоря́т sprechen
Dies ist nach чита́ть der häufigste Typ.
Dieser Typ hat Konsonantenwechsel (nur in der 1. Sg.) bei stammauslautendem з, д, с, т, ст, б, в, м, п, ф, z. B.:

pf сни́зить, сни́жу, сни́зишь	senken
приходи́ть, прихожу́, прихо́дишь	kommen
pf повы́сить, повы́шу, повы́сишь	erhöhen
pf отве́тить, отвечу́, отве́тишь	antworten
pf замести́ть, замещу́, замести́шь	ersetzen

pf употребить, употреблю, употребишь gebrauchen
pf осуществить, осуществлю, осуществишь verwirklichen
pf оформить, оформлю, оформишь ausgestalten
pf укрепить, укреплю, укрепишь festigen

    2. **Тур бить:** бью, бьёшь, бьют; бей!; битый schlagen:

        вить, лить, пить, шить   winden, gießen, trinken, nähen
aber: жить, живу, живёшь   leben, wohnen
        гнить, гнию, гниёшь   faulen
        брить, брею, бреешь; выбритый   rasieren

§ 93. Verben auf -оть

Тур колоть: колю, колешь, колют; (рас)колотый   stechen, spalten
бороться, борюсь, борешься, борются   kämpfen

§ 94. Verben auf -нуть

1. **Produktiver Typ** *pf* **крикнуть:** крикну, крикнешь, крикнут
                                      aufschreien

Diese Verben behalten das Suffix –ну– im Präteritum immer:
                                        крикнул, крикнула

Bei diesen Verben bezeichnet –ну– die Perfektivität, auch wenn kein Präfix vorhanden ist; vgl. Anm. zu § 79.

2. **Тур (о)крéпнуть:** (о)крепну, (о)крепнешь, (о)крепнут erstarken

Diese Verben verlieren meist das Suffix –ну– im Präteritum: окреп, окрепла; окрепший, aber крепнувший.

    Bei diesen Verben bezeichnet das Suffix –ну– meist den Eintritt in einen Zustand. Verben ohne Präfix sind in dieser Gruppe imperfektiv.

(по)гибнуть, (по)гибну, (по)гибнешь;   zugrunde gehen
   погиб, погибла; погибший
pf возникнуть, возникнет, возникнут;   entstehen
   возник, возникла; возникший
pf достигнуть, достигну, достигнешь;   erreichen
   достиг, достигла; достигший
pf исчезнуть, исчезну, исчезнешь;   verschwinden
   исчез, исчезла; исчезнувший
pf подвергнуть, подвергну, подвергнешь;   unterziehen
   подверг, подвергла; под-
   вергший
pf привыкнуть, привыкну, привыкнешь;   sich gewöhnen
   привык, привыкла; привыкший

§ 95. Verben auf -ыть

Typ мыть: мо́ю, мо́ешь, мо́ют; (у)мы́тый	waschen
крыть, кро́ю, кро́ешь, кро́ют; (по)кры́тый	decken
рыть, ро́ю, ро́ешь, ро́ют; (вы́)рытый	graben

§ 96. Verben auf -сти (-сть), -зти (-зть)

1. **Typ нести́:** несу́, несёшь, несу́т; нёс, несла́, –ло́, –ли́ tragen

Bei diesen Verben enden Infinitivstamm und Präsensstamm auf с oder з. Beachte die Bildung des Präteritums.

pf спасти́, спасу́, спасёшь; спас, спасла́	retten
везти́, везу́, везёшь; вёз, везла́	fahren (trans.)
лезть, ле́зу, ле́зешь; лез, ле́зла	klettern

2. **Typ вести́:** веду́, ведёшь, веду́т; вёл, вела́, вело́, вели́; ве́дший

führen

Bei diesen Verben endet der Präsensstamm auf д oder т, während im Infinitiv с erscheint. Im Präteritum fällt das д oder т weg, bleibt aber im Partizip meist erhalten.

класть, кладу́, кладёшь; клал, кла́ла, кла́вший	legen
pf изобрести́, изобрету́, –тёшь; –рёл, –рела́; изобре́тший	erfinden
pf приобрести́, приобрету́, –тёшь; –рёл, –рела́; приобре́тший	erwerben
pf пасть, паду́, падёшь; пал, па́ла; па́вший	fallen
цвести́, цвету́, цветёшь; цвёл, цвела́; (рас)цве́тший	blühen

§ 97. Verben auf -чь

1. **Typ влечь:** влеку́, влечёшь, влеку́т; влёк, влекла́ (за собой)

(nach sich) ziehen

Bei diesen Verben endet der Präsensstamm auf к, das im –чь des Infinitivs aufgegangen ist. Im Präteritum bleibt к.

течь, течёт, теку́т; тёк, текла́	fließen
печь, пеку́, печёшь, пеку́т; пёк, пекла́	backen

2. **Typ мочь:** могу́, мо́жешь, мо́гут; мог, могла́ können

Bei diesen Verben endet der Präsensstamm auf г, das im –чь des Infinitivs aufgegangen ist. Im Präteritum bleibt г.

бере́чь, берегу́, бережёшь, берегу́т; берёг, берегла́	schonen
стере́чь, стерегу́, –жёшь, –гу́т; стерёг, стерегла́	bewachen

§ 98. Völlig unregelmäßige Verben

Die folgenden 40 Verben weichen von den vorgenannten Typen stärker ab. Sie werden aus diesem Grund in einem besonderen Paragraphen behandelt.

   1. бежа́ть, бегу́, бежи́шь, бегу́т   laufen
* 2. брать, беру́, берёшь; брал, брала́, бра́ло   nehmen
* 3. быть, есть, суть; бу́дучи; был, была́, бы́ло, не́ был, не была́, не́ было; бу́ду, бу́дешь   sein
   4. грести́, гребу́, гребёшь; грёб, гребла́   rudern
* 5. *pf* дать, дам, дашь, даст, дади́м, дади́те, даду́т; дал, дала́, да́ло; не́ дал, не дала́, не́ дало; дай!; да́нный, дан, дана́   geben
   6. драть, деру́, дерёшь; драл, драла́, дра́ло   reißen
   7. дуть, ду́ю, ду́ешь   blasen
* 8. есть, ем, ешь, ест, еди́м, еди́те, едя́т; ел, е́ла; ешь!   essen
* 9. е́хать, е́ду, е́дешь; поезжа́й!   fahren
*10. ждать, жду, ждёшь; ждал, ждала́, жда́ло   warten
  11. жечь, жгу, жжёшь, жгут; жёг, жгла   brennen
*12. *pf* забы́ть, забу́ду, забу́дешь; забы́тый   vergessen
 13. *pf* запере́ть, запру́, запрёшь; за́пер, заперла́, за́перло; за́перший; за́пертый, за́перт, заперта́, за́перто; запере́в   verschließen
*14. звать, зову́, зовёшь; звал, звала́, зва́ло   rufen
*15. идти́, иду́, идёшь; шёл, шла; ше́дший   gehen
 16. кля́сться, кляну́сь, клянёшься; кля́лся, кляла́сь   schwören
 17. лгать, лгу, лжёшь, лгут; лгал, лгала́, лга́ло   lügen
*18. *pf* лечь, ля́гу, ля́жешь, ля́гут; лёг, легла́; ляг!   sich legen
 19. моло́ть, мелю́, ме́лешь; мо́лотый   mahlen
 20. *pf* оде́ть, оде́ну, оде́нешь; оде́тый   anziehen
*21. *pf* ошиби́ться, ошибу́сь, ошибёшься; оши́бся, оши́блась   sich irren
 22. петь, пою́, поёшь; спе́тый   singen
 23. плыть, плыву́, плывёшь; плыл, плыла́, плы́ло   schwimmen
*24. расти́, расту́, растёшь; рос, росла́   wachsen
 25. рвать, рву, рвёшь; рвал, рвала́, рва́ло   reißen

26. реветь, реву́, ревёшь — brüllen
27. pf сесть, ся́ду, ся́дешь; сел — sich setzen
28. скрести́, скребу́, скребёшь, скрёб, скребла́ — schaben
29. слать, шлю, шлёшь — schicken
30. слыть, слыву́, слывёшь; слыл, слыла́, слы́ло — im Rufe stehen
*31. pf стать, ста́ну, ста́нешь — sich stellen; werden; beginnen
32. стлать, стелю́, сте́лешь — ausbreiten
33. сты́нуть (= стыть) сты́ну, сты́нешь — kalt werden
*34. тере́ть, тру, трёшь; тёр, тёрла; тёртый — reiben
35. ткать, тку, ткёшь, ткут; ткал, тка́ла, тка́ло — weben
36. толо́чь, толку́, толчёшь, толку́т; толо́к, толкла́ — zerstoßen
*37. pf умере́ть, умру́, умрёшь; у́мер, умерла́, у́мерло; уме́рший — sterben
*38. pf уче́сть, учту́, учтёшь; учёл, учла́; учтённый — berücksichtigen
*39. хоте́ть, хочу́, хо́чешь, хо́чет, хоти́м, хоти́те, хотя́т — wollen
40. чтить, чту, чтишь, чтят (auch чтут) — ehren

Anm.: Die mit * gekennzeichneten Verben kommen auch in Fachtexten häufig vor.

Partizip

§ 99. Verbaler und adjektivischer Charakter der Partizipien und Formenbestand im Vergleich zum Deutschen

Im Partizip verschmelzen zwei Wortarten: **Verb** und **Adjektiv**. Vom Verb hat die Partizipform den Stamm, vom Adjektiv die Endung, z. B.

работа–ющ–ий, –ая, –ее, –ие
разработа–нн–ый, –ая, –ое, –ые

Als Verbalform besitzt das Partizip:
1. Aktiv, Reflexiv und Passiv,
2. Präsens und Präteritum (nicht Futur),
3. imperfektive und perfektive Formen,
4. Rektion.

Wie ein Adjektiv besitzt das Partizip:
1. attributive (lange) Formen, die völlig wie ein Adjektiv dekliniert werden,

2. prädikative (kurze) Formen im Passiv (die allerdings nur beim Part. Prät. Pass. gebräuchlich sind).

Im Russischen gibt es vier Partizipien:

	Aktiv	Merkmal	Passiv	Merkmal
Präs.	читающий, ая, ее, ие открывающий, ая, ее, ие	–щ–	читаемый, ая, ое, ые открываемый, ая, ое, ые	–м–
Prät.	(про)читавший, ая, ее, ие откры(ва)вший, ая, ее, ие	–ш–	прочи́танный, ая, ое, ые откры́тый, ая, ое, ые	–н– –т–

Auf die beiden Aspekte verteilen sich die Partizipien folgendermaßen:

Part. Präs. Akt. und Pass.: nur imperfektiv
Part. Prät. Akt.: imperfektiv und perfektiv
Part. Prät. Pass.: perfektiv

(Imperfektive Formen wie чи́танный sind sehr selten.)

Im Deutschen kennen wir nicht vier Partizipialformen wie im Russischen sondern nur zwei: das Part. Präs. (Partizip I) und das Part. Perfekt (Partizip II).

Das Merkmal des deutschen Part. I (der lesende Schüler, der das Buch öffnende Schüler) ist –nd–, das Merkmal des Part. II, das meist mit einer Vorsilbe gebraucht wird (der gelesene Brief, das geöffnete Buch), –n– oder –t–.

Das Partizip II ist mehrdeutig: „die angewandte Methode" kann heißen:

1. die Methode, die jetzt gerade bzw. die dauernd angewandt wird (Part Präs. Pass. = применяемый [теперь] ме́тод);

2. die Methode, die in einem konkreten Fall mit einem konkreten Ergebnis angewandt worden ist (Part. Prät. Pass. perfektiv = применённый ме́тод);

3. die Methode, die *öfters* angewandt *wurde* (Part. Prät. Pass. imperfektiv, wofür im Russischen die Reflexivform verwendet wird: применявшийся ме́тод).

Bei intransitiven Verben hat das deutsche Partizip II die Bedeutung eines Part. Prät. *Aktiv:*

die zurückgekehrte Delegation возврати́вшаяся делега́ция
der verschwundene Brief исче́знувшее письмо́
die gelungenen Versuche уда́вшиеся о́пыты
die entstandenen Schwierigkeiten возни́кшие тру́дности

Die beiden deutschen Partizipien können also in ihrer Bedeutung den vier russischen Partizipien entsprechen:

	Aktiv	Passiv
Präs.	читающий ученик der lesende Schüler возвращающаяся делегация die zurückkehrende Delegation	применяемый метод die angewandte Methode (= метод, который применяется die Methode, die angewandt wird)
Prät.	ученик, (про)читавший книгу der Schüler, der das Buch las (gelesen hat) вернувшаяся делегация die zurückgekehrte Delegation	применённый метод die angewandte Methode (= метод, который был применён die Methode, die angewandt wurde)

§ 100. Merkmale der Partizipien

Derjenige Bestandteil der Partizipien, der den Verbstamm mit der Adjektivendung verbindet, enthält auch das Merkmal, an dem die einzelnen Partizipien zu erkennen sind.

–щ–   Partizip Präsens Aktiv
–м–   Partizip Präsens Passiv
–ш– bzw. –вш–   Partizip Präteritum Aktiv
–нн– bzw. –т–   Partizip Präteritum Passiv

Da im Stamm die Grundbedeutung eines Wortes zum Ausdruck kommt, gilt es vor allem zu ermitteln, welches Verb dem Partizip zugrunde liegt, um dieses notfalls im Wörterbuch nachschlagen zu können. (Wörterbücher enthalten die gewöhnlichen Partizipformen nicht.)

1. Vom **Partizip Präsens Aktiv (–щ–)** gelangt man über die 3. Pers. Pl. Präs. (щ durch т ersetzen!) nach den Regeln der Konjugation zum Infinitiv.

читающий	– читают	– читать	lesen
идущий	– идут	– идти	gehen
пишущий	– пишут	– писáть	schreiben
образующий	– образуют	– образовать	bilden
говорящий	– говорят	– говорить	sprechen
держащий	– дéржат	– держáть	halten

2. Vom **Partizip Präsens Passiv (–м–)** gelangt man über die 1. Pers. Pl. Präs. zum Infinitiv.

читаемый	– читаем	– читать	lesen
проводимый	– проводим	– проводить	durchführen

3. Vom **Partizip Präteritum Aktiv** (-ш- bzw. -вш-) ergibt sich der Infinitiv direkt, indem man das Merkmal (-ш- bzw. -вш-) durch die Infinitivendung (-ть, -ти) ersetzt.

(про)читавший	– (про)читать	lesen
(по)нёсший	– (по)нести	tragen
открывший	– открыть	öffnen

4. Bei der Ermittlung des Infinitivs vom **Partizip Präteritum Passiv** ist außer dem eigentlichen Merkmal (-нн- bzw. -т-) auch der diesem vorangehende Vokal zu berücksichtigen. So ergeben sich folgende Ableitungen:

	Merkmal		Infinitiv
	Langform	Kurzform	
a)	–анный	–ан, –ана, –ано, –аны	–ать
	–янный	–ян, –яна, –яно, –яны	–ять
b)	–енный	–ен, –ена, –ено, –ены	–ить oder (seltener) –еть
c)	–ённый	–ён, –ена́, –ено́, –ены́	–ить oder –сти (–сть), –зти (–зть), –чь
d)	–тый	–т, –та, –то, –ты	–ть

Beispiele:

a) прочи́танный	– прочита́ть,		поте́рянный	– потеря́ть
b) полу́ченный	– получи́ть,		просмо́тренный	– просмотре́ть
c) применённый	– применить,		принесённый	– принести
привезённый	– привезти,		привлечённый	– привлечь
d) откры́тый	– откры́ть,		дости́гнутый	– дости́гнуть
раско́лотый	– расколо́ть,		на́чатый	– нача́ть
развитый	– развить			

Beachten Sie den **Konsonantenwechsel** bei b) und c):

устано́вленный	– установи́ть,	освобождённый	– освободи́ть,
сбережённый	– сбере́чь		

Weitere Beispiele zu Verben aus § 80 (vgl. dort Anm. 3): спро́шен, предста́влен, укреплён, вы́ражен, заражён, заряжён, побеждён, убеждён, возвращён, обращён, прекращён, защищён, замещён, помещён, отвечен, встре́чен, заме́чен.

Die Reflexivpartikel lautet bei Partizipien immer –ся, auch nach Vokalen, wo in den Konjugationsformen –сь steht: трудя́щиеся, уча́щаяся.

Im Satz treten die Partizipien auf:

a) als **Attribut** (Langform), das ins Deutsche ebenfalls als Attribut oder als Relativsatz übersetzt wird, vgl. § 137;

b) als **isoliertes Attribut** (Langform), das ins Deutsche als Relativsatz übersetzt wird, vgl. § 138 B;

c) als **Prädikat in Passivsätzen** (Kurzform), vgl. § 89,2.

a) **Решающую роль** играют темпы роста производства.
Die entscheidende Rolle spielt das Wachstumstempo der Produktion.

Львиная доля **производимых богатств** достаётся в капиталистических странах эксплуататорам.
Der Löwenanteil der erzeugten Reichtümer fällt in den kapitalistischen Ländern den Ausbeutern zu.

Съезд опирался на **совершившееся** восстание.
Der Parteitag stützte sich auf den Aufstand, der stattgefunden hatte.

Свергнутое правительство осталось обладателем только Зимнего дворца.
Die gestürzte Regierung blieb nur Herr des Winterpalais.

b) Государственная власть перешла в руки Военно-революционного комитета, **стоящего** во главе петроградского пролетариата и гарнизона.
Die Staatsmacht ging in die Hände des Revolutionären Militärkomitees über, das an der Spitze des Petrograder Proletariats und der Garnison stand.

К Ленину приходили большевики, **работавшие** в армии и флоте.
Zu Lenin kamen Bolschewiki, die in der Armee und in der Flotte arbeiteten.

В результате большой работы, **проведённой** партией, широкие массы крестьянства поняли, что добьются земли, мира, хлеба, свободы только под руководством пролетариата.
Durch die große Arbeit, die von der Partei geleistet worden war, begriffen die breiten Bauernmassen, daß sie Land, Frieden, Brot und Freiheit nur unter Führung des Proletariats erlangen werden.

c) На этом заседании было <u>избрано</u> Политическое бюро.
Auf dieser Sitzung wurde das Politbüro <u>gewählt</u>.

Обстоятельному изучению будет **подвергнут** один из самых больших угольных бассейнов.
Einem gründlichen Studium wird eines der größten Kohlenbecken unterzogen werden.

§ 101. Übergang von Partizipien zu Adjektiven und Substantiven

Einige Partizipien können ihren verbalen Charakter verlieren und zu Adjektiven bzw. Substantiven werden, z. B.:

Adjektive:

трудящийся крестьянин	werktätiger Bauer
учёный совет	wissenschaftlicher Rat
бывший директор	ehemaliger Direktor
следующий день	folgender Tag

Substantive:

трудящийся	Werktätiger
учёный	Wissenschaftler, Gelehrter
начинающий	Anfänger
следующее	das Folgende

Die adjektivierten Part. Prät. Pass. haben Doppel-н in ihren prädikativen Formen:

совершённый,	совершён,	совершена,	–о́,	–ы́	vollendet (Part.)
совершённый,	совершенен,	совершенна,	–о,	–ы	vollkommen (Adj.)
образованный,	образован,	образована,	–о,	–ы	gebildet (Part.)
образованный,	образован,	образованна,	–о,	–ы	gebildet (Adj.)

Auch bei Ableitung von Adverbien wird -нн- beibehalten, z. B.:
Он пришёл совершенно неожиданно.   Er kam völlig unerwartet.

Unterscheide:

по́нятый	verstanden (Partizip)
поня́тный	verständlich (Adjektiv)
вызыва́ющий	herbeirufend, hervorrufend, herausfordernd (Partizip)
	herausfordernd, aufreizend, frech (Adjektiv)

Adjektive, die den Partizipien des Präs. Pass. ähneln:

Не осуществля́емый нами проект может быть использован другой организацией (Part.).	Das von uns **nicht ausgeführte** Projekt kann von einer anderen Organisation verwendet werden.
неосуществи́мый проект (Adj.)	ein **undurchführbares** Projekt

Mit diesen Adjektiven wird не- zusammengeschrieben, mit Partizipien nicht.

Adverbialpartizip

§ 102. Verbaler und adverbialer Charakter des Adverbialpartizips

Das Adverbialpartizip ist eine unveränderliche Verbalform, die eine ergänzende Handlung bezeichnet und im Satz als Adverbialbestimmung erscheint. Diese ergänzende Handlung bezieht sich stets auf das **Subjekt** des übergeordneten Satzes.

Das Adverbialpartizip besitzt folgende Formen:

Zum **Gebrauch** und zur **Übersetzung** siehe §§ 135–136.

	Aktiv	Reflexiv
Imperfektiv	возвраща́я zurückgebend	возвраща́ясь zurückkehrend
Perfektiv	возврати́в(ши) „zurückgegeben habend"	возврати́вшись zurückgekehrt

§ 103. Merkmale der Adverbialpartizipien

Das Adverbialpartizip ist – ebenso wie das Partizip – von einem Verb abgeleitet. Im Unterschied zum Partizip aber hat es keine Adjektivendungen, sondern ein unveränderliches Merkmal, z. B.

работа-я
прочита-в(ши).

-я, -а	– imperfektives Adverbialpartizip
-в(ши)	– perfektives Adverbialpartizip

1. Vom **imperfektiven Adverbialpartizip** leitet man den Infinitiv – ebenso wie beim Partizip Präsens Aktiv – über die 3. Pers. Pl. Präs. ab (-я durch -ют, -ут, -ят, -ат ersetzen!).

работая – работают – работать   arbeiten
принося – прино́сят – приноси́ть   bringen
образуя – образуют – образовать   bilden
живя – живут – жить   leben

Unregelmäßige Bildungen: давая – дают – давать, признавая – признают – признавать; будучи – будут – быть.

2. Vom **perfektiven Adverbialpartizip** erhält man den Infinitiv, indem man das Merkmal durch die Infinitivendung ersetzt.

прочитав – прочитать   lesen
образовав – образовать   bilden
получив – получить   erhalten
возникши – возникнуть   entstehen
принёсши – принести   bringen

Neben diesen Formen kommt von einigen Verben auch ein **pf. Adv. Part.** auf **-я, -a** vor: прочтя́ = прочитав, услы́ша = услы́шав(ши).
Bei einigen Verben mit unregelmäßigem Präteritum kommen nur diese Formen vor: принеся́, придя́, приведя́, привезя́.

3. Die **reflexive Form** der Adverbialpartizipien ist stets durch das Suffix **-сь** gekennzeichnet:

возвращаясь – возвращаться

Während das perfektive nicht reflexive Adverbialpartizip meist nur mit dem Merkmal **-в** gebildet wird, ist bei der reflexiven Form das volle Merkmal **-вши** üblich, z. B.:

возвратив – возвратившись – возвратиться

§ 104. Umschreibende Formen für das Adverbialpartizip Passiv

Für das Adverbialpartizip Passiv gibt es keine selbständigen Formen. Die Umschreibung wird vorgenommen durch **будучи** und die prädikativen Formen des Part. Prät. (seltener Präs.) Pass. Dabei richtet sich das Partizip in Genus und Numerus nach dem Subjekt des übergeordneten Satzes:

будучи возвращён (-ена́, -ено́, -ены́) oder seltener
будучи возращаем (-ема, -емо, -емы) = zurückgegeben

Бу́дучи перенесены́ в среду́, не содержа́щую раствори́мых органи́ческих веще́ств, эти бакте́рии продолжа́ют свою де́ятельность.

In eine Umgebung versetzt, die keine löslichen organischen Stoffe enthält, setzen diese Bakterien ihre Tätigkeit fort.

§ 105. Adverbialpartizipien in anderer Funktion

Einige Adverbialpartizipien werden in anderer Funktion verwendet bzw. gehören bereits anderen Wortarten an:

a) Adverbien:
сидя, стоя, лёжа   sitzend, stehend, liegend

b) Präpositionen (vgl. § 119):
благодаря хорошей погоде   infolge („dank") des schönen Wetters
несмотря на хорошую погоду   trotz des schönen Wetters
включая мою сестру   einschließlich meiner Schwester
некоторое время спустя   nach einiger Zeit

c) Konjunktionen (vgl. § 121):
хотя   obwohl

Adverb

§ 106. Allgemeines

Adverbien dienen zur näheren Bestimmung von Verben, Adjektiven, Substantiven und anderen Adverbien; sie sind undeklinierbar. (Manche Adverbien haben Steigerungsformen, vgl. § 109.)

Он **внимательно** слушает.   Er hört **aufmerksam** zu.
политически грамотный человек   ein **politisch** gebildeter Mensch
дружба **навеки**   Freundschaft **für immer**
совершенно верно   **völlig** richtig

Der Unterschied von Adjektiv und Adverb ist im Deutschen nicht immer deutlich zu erkennen. Vergleiche folgende Beispiele:

Его ответ правильный.	Он ответил правильно.
Seine Antwort ist **richtig**.	Er antwortete **richtig**.
Задача легка (лёгкая).	Она легко решила задачу.
Die Aufgabe ist **leicht**.	Sie löste die Aufgabe **leicht**.
Наш путь прямой.	Мы идём прямо.
Unser Weg ist **gerade**.	Wir gehen **geradeaus**.
Его болезнь тяжёлая.	Он тяжело болен.
Seine Krankheit ist **schwer**.	Er ist **schwer**krank.
Это важный исторический вопрос.	Это исторически важный вопрос.
Das ist eine wichtige **historische** Frage.	Das ist eine **historisch** wichtige Frage.

§ 107. Einteilung der Adverbien nach ihrer Bedeutung

Adverbien können ausdrücken:
1. Art und Weise: так   – so   хорошо – gut
2. Ort: здесь   – hier   дома   – zu Hause
3. Zeit: тогда   – damals сегодня – heute
4. Maß und Grad: много   – viel   мало   – wenig
5. Grund und Zweck: потому́ – darum   наро́чно – absichtlich

§ 108. Einteilung der Adverbien nach ihrer Bildungsweise

1. **Ursprüngliche Adverbien** (Pronominaladverbien):

	fragend	hinweisend	unbestimmt	verneinend
Art und Weise:	как? wie?	так so	ка́к-нибудь, ко́е-как irgendwie	никак auf keine Weise
Ort:	где? wo?	здесь, тут hier там dort	где́-нибудь irgendwo ко́е-где hier und da	нигде́ nirgends
Richtung:	куда́? wohin?	сюда́ hierher туда dahin	куда́-нибудь irgendwohin	никуда́ nirgendwohin
Zeit:	когда́? wann?	тогда damals, dann	когда́-нибудь irgendwann, jemals, je когда-то irgendwann, einstmals, einst	никогда́ niemals, nie
Maß und Grad:	сколько? wieviel?	сто́лько soviel	ско́лько-нибудь не́сколько etwas	ниско́лько nicht im geringsten

2. **Von Adjektiven abgeleitete Adverbien:**

a) auf –o oder –e, die mit der neutralen Kurzform des Adjektivs übereinstimmen:

интересно   zu интересный   interessant
крайне   zu крайний   äußerst

Ebenso bilden die aus Partizipien entstandenen Adjektive ein Adverb:

блестя́ще   zu блестящий   glänzend
определённо   zu определённый bestimmt

b) auf –и (zum Teil mit по-):

критически	zu критический	kritisch
по-русски	zu русский	russisch
(по-)дру́жески	zu дружеский	freundschaftlich

c) auf –ому, –ему mit по-:

по-друго́му	zu другой	anders
по-новому	zu новый	neu, auf neue Weise

d) durch **Präfigierung der alten Kurzform mit с, до, из; по; в, за, на**:

и́здавна	zu давний	von jeher, seit langer Zeit
справа	zu правый	rechts, von rechts her
за́ново	zu новый	von neuem
налево	zu левый	links, nach links
вско́ре	zu скорый	bald, binnen kurzem

e) Von einigen Adjektiven wird anstelle eines Adverbs eine **Umschreibung mit о́бразом** (Instr. von о́браз Art und Weise) gebraucht:

главным о́бразом	zu главный	hauptsächlich
различным о́бразом	zu различный	verschieden
коренны́м о́бразом	zu коренной	grundlegend

Vergleiche dazu die analogen Bildungen:

каким образом	zu как	wie
таким образом	zu так	so

Auch im Deutschen wird ein Adverb mitunter durch eine Zusammensetzung mit -weise gebildet, z. B. времена́ми (zeit**weise**), места́ми (stellen**weise**).

3. **Von Substantiven abgeleitete Adverbien**:

a) durch **Präfigierung mit из, с, до, от; к, по; на, в, за, под**:

снача́ла	zu начало	anfangs, zuerst
посереди́не	zu середина	in der Mitte
внизу́	zu низ	unten
накану́не	zu кану́н	am Vorabend

b) **ohne Präfix, meist Instrumental**:

днём	zu день	tags, am Tage
зимо́й	zu зима́	im Winter
сегодня	zu (сей) день	heute
круго́м	zu круг	ringsum

4. **Von Zahlwörtern abgeleitete Adverbien (vgl. auch § 60)**:

a) von den **Grundzahlwörtern 1 – 4 mit Suffix –жды**:

однажды	zu один	einmal
дважды	zu два	zweimal
трижды	zu три	dreimal
четырежды	zu четыре	viermal

b) vom **Instrumental der Grundzahlwörter 5 – 11:**

| пятью шесть | zu пять | 5 × 6 |

c) von **Ordnungs- und Sammelzahlwörtern mit Präfix:**

во-пе́рвых	zu пе́рвый	erstens
вдво́е	zu дво́е	zweimal soviel
на́двое	zu дво́е	in zwei Teile

5. **Von Pronomen abgeleitete Adverbien:**

a) vom **Dativ des Possessivpronomens mit по–:**

| по-мо́ему | zu мой | nach meiner Meinung |
| по-сво́ему | zu свой | auf eigene (eigenwillige) Art und Weise |

b) von **anderen Pronomen mit Präfigierung** (vgl. auch § 71):

зате́м, пото́м	zu Dem. Pron. то	danach, dann
потому́	zu Dem. Pron. то	deswegen
почему́, заче́м	zu Interrogat. Pron. что	weswegen, weshalb
во́все не	zu Definit. Pron. всё	durchaus nicht
совсе́м	zu Definit. Pron. всё	völlig

Anm. 1: Vorwiegend umgangssprachlich sind adverbielle Formen wie:

| давны́м-давно́ | längst |
| ма́ло-пома́лу | allmählich |

Anm. 2: Auch ganze Wortgruppen können adverbiell verwendet werden, z. B.:

| во что́ бы то ни ста́ло | um jeden Preis |

§ 109. Steigerung der Adverbien auf -o und -e

Adverbien auf –o und –e werden ebenso gesteigert wie die neutralen Kurzformen der Adjektive, z. B.:

	ча́сто – ча́ще	– ча́ще всего́
	(= бо́лее ча́сто)	(= наибо́лее ча́сто)
oft	– öfter, häufiger	– am häufigsten, meist

Приходи́те **ча́ще** к нам! — Besuchen Sie uns **öfter!**
Он изобража́л действи́тельность **бо́лее то́чно,** чем други́е. — Er stellte die Wirklichkeit **genauer** als andere dar.
Он реши́л зада́чу **лу́чше всех.** — Er hat die Aufgabe **am besten** gelöst.

Vorgesetztes **по–** bedeutet einen **geringeren Grad,** z. B.:

Возьми́те **побо́льше** ма́сла. — Nehmen Sie **ein bißchen mehr** Butter.
Он знал ма́ло, она́ **побо́льше.** — Er wußte wenig, sie **etwas mehr.**

Merke:

мало	wenig	ме́нее	(меньше)	weniger	наименее (меньше всего)	am wenigsten
много	viel	бо́лее	(больше)	mehr	наиболее (больше всего)	am meisten
рано поздно далеко́ долго	früh spät weit, fern lange	ра́нее позднее да́лее до́лее	(раньше) (позже) (дальше) (дольше)	früher später weiter, ferner länger	regelmäßig, z. B. дальше всего am weitesten	

Partikel

§ 110. Eigentliche Partikeln

Die Partikeln sind Hilfswörter, die die Bedeutung einzelner Wörter oder ganzer Sätze in stärkerem oder geringerem Grade verändern.

Nach ihrer Bedeutung kann man folgende Gruppen von Partikeln unterscheiden:

1. Verstärkende Partikeln, z. B. ведь, же, даже, и, ни, уже (уж):

Ведь это не новость!	Das ist **doch** keine Neuigkeit!
Я же вам об этом говорил!	Das habe ich Ihnen **doch** gesagt!
Это даже ему известно.	Das ist **sogar** ihm bekannt.
В этом и заключается трудность.	Darin **eben** besteht die Schwierigkeit.
Что он ни говорил, всё было напрасно.	Was er **auch** immer sagte, es war alles umsonst.
Это уж совсем неправильно.	Das ist **schon** ganz und gar nicht richtig.

2. Einschränkende Partikeln, z. B. лишь, только:

Лишь (= только) он пришёл.   Nur er ist gekommen.

3. Hinweisende Partikeln, z. B. вот, это:

Вот он идёт!   Da kommt er!
Это он пришёл.   Er ist gekommen (und niemand anders).

4. Fragende Partikeln, z. B. ли, разве, неуже́ли:

Пришёл ли он?   Ist er gekommen?
Разве ты не знаешь его?   Kennst du ihn **denn** (etwa) nicht?
Неужели вы его не видели?   Haben sie ihn **wirklich** nicht gesehen?

5. Ausrufende Partikeln, z. B. что за, как:

Что за вздор!	**Was für ein** Unsinn!
Как хорошо переведенó!	**Wie** gut übersetzt!

6. Genauer bestimmende Partikeln, z. B. почти, как раз, именно:

Я прочёл **почти** всю книгу.	Ich habe **fast** das ganze Buch durchgelesen.
Как раз об этом говорил и он.	**Gerade** davon hat auch er gesprochen.
Именно это!	**Gerade** das!

7. Zur Bezeichnung der Identität werden hinweisende Pronomen und Adverbien mit же verbunden:

тот же derselbe (vgl. § 65,1c und 2). так же ebenso (также = auch). столько же ebensoviel, ebensosehr.

Она **так же** усердно училась, как он.	Sie hat **ebenso** eifrig gelernt wie er.

8. Verneinende Partikeln, z. B. не, вóвсе не, далекó не, отню́дь не:

Это **вóвсе** (= **отню́дь**) **не** хорошо.	Das ist **durchaus nicht** gut.
Это **далекó не** всё.	Das ist **bei weitem (längst) nicht** alles.

§ 111. Wort- und formenbildende Partikeln

Eine Sonderstellung nehmen die Partikeln ein, mit deren Hilfe neue Wörter und Formen gebildet werden:

1. Mit Hilfe der Partikeln ни und не werden die Negativpronomen und die negierten Pronominaladverbien gebildet (§ 67 und § 108,1), z. B.:

Никто́ не отве́тил.	**Niemand** antwortete.
Я **нигде́** не нашёл его.	Ich habe ihn **nirgends** gefunden.
Не́где достать эту книгу.	**Nirgends kann man** das Buch bekommen.

2. Mit der Partikel бы in Verbindung mit dem Präteritum des Verbs wird der Konjunktiv gebildet (vgl. § 85), z. B.:

Я **пришёл бы** раньше, если **бы знал**, что ты дома.	Ich **wäre** früher **gekommen**, wenn ich **gewußt hätte**, daß du zu Hause bist.

3. Mit Hilfe der Partikel **-ся (-сь)** werden die reflexiven Verbalformen gebildet (vgl. § 88), z. B.:

Они встре́тились.	Sie trafen **sich**.

Präposition

§ 112. Einteilung der Präpositionen

Man unterscheidet der Bildung nach **einfache Präpositionen** und **abgeleitete Präpositionen** (Präpositionen, die aus anderen Wortarten entstanden sind), und zwar:

a) Adverbialpräpositionen (§ 117),
b) Substantivpräpositionen (§ 118),
c) Verbalpräpositionen (§ 119),
d) Präpositionale Wortverbindungen (§ 120).

§ 113. Übersicht über die einfachen Präpositionen

Kasus	mit einem Kasus			mit 2 Kasus				mit 3 Kasus	
G.	у bei	от von	до bis из aus					с von	
	без ohne	для für	из-за из-под wegen unter ... hervor						
D.	к zu							по je, längs u. a.	
A.	про über	через durch		о ge- gen	на auf	в in	за под hin- un- ter ter	с etwa	по bis
I.	перед vor	над über	между zwischen				за под hin- un- ter ter	с mit	
P.	при bei			о über	на auf	в in		по nach	

Die Präpositionen без, для, до, из, между, над, перед bereiten bei der Übersetzung von Fachtexten kaum Schwierigkeiten. Für die anderen Präpositionen werden hier vor allem Beispiele angeführt, die von der deutschen Sprache abweichen.

§ 114. Einfache Präpositionen mit einem Kasus

из-за mit Genitiv bezeichnet Richtung oder Ursache:

Он выглянул из-за доски.	Er schaute **hinter** der Tafel **hervor**.
Доцент не пришёл из-за болезни.	Der Dozent kam **wegen** Krankheit nicht.

из-под mit Genitiv bezeichnet Richtung oder Herkunft:

Студент выдвинул чемодан из-под кровати.	Der Student zog den Koffer **unter** dem Bett **hervor**.
Степанов был колхозник из-под Москвы.	Stepanow war Kolchosbauer **aus der Umgebung** von Moskau.

Merke:

жестянка из-под сардинок	**(leere)** Sardinenbüchse
поле из-подо ржи	**abgeerntetes** Roggenfeld

к(ко) mit Dativ

a) weist auf die Annäherung zum genannten Gegenstand hin:

Он поехал к другу.	Er fuhr **zu** seinem Freund.
Он придёт к вечеру.	Er kommt (wird kommen) **gegen** Abend.
к первому мая	**zum** 1. Mai
к концу	**gegen** Ende

b) bezeichnet das Verhältnis:

отношение к молодёжи	Haltung **gegenüber** der Jugend
ненависть к фашистам	Haß **gegen** die Faschisten
любовь к делу	Liebe **zur** Sache
интерес к музыке	Interesse **für** Musik
уважение к старшим	Respekt **vor** dem Alter

от mit Genitiv bezeichnet

a) die räumliche und zeitliche Abgrenzung:

От Москвы до Ленинграда — 649 километров.	**Von** Moskau bis Leningrad sind es 649 km.
от часу до двух	**von** ein bis zwei Uhr

b) die Ursache:

бледнеть от страха	**vor** Angst erblassen
умереть от рака желудка	**an** Magenkrebs sterben

Merke:

средство от зубной боли	Mittel **gegen** Zahnschmerzen
защищаться от ветра	sich **vor** dem Wind schützen

при mit Präpositiv bezeichnet
a) die Zugehörigkeit:

При заводе открыли детский сад.	Die Fabrik hat einen Kindergarten eröffnet. (**Bei** der Fabrik hat man...)
При школе есть интернат.	Der Schule ist ein Internat angegliedert. (**Bei** der Schule ist ...)

b) die Zeit:

при капитализме	**im** (**unter** dem) Kapitalismus
при Петре́ Первом	**unter** Peter I.

c) das Vorhandensein oder die Anwesenheit:

при этих условиях	**unter** diesen Bedingungen
при мне	**in** meiner Anwesenheit

про mit Akkusativ kommt hauptsächlich in der Umgangssprache vor; gewöhnlich gebraucht man die Präposition **о**:

Расскажите мне всё про него = о нём)!	Erzählen Sie mir alles **über** ihn!

Merke:

Он читал про себя.	Er las (**still**) für sich.

у mit Genitiv bezeichnet
a) die unmittelbare Nähe:

Он живёт у родителей.	Er wohnt **bei** den Eltern.
дом у моря	das Haus **am** Meer

b) das Besitzverhältnis in einem mit быть gebildeten Prädikat:

У него (было) два брата.	Er **hat**(**te**) zwei Brüder.
У нас нет времени.	Wir haben keine Zeit.

Im Präsens wird dabei есть nur bei Betonung des Besitzes gebraucht, vgl.:

Билеты у меня есть.	Die Karten **habe** ich.
Билеты у меня.	Die Karten habe **ich**.

через (чрез) mit Akkusativ bezeichnet
a) die Richtung, Bewegung:

Он едет через Дрезден в Прагу.	Er fährt **über** Dresden nach Prag.
Он идёт через лес = лесом.	Er geht **durch** den Wald.
Он перехо́дит через улицу.	Er geht **über** die Straße.
(Он идёт по улице.	Er geht die Straße entlang.)

b) die Zeit:

через год	(heute) **übers** Jahr
через неделю	**nach** (**in**) einer Woche
через три часа́	**nach** (**nach Verlauf von**) drei Stunden

c) das Mittel:

Они объясняются через переводчика.	Sie verständigen sich **mit Hilfe** eines Dolmetschers.
Я это узнал через моего друга.	Ich habe es **durch** meinen Freund erfahren.

§ 115. Einfache Präpositionen mit zwei Kasus

в (во) mit Akkusativ bezeichnet

a) die Richtung (Frage wohin?) und hat die entgegengesetzte Bedeutung der Präposition из:

Он идёт в город.	Er geht **in** die Stadt.
Мы едем в Москву.	Wir fahren **nach** Moskau.

b) das Maß, den Preis, das Gewicht:

комната шириной в три метра	ein Zimmer **von** drei Meter Breite
дом в три этажа́	ein dreistöckiges Haus
в какую це́ну?	**zu** welchem Preise?
кирпи́ч весом в один килограмм	ein Ziegel **von** 1 kg Gewicht

c) den Vergleich:

в восемь раз больше	achtmal so groß

d) die Zeit (Frage wann?):

в субботу	**am** Sonnabend
в одну неделю	**im Laufe** einer Woche
в эту по́ру, в это время	**um** diese Zeit, **zu** dieser Zeit
три раза в день	dreimal täglich
в восемь часов	**um** acht Uhr
в первый раз	**zum** erstenmal
в такую погоду	**bei** solchem Wetter

e) das Ziel, den Zweck:

в доказательство	**zum** Beweis

в (во) mit Präpositiv bezeichnet

a) den Ort (Frage wo?):

учиться в университете	**an** der Universität studieren
в погоне за прибылью	**auf** der Jagd nach Profit

b) die Zeit:

в 1914 году	**im** Jahre 1914
в начале зимы́	**am** Anfang des Winters
в 1946–1950 гг. (в тысяча девятьсо́т сорок шесто́м – пятидеся́том года́х)	**in** den Jahren 1946–1950

c) die Entfernung:
в двух километрах от колхоза	zwei Kilometer vom Kolchos entfernt
в двух часа́х езды́	zwei Stunden weit zu reisen

за mit Akkusativ bezeichnet

a) die Richtung (Frage wohin?):
за дом	**hinter** das Haus
за борт	**über** Bord
сесть за стол	sich **an** den Tisch setzen

b) die Zeit:
за последние 10 лет	**in** den letzten 10 Jahren
	während der letzten 10 Jahre
за шесть лет	**im Laufe von** 6 Jahren
Я сделаю это за полчаса́.	Ich mache das **in** einer halben Stunde.
за день до экзамена	einen Tag vor dem Examen

c) das Alter:
Профессору за 50 лет.	Der Professor ist **über** 50 Jahre alt.

d) den Zweck, das Interesse:
борьба за мир	der Kampf **um (für)** den Frieden

e) den Gegenwert:
купить за (одну) марку	**für** eine Mark kaufen

f) die Ursache:
Его критиковали за бюрократизм.	Er wurde **wegen** bürokratischen Verhaltens kritisiert.
премия за отличную работу	eine Prämie **für** ausgezeichnete Arbeit

за mit Instrumental bezeichnet

a) den Ort (Frage wo?):
за домом	**hinter** dem Haus
сидеть за столо́м	**am** Tisch sitzen
жить за́ городом	**außerhalb** der Stadt wohnen
за рекой	**jenseits** des Flusses

b) den Zweck (Frage nach wem? wonach?):
послать за доктором	**nach** dem Arzt schicken
пойти за водой	Wasser holen

c) die Reihenfolge:
один за другим	einer **nach** dem anderen

на mit Akkusativ bezeichnet

a) die Bewegung, Richtung, das Ziel (Frage wohin? worauf?) und hat die entgegengesetzte Bedeutung der Präposition с (mit Genitiv):

положить на стол	**auf** den Tisch legen
идти на фабрику	**zur (in** die) Fabrik gehen
на север	**nach** Norden
повесить на стену	**an** die Wand hängen

b) die Zeit, den Termin:

на этот раз	**(für)** diesmal
план на 1960 год	der Plan **für** 1960
Что задано на завтра?	Was ist **für (bis)** morgen aufgegeben?
Преподаватель перенёс лекцию на среду.	Der Dozent hat die Vorlesung **auf** Mittwoch verlegt.

c) die Zeit (in Verbindung mit Ordnungszahlen von zwei an oder gleichbedeutenden Adjektiven bzw. Pronomen):

на другой (= следующий) день	**am** nächsten Tag
на четвёртый день	**am** vierten Tag

d) den Zweck (Frage wozu?):

промышленные товары на вывоз	Industriewaren **für** den Export
подарить на память	**zum** Andenken schenken

e) das Maß, den Vergleich:

на половину больше	**um** die Hälfte größer
Мясо на марку дороже.	Das Fleisch ist **(um)** eine Mark teurer.
Активист перевыполнил норму на 15%.	Der Aktivist hat die Norm **um** 15% übererfüllt.

aber:

Выпуск продукции увеличился до 3000 тонн.	Die Produktion erhöhte sich **auf** 3000 t.

на mit Präpositiv bezeichnet

a) den Ort (Frage wo?):

сидеть на стуле	**auf** dem Stuhl sitzen
на партийном собрании	**in** der Parteiversammlung
на автозаводе	**im** Autowerk
на факультете	**an (in)** der Fakultät

b) die Zeit (Frage wann?, in Verbindung mit неделя):

на будущей неделе	**in** der kommenden Woche

c) das Fahren mit Verkehrsmitteln u. ä.:

ехать на трамвае	**mit** der Straßenbahn fahren
ехать на велосипеде	(**mit** dem) Rad fahren
лететь на самолёте	**mit** dem Flugzeug fliegen
ходить на лыжах	Schi fahren

Merke:

книга на русском языке	ein Buch **in** russischer Sprache

о(об) mit Akkusativ (selten) bezeichnet Zusammenstoß, Berührung:

разбиться о́ берег	**am** Ufer zerschellen
бок о́ бок	Seite **an** Seite
уда́риться о камень	**an** einen Stein (**gegen** einen Stein) stoßen

о (об, обо) mit Präpositiv wird nur bei Wörtern gebraucht, die ein Sprechen von etwas oder Denken an etwas bezeichnen:

Студент говорит о социалистическом соревновании.	Der Student spricht **über** den (**vom**) sozialistischen Wettbewerb.

под (подо) mit Akkusativ bezeichnet

a) die Richtung (Frage wohin?):

(по)ста́вить под стол	**unter** den Tisch stellen

b) den annähernden Zeitpunkt:

под вечер	**gegen** Abend
под конец	**gegen** Ende
Ей под тридцать (лет).	Sie ist **an** die (**gegen**) dreißig Jahre alt.

c) den Verwendungszweck:

отвести здание под клуб	ein Gebäude **für** einen Klub zur Verfügung stellen

под mit Instrumental

под руководством Ленина	**unter** der Führung Lenins
под Москвой	**in der Nähe von** (**unweit von**) Moskau
Битва народов под Лейпцигом	Völkerschlacht **bei** Leipzig

§ 116. Einfache Präpositionen mit drei Kasus

по mit Dativ bezeichnet

a) den Ort (Frage wo?) bei Verben der Bewegung:

ходить по улице	**auf** der Straße auf und ab gehen
плыть по реке́	**im** Fluß schwimmen
идти по реке́	den Fluß **entlang** gehen
гулять по улицам	**durch** die Straßen schlendern

b) das Nachrichtenmittel:

Он говорит по телефону.	Er telefoniert.
Он говорит по радио.	Er spricht **im** Rundfunk.
Мы смотрели фильм по телевизору.	Wir haben uns einen Film **im** Fernsehen angesehen.

c) die Zeit (Frage wann?) bei regelmäßiger Wiederholung:

Партийное собрание бывает по средáм.	Die Parteiversammlung ist **(jeweils)** mittwochs.
по вечерáм	**jeweils** abends (am Abend)

d) die Übereinstimmung – laut, gemäß, nach, entsprechend –

работать по плану	**nach** einem Plan arbeiten
по возможности	**nach** Möglichkeit
по закону	**laut** Gesetz
по сообщению	**laut** Mitteilung

e) die Ursache:

по болезни	**infolge (wegen)** Krankheit (krankheitshalber)
по ошибке	**aus** Versehen

f) das Fachgebiet, den Bereich, das Merkmal:

экзамен (отметка) по русскому языку	Examen (Zensur) **in** Russisch
расходы по содержанию	Unterhaltungskosten
товарищ по университету	Studienkamerad, Kommilitone
По добыче и брикетированию бурого угля ГДР занимает первое место в мире.	**In** der Braunkohlenförderung und -brikettierung steht die DDR an erster Stelle in der Welt.

g) die Verteilung (vgl. Zahlwort § 54):

План распределили по бригадам.	Der Plan wurde **auf** die Brigaden aufgeschlüsselt.
Каждый получил по книге.	Jeder bekam **(je)** ein Buch.

по mit Akkusativ

по сегодняшний день (= по сей день)	**bis** auf den heutigen Tag
с восьмóго по десятое мая	vom 8. **bis zum** 10. Mai

по mit Präpositiv (Frage: nach welcher Zeit?)

по окончании работы	**nach** Beendigung der Arbeit
по истечении назнáченного срока	**nach** Ablauf der festgesetzten Frist

с (со) mit Genitiv bezeichnet

a) die Richtung, Bewegung und hat die entgegengesetzte Bedeutung der Präposition на (vgl. dagegen из):

Он взял книгу со стола́.	Er nahm das Buch **vom** Tisch.
перевод с немецкого на русский (язык)	Übersetzung **aus** dem Deutschen ins Russische

b) die Zeit:

с тех пор	**von** der Zeit an, seitdem
с первого мая	**vom** 1. Mai an, **seit** dem 1. Mai

c) die Ursache:

с горя (= от горя)	**vor (aus)** Kummer

с mit Akkusativ gibt unbestimmte Zeit, Maß, Preis, Anzahl an (genaue Angaben durch **в** mit Akkusativ):

Он прожил в Москве с неделю.	**Ungefähr** eine Woche lebte er in Moskau.
с год тому назад	**etwa** vor einem Jahr
кирпи́ч весом с килограмм	ein Ziegel von **etwa** 1 kg Gewicht

с mit Instrumental bezeichnet

a) die Gemeinsamkeit (Frage womit? mit wem?):

Лектор занимается со студентами.	Der Lektor arbeitet **mit** den Studenten.

aber:

Они занимаются русским языком.	Sie beschäftigen sich mit der russischen Sprache.

b) die Art und Weise:

Я сделаю это с большим удовольствием.	Ich werde das **mit** großem Vergnügen tun.

c) die Zeit:

С наступлением ночи стало холодно.	**Mit** Einbruch der Nacht wurde es kühl.

§ 117. Adverbialpräpositionen

Zu den Adverbialpräpositionen gehören alle Präpositionen, die ursprünglich Adverbien waren. Bisweilen werden sie noch heute als Adverbien gebraucht, z. B.:

Вокру́г фа́брики расту́т дере́вья.	**Rings um** die Fabrik wachsen Bäume.
Вокруг растут деревья.	**Ringsum** wachsen Bäume.

1. Adverbialpräpositionen mit Genitiv:

вместо пшени́цы	**anstelle** von Weizen
(aber: вмес е с пшеницей	**zusammen mit** Weizen)
вне университета	**außerhalb** der Universität
внутри́ города	**innerhalb** der Stadt
кроме того́	**außer**dem
о́коло вокзала	**neben** dem Bahnhof
	in der Nähe des Bahnhofs (Ort)
около недели	**etwa** eine Woche (Zeit)
около двух сантиме́тров	**etwa** zwei Zentimeter (Maß)
относител но	**in bezug, betreffs, über**
после экзамена	**nach** dem Examen
против законов	**gegen** die Gesetze
aber adverbial: Я против.	Ich bin dagegen.
сверх плана	**über** den Plan **hinaus**
свы́ше ста человек	**über (mehr als)** hundert Mann
среди́ студентов	**(mitten) unter** den Studenten

2. Adverbialpräpositionen mit Dativ:

подобно ему	ihm **ähnlich**
согласно законам	den Gesetzen **entsprechend**

3. eine Adverbialpräposition mit Akkusativ:

Я ничего не вижу сквозь туман. Ich sehe nichts **durch** den Nebel.

§ 118. Substantivpräpositionen

Zu dieser Gruppe gehören alle Präpositionen, die von verschiedenen Kasusformen der Substantive abgeleitet sind. Die meisten von ihnen bestehen aus der Verbindung von Präposition und Substantiv. Bis auf wenige Ausnahmen verlangen sie den Genitiv.

в ви́де о́пыта	versuchs**weise, als** Versuch, **in Form** eines Versuchs
ввиду́ этого	**in Anbetracht** dessen, **infolge**dessen, deshalb
во время экзамена	**während** der Prüfung (wörtl.: zur Zeit ...)
во главе́ партии	**an der Spitze** der Partei
во избежание этого	**zur Vermeidung** dessen; **um** dies **zu vermeiden**
во имя дружбы	**im Namen** der Freundschaft
в порядке дискуссии	**als** Diskussionsbeitrag; **im Rahmen** der Diskussion
в противоположность (= в противовес) этому (Dativ!)	**im Gegensatz** dazu

в силу создавшихся условий	**infolge** der entstandenen Lage (**„kraft"** der entstandenen Bedingungen)
в течение (=на протяжении) десяти лет	**im Laufe (im Verlaufe) von** zehn Jahren
в целях улучшения условий труда	**zur (zum Zweck der)** Verbesserung der Arbeitsbedingungen; **um** die Arbeitsbedingungen **zu** verbessern
за исключением первого пункта	**mit Ausnahme** des ersten Punktes
за недостатком времени за неимением времени	} **aus Zeit**mangel
за счёт Американские монополисты обогатились за счёт своих союзников.	a) **auf Kosten**, z. B.: Die amerikanischen Monopolisten haben sich **auf Kosten** ihrer Verbündeten bereichert.
за счёт (= благодаря) повышение производительности труда за счёт лучшей организации труда	b) **durch, infolge,** z. B.: Erhöhung der Arbeitsproduktivität **durch** bessere Arbeitsorganisation
по мере возможности	**nach** Möglichkeit
по мере увеличения продукции	**mit** der Steigerung der Produktion
по поводу этой конференции	**anläßlich** dieser Konferenz
с помощью (= при помощи, посредством) микроскопа	**mit Hilfe** des Mikroskops (**mittels** Mikroskop)
путём опроса населения	**durch** Befragung der Bevölkerung (**„auf dem Wege"** der Befragung...)
в результате реформы	**infolge** der Reform, **durch** die Reform (die wörtliche Übersetzung **„im Ergebnis"** ist zu vermeiden)

Beachte auch:
Он работает в качестве тракториста.   Er arbeitet **als** Traktorist.

§ 119. Verbalpräpositionen

Zu dieser Gruppe gehören alle Präpositionen, die aus Adverbialpartizipien entstanden sind. (Manche dieser Formen kommen auch noch als Adv. Part. vor.)

благодаря хорошей погоде	**dank (infolge, wegen)** des guten Wetters
Включая детей там было сто человек.	**Einschließlich** der Kinder waren dort hundert Personen.
Все, начиная с Ленина и кончая рабочими, принимали участие в субботнике в Кремле.	Alle, **von** Lenin **bis zu** den Arbeitern, beteiligten sich an dem Aufbaueinsatz im Kreml.
начиная с первой мировой войны	**seit** dem ersten Weltkrieg
Спустя час мы пошли дальше.	**Nach** einer Stunde gingen wir weiter.

§ 120. Präpositionale Wortverbindungen

Die präpositionalen Wortverbindungen setzen sich aus Adverbien, Substantiven oder Adverbialpartizipien mit darauffolgenden Präpositionen zusammen.

Wir unterscheiden drei Gruppen:
1. Präposition + Substantiv + Präposition, z. B.:

в отличие от капитализма	**im Unterschied (Gegensatz) zum** Kapitalismus, **gegenüber** dem Kapitalismus
по сравнению с капитализмом	**im Vergleich zum** Kapitalismus
по отношению к капитализму	**in bezug auf** den Kapitalismus
в зависимости от условий труда́	**je nach** den Arbeitsbedingungen (in Abhängigkeit von den A.)

2. Adverb + Präposition, z. B.:

вплоть до границы	**bis (dicht) an** die Grenze
впредь до дальнейшего	**bis auf** weiteres
Наряду́ с трамваем мы по́льзуемся тролле́йбусом.	**Neben** der Straßenbahn benutzen wir den Obus.
Применительно к данному слу́чаю ваше решение правильно.	**Was** diesen Fall **betrifft** (in diesem Fall), ist Ihre Entscheidung richtig.

3. Adverbialpartizip + Präposition, z. B.:

смотря́ по обстоя́тельствам	**je nach** den Umständen
несмотря́ на данные обстоятельства	**trotz** dieser Umstände
су́дя по ви́ду	dem Anschein **nach**

Konjunktion

Konjunktionen dienen zur Verbindung von Satzgliedern und Sätzen. Über ihre syntaktische Funktion (Koordinierung und Subordinierung) wird in der Syntax gesprochen (vgl. §§ 147ff.). Hier wird nur ein Überblick über die wichtigsten Konjunktionen unter dem Gesichtspunkt ihrer Bildungsweise gegeben.

§ 121. Einwort-Konjunktionen

а	und; aber; sondern	(§ 149)
бу́дто	als ob	(§ 163)
где[1]	wo	(§§ 156, 179)

---

[1]) где, куда, откуда wurden in diese Übersicht aufgenommen, obwohl sie keine Konjunktionen sind.

да	aber; und	(§§ 149, 148)
если	wenn	(§ 169)
же	jedoch	(§ 149)
зато́	dafür	(§ 149)
и	und; auch	(§ 148)
и́бо	denn	(§ 152)
и́ли	oder	(§§ 150, 151)
как	wie; als; seit	(§§ 163, 177, 181)
когда́	wenn; als; seit	(§§ 169, 177, 181)
ко́ли, коль	wenn	(§ 169)
куда́[1])	wohin	(§§ 156, 179)
ли	ob	(§ 180)
ли́бо	oder	(§ 150)
не́жели	als	(§ 163)
но	aber; sondern	(§ 149)
одна́ко	indessen; allein	(§ 149)
отку́да[1])	woher	(§§ 156, 179)
пока́	solange	(§ 177)
поско́льку	insofern als; da	(§ 165)
поэ́тому	deshalb	(§ 153)
пусть	wenn auch	(§ 171)
раз	wenn	(§ 169)
сло́вно	als ob	(§ 163)
(а) та́кже	sowie; und auch	(§ 148)
то́чно	als ob	(§ 163)
хотя́, хоть	obwohl	(§ 171)
хотя́ бы, хоть бы	wenn auch, selbst wenn	(§ 171)
чем	als; je	(§ 163)
что	daß	(§§ 175, 180)
что́бы	daß; damit; um ... zu	(§§ 163, 167, 176, 180)

Einige dieser Konjunktionen sind homonym (gleichlautend) mit anderen Wortarten:

как, когда́, сло́вно, то́чно	Konjunktion oder Adverb
что, что́бы (что бы), чем	Konjunktion oder Pronomen
да, же, ли, пусть, хотя́, хотя́ бы	Konjunktion oder Partikel
раз	Konjunktion oder Substantiv

Beachte daher beim Übersetzen:

1. Хо́чешь ча́ю? **Да** и́ли нет?   Willst du Tee? **Ja** oder nein?
 ко́жа **да** ко́сти   Haut **und** Knochen
 На́до бы что́-нибудь сказа́ть, **да** слов нет.   Man müßte etwas sagen, **aber** es fehlen einem die Worte.

---

[1]) где, куда́, отку́да wurden in diese Übersicht aufgenommen, obwohl sie keine Konjunktionen sind.

2. Публике он не нравился, мне **же** лично он был симпатичен.

Я **же** вам об этом говорил!
Это **тот же** человек, которого я видел вчера.

3. И вот уже прошло полгода, **как** Вера кончила институт.

Как он работает?

4. **Когда** отец пришёл с работы, он пообедал и лёг.

Когда он сдал экзамен?

5. Он спросил, читали **ли** вы это произведение.
Читали **ли** вы это произведение?

6. **Пусть** он ошибся, но эту ошибку можно исправить.

Пусть (Partikel) подождёт.

7. **Раз** ты дал слово, ты должен его сдержать.
Я об этом говорил не **раз**.

в последний **раз**
раз, два, три

8. Автор романа так хорошо описал строительный участок, **словно** (= **точно**) он сам был на стройке.
Он **точно** исполнил поручение.

9. **Хотя** ассистент был очень занят, он находил время заниматься спортом.
Приходи **хоть** в шесть часов, если раньше не успеешь.

10. Я кончу работу, **хотя бы** мне пришлось и ночь просидеть.

Это подтверждается **хотя бы** следующими данными.

Dem Publikum gefiel er nicht, mir persönlich war er **jedoch** sympathisch.
Das habe ich Ihnen **doch** gesagt!
Das ist **derselbe** Mensch, den ich gestern gesehen habe.
Und nun ist schon ein halbes Jahr vergangen, **seit** Vera das Institut absolviert hat. (vgl. auch § 181)
Wie arbeitet er?
Als der Vater von der Arbeit kam, aß er zu Mittag und legte sich hin. (Vgl. auch § 181)
Wann hat er das Examen abgelegt?
Er fragte, **ob** Sie dieses Werk gelesen hätten (haben).
Haben Sie dieses Werk gelesen?

Wenn er sich **auch** geirrt hat, so kann man diesen Fehler (doch) korrigieren.
Soll (mag) er warten!
Wenn du dein Wort **einmal** gegeben hast, mußt du es auch halten.
Ich habe **wiederholt** (nicht nur einmal) davon gesprochen.
zum letzten **Male**
eins, zwei, drei
Der Autor des Romans hat die Baustelle so lebensnah beschrieben, **als ob** er selbst beim Bau dabeigewesen wäre.
Er hat den Auftrag **exakt** (genau) ausgeführt.

Obwohl der Assistent sehr viel zu tun hatte, fand er Zeit, Sport zu treiben.
Komm **wenigstens** um sechs, wenn du es früher nicht schaffst.
Ich mache die Arbeit fertig, **selbst wenn** ich die ganze Nacht durch darüber sitzen müßte.
Das wird **zumindest** durch folgende Angaben (Daten) bestätigt.

11. Опыт прошёл иначе, **чем** мы предполагали.
Я не знаю, **чем** он занимается.

Der Versuch verlief anders, **als** wir angenommen hatten.
Ich weiß nicht, **womit** er sich beschäftigt.

12. Я знаю, что он это сказа́л.
Я знаю, что́ он сказал.

Ich weiß, **daß** er das gesagt hat.
Ich weiß, **was** er gesagt hat.
(Vgl. auch § 181)

13. Директор послал нас в Москву, **чтобы** мы при́няли участие в совещании.
Что бы он ни делал, у него всё получается хорошо.

Der Direktor schickte uns nach Moskau, **damit** wir an der Beratung teilnehmen. (Vgl. auch § 181)
Was auch immer er tut, alles gelingt ihm.

§ 122.   Mehrwort-Konjunktionen

1. Verbindungen mit как

в зави́симости от того как	je nachdem wie	(§ 163)
всякий раз как	sooft	(§ 177)
в то время как	während	(§ 177)
как будто (бы)	als ob	(§ 163)
как только	sobald	(§ 177)
между тем как	während	(§ 177)
до того как	bevor	(§ 177)
перед тем как	bevor	(§ 177)
подобно тому как	ähnlich wie	(§ 163)
по мере того как	in dem Maße wie	(§ 163)
после того как	nachdem	(§ 177)
смотря по тому как	je nachdem wie	(§ 163)
с тех пор как	seit	(§ 177)
так как	weil	(§ 165)
тогда как	während	(§ 177)

Beachte:

Он не может прийти, **так как** у него нет времени.
Он написал статью **так, как** вы думали.

Er kann nicht kommen, **weil** er keine Zeit hat.
Er hat den Artikel **so** geschrieben, **wie** Sie dachten.

2. Verbindungen mit то, что und чтобы

а не то	andernfalls	(§ 149)
а то	sonst	(§ 149)
благодаря тому что	weil („dank der Tatsache, daß")	(§ 165)
ввиду того что	weil („angesichts der Tatsache, daß")	(§ 165)
вместо того чтобы	statt daß; statt zu	(§ 163)

в связи с тем что	weil („im Zusammenhang damit, daß")	(§ 165)
в силу того что	weil („kraft dessen, daß")	(§ 165)
вследствие того что	weil („infolge der Tatsache, daß")	(§ 165)
до того, что	so, daß („bis zu dem Grade, daß")	(§ 175)
из-за того что	weil („aus dem Grunde, daß")	(§ 165)
настолько .... что	so (sehr) ..., daß	(§ 175)
несмотря на то что	obwohl („ungeachtet dessen, daß")	(§ 171)
оттого что	weil	(§ 165)
потому что	weil	(§ 165)
прежде чем	bevor	(§ 177)
столько .... что	so viel(e) ...., daß	(§ 175)
так что	so daß	(§ 175)
такой ..., что	ein solcher .... daß	(§ 175)
тем более что	um so mehr als	(§ 165)
тем что	dadurch daß	(§ 163)

Einige Konjunktionen dieses Typs können getrennt werden, wobei ein Teil der Verbindung im übergeordneten Satz stehen kann, z. B.:

Он не пришёл, **потому́ что** не получил нашу телеграмму.
Er ist nicht gekommen, **weil** er unser Telegramm nicht erhalten hat.

Он не пришёл **потому́, что** не получил нашу телеграмму.
Er ist **deshalb** nicht gekommen, **weil** er unser Telegramm nicht erhalten hat.

Он **потому** и не пришёл, **что** не получил нашу телеграмму.
Er ist (eben) **deshalb** nicht gekommen, **weil** er unser Telegramm nicht erhalten hat.

§ 123. Korrespondierende Konjunktionen

Von korrespondierenden Konjunktionen spricht man, wenn ein und dieselbe Konjunktion wiederholt wird (и ... и) oder wenn zwei verschiedene Glieder einander entsprechen (не только ... но и).

и ... и	sowohl ... als auch	(§ 148)
или ... или	entweder ... oder	(§ 150)
либо ... либо	entweder ... oder	(§ 150)
ни ... ни	weder ... noch	(§ 148)
то ... то	bald ... bald	(§ 150)
как ... так и	sowohl ... als auch	(§ 148)
не только ... но и	nicht nur ... sondern auch	(§ 148)
не столько ... сколько	nicht so sehr ... als vielmehr	(§ 148)
поскольку ... постольку	insofern ... (als); in dem Maße, wie	(§ 163)
столько ... сколько	so viel ... wie	(§ 163)
так (же) ... как и	genauso ... wie	(§ 163)
точно так ... как и	genauso ... wie	(§ 163)
чем ... тем	je ... desto	(§§ 148, 163)
едва ... как	kaum ... als	(§ 177)

Von den korrespondierenden Konjunktionen sind diejenigen zu unterscheiden, zu deren Verstärkung im Hauptsatz ein Stützwort stehen kann, das häufig unübersetzt bleibt, z. B.:

Люди **хоть и** ругали товарища Н., **но** любили его.	**Obwohl** die Leute auf den Kollegen N. schimpften, mochten sie ihn **(doch)** gern.
Мы **для того и** пришли, **чтобы** участвовать в вашем собрании.	Wir sind **(gerade zu dem Zwecke)** gekommen, **um** an eurer Versammlung teilzunehmen.
Если мы выделим водород в чистой форме, **то** мы получим очень лёгкий газ.	**Wenn** wir Wasserstoff in reiner Form ausscheiden, **(so)** erhalten wir ein sehr leichtes Gas.
Несмотря на то что ассистент был очень занят, он **тем не менее** находил время заниматься спортом.	**Obwohl** der Assistent sehr viel zu tun hatte, fand er **(nichtsdestoweniger)** Zeit, Sport zu treiben.

Anm.: Mit Hilfe der deutschen Konjunktion „noch bevor" werden die Formen не успел, не успеешь wiedergegeben, wobei die Konjunktion как meist nicht übersetzt wird:

Не успеешь ответить, как он уже задаст новый вопрос.	Noch bevor man antworten kann, stellt er schon eine neue Frage.
Не успел я оглянуться, как он уже ушёл.	Ehe ich mich's versah, **(da)** war er schon weg.

SYNTAX

§ 124. Allgemeines

Abgesehen von Einwortsätzen und einigen unvollständigen Sätzen, besteht der Satz in der Regel aus mindestens zwei wesentlichen Satzgliedern: Subjekt und Prädikat. Diese bilden den **einfachen** Satz, der durch Objekte und Adverbialbestimmungen **erweitert** werden kann. Einfache Sätze können unter weitgehender Wahrung ihrer Selbständigkeit **Satzverbindungen** eingehen.

Ist dem Hauptsatz ein Nebensatz (der meist ein Satzglied vertritt) oder eine Reihe von Nebensätzen untergeordnet, spricht man von einem **Satzgefüge**.

§ 125. Die Satzglieder

1. In einem Satz können folgende Satzglieder auftreten: Subjekt und Prädikat, Objekt und Adverbialbestimmung, Attribut. (In neueren Grammatiken zählt man das Attribut oft nicht mehr zu den Satzgliedern.)

Beispiel:

Мой брат	вчера	читал	интересную книгу.
Subjekt	Adverbialbestimmung	Prädikat	Objekt

Das Beispiel zeigt die untergeordnete Rolle der Attribute мой und интересную.

2. Jedes Satzglied kann durch **ein Wort** oder durch eine **Wortgruppe** vertreten sein. Die Substantivgruppe эта интересная книга z. B. kann in einem Satz Subjekt, Objekt, Adverbialbestimmung oder Attribut sein und wird dann entsprechend dekliniert:

Эта интересная книга ...	= Subjekt (Wer oder was?)
(Я читаю) эту интересную книгу.	= Objekt (Wen oder was?)
в этой интересной книге	= Adverbialbestimmung (Wo?)
(чтение) этой интересной книги	= Attribut (Welche Lektüre?)

3. Ähnliche Funktion wie die Satzglieder können Gliedsätze (= Nebensätze) oder gliedsatzähnliche Gebilde (Infinitivgruppen, Partizipgruppen und Adverbialpartizipgruppen) ausüben. (Vgl. §§ 136 u. 160–162)

4. Nicht alle Wörter, Wortgruppen und Gliedsätze (Nebensätze) lassen sich als Satzglieder einordnen. So beziehen sich Schaltwörter und Schaltsätze auf den Inhalt des ganzen Satzes, in den sie (in Kommas!) eingeschlossen sind:

Он, может быть, придёт.	Er kommt vielleicht. (Er wird wahrscheinlich kommen.)
Завтра, я об этом уже слышала, будет профсоюзное собрание.	Morgen, davon habe ich schon gehört, findet eine Gewerkschaftsversammlung statt.
Вы, конечно, поможете.	Sie werden natürlich helfen.

Subjekt und Prädikat

§ 126. Das Subjekt

1. Das Subjekt wird ausgedrückt durch den Nominativ eines Substantivs oder Pronomens (a), durch andere substantivierte Wortarten (z. B. Adjektive, Partizipien ...) (b) oder durch den Infinitiv eines Verbs (c):

a) **Брат** пишет письмо.	**Der Bruder** schreibt einen Brief.
Он пишет письмо.	**Er** schreibt einen Brief.
b) **Столовая** была большая.	**Der Speiseraum** war groß.
Трудящиеся борются за мир.	**Die Werktätigen** kämpfen für den Frieden.
c) **Учиться** – интересно.	**Lernen** ist interessant.

Das Subjekt wird auch durch eine Wortgruppe – d. h. mehrere eng zusammengehörende Wörter – ausgedrückt (d):

d) В комнате были **две двери**.	Im Zimmer waren **zwei Türen**.
Там было **много людей**.	Dort waren **viele Menschen**.
Брат с сестрой учатся в одной школе.	**Bruder und Schwester** besuchen die gleiche Schule.
Мы с другом работаем в одном институте.	**Mein Freund und ich** arbeiten im gleichen Institut.
Один из моих друзей ...	**Einer meiner Freunde** ...
Самый интересный из этих примеров ...	**Das interessanteste Beispiel** ...

2. Bei Verneinung der Anwesenheit oder Existenz wird gewöhnlich eine unpersönliche Konstruktion gebraucht, und die Stelle des Subjekts nimmt ein Nomen (oder Pronomen) im Genitiv ein (vgl. § 130,6 und § 140.3):

В комнате нет **стола**.	Es ist kein **Tisch** im Zimmer.
Таких форм не существовало.	**Solche Formen** haben nicht existiert.

§ 127. Das Prädikat

Das Prädikat wird in der Regel durch ein konjugiertes Verb ausgedrückt, das mit dem Subjekt in Numerus und Genus übereinstimmt (verbales Prädikat), oder durch Kopula mit Prädikativ (nominales Prädikat).

§ 128. Das verbale Prädikat

1. a) Einfaches verbales Prädikat ist ein finites (konjugiertes) Verb. (Zum Part. Prät. Pass. vgl. § 129, B 3)

Товарищ **читает**.	Der Genosse **liest**.
Товарищ Петрова **не читает**.	Genossin Petrowa **liest nicht**.
Мы будем **участвовать** в демонстрации.	Wir **werden** an der Demonstration **teilnehmen**.

Студенты у нас **воспи́тываются** в духе пролетарского интернационализма.	Die Studenten **werden** bei uns im Geiste des proletarischen Internationalismus **erzogen** (vgl. § 89,1).
С твоей по́мощью я **написал бы** это письмо.	Mit deiner Hilfe **hätte** ich diesen Brief **geschrieben**.

b) Unbestimmt-persönliche bzw. allgemein-persönliche Sätze (im Deutschen gewöhnlich mit „man" wiederzugeben) werden durch die 3. Pl. bzw. 2. Sg. ausgedrückt, bisweilen auch durch den Infinitiv.

По всей стране **строят** новые фабрики.	Im ganzen Land baut **man** neue Fabriken.
Тут ничего не **поделаешь**.	Da kann **man** (kannst du) nichts machen.
Шире **использовать** технику!	**Nutzt** die Technik stärker **aus!**
Многие организации участвовали в этой работе; **взять**, к примеру, горком партии.	Viele Organisationen beteiligten sich an dieser Arbeit; **nehmen wir** z. B. die Stadtleitung der Partei.

c) Bei Verneinung von Prädikaten mit einer Bedeutung, die dem Begriff des Seins nahesteht, wird die Konstruktion zuweilen unpersönlich. Das Prädikat steht dabei in der 3. Sg. des Neutrums.

Возражений **не последовало**.	**Es folgten keine** Einwände.

2. Einige finitive Verben bilden mit einem Infinitiv ein **zusammengesetztes verbales Prädikat**, und zwar:

a) Verben, die Beginn, Verlauf oder Abschluß einer Handlung bezeichnen (Es folgt der Infinitiv imperfektiver Verben.):

Переводчик **начинает переводить**.	Der Übersetzer **beginnt zu übersetzen**.
Он **продолжал переводить**.	Er **übersetzte weiter**.
Когда он **перестанет говорить**?	Wann **hört** er **auf zu sprechen**?

Die Vergangenheitsformen von стать können unübersetzt bleiben:

С тех пор газеты **стали появляться** ежедневно.	Seit dieser Zeit **erschienen** die Zeitungen täglich.

b) Verben, die zum Ausdruck bringen, daß eine Handlung möglich, wünschenswert, notwendig (приходиться), erzwungen (заставить), erstrebenswert (пытаться) ist:

Кто **хочет выступить** с докладом?	Wer **will** einen Vortrag halten?
Студент **старался** хорошо **выполнить** своё задание.	Der Student **hat sich bemüht**, seine Aufgabe gut **zu erfüllen**.
Он мог бы это **сделать**.	Er **könnte** das **tun**.

c) Einige andere Verben wie любить, идти, спешить:

Я люблю читать.	Ich lese gern.
Он пойдёт работать.	Er wird arbeiten gehen.
Мы поспешили прийти во́время.	Wir haben uns beeilt, pünktlich zu kommen.

§ 129. Das nominale Prädikat

A. Die Kopula

1. Als Kopula dienen быть und являться/явиться. Daneben können auch einige andere Verben wie оказываться/оказаться und представлять (собой) als Kopula aufgefaßt bzw. übersetzt werden.

Отец был чернорабочим, а сын будет врачом.	Der Vater war ungelernter Arbeiter, der Sohn aber wird Arzt.
Марксизм является врагом всякого догматизма.	Der Marxismus ist ein Feind jedes Dogmatismus.
Он оказался больным.	Er war krank. (Es erwies sich, daß er krank war.)
„Правда" представляет собой старейшую марксистско-ленинскую газету.	Die Prawda ist eine der ältesten marxistisch-leninistischen Zeitungen.

2. a) Da das Präsens der Kopula быть fehlt, ist im Deutschen die entsprechende Form von „sein" zu ergänzen.

Я студент.	Ich bin Student.
Ты рабочий.	Du bist Arbeiter.

Bisweilen steht in diesen Fällen ein Gedankenstrich, z. B. wenn Subjekt und Prädikativ Substantive sind:

Марс – планета.	Der Mars ist ein Planet.
Москва – столица СССР.	Moskau ist die Hauptstadt der UdSSR.

b) Die Verneinung kopulaloser Sätze ruft in der Regel keine Veränderung der Konstruktion hervor:

Он не инженер.	Er ist kein Ingenieur.
Бумага не красная.	Das Papier ist nicht rot.

(Zu Konstruktionen wie Бумаги нет siehe § 140,3a.)

3. a) Die Form есть wird bei Definitionen und des Nachdrucks wegen gebraucht. Sie kann mit allen Personen im Sg. und Pl. verbunden werden:

Я останусь тем, что я есть.	Ich will das bleiben, was ich bin. Ich will der bleiben, der ich bin.

Die Pluralform суть ist veraltet, erscheint aber bisweilen in wissenschaftlichen Definitionen, z. B.:

Птицы суть позвоно́чные живо́тные. (= Птицы – позвоночные животные.)	Vögel sind Wirbeltiere.

b) Die Verneinung dieses definitorischen есть ruft keine Veränderung der Konstruktion hervor. (Vgl. aber § 126,2 und § 130,6.)

Активность и инициатива **не есть** качества, врождённые от природы, а **есть** черты́ характера, которые воспитываются у детей в коллективе.	Aktivität und Initiative **sind keine** angeborenen Eigenschaften, sondern sie **sind** Charakterzüge, die den Kindern im Kollektiv anerzogen werden.

B. Das Prädikativ

Als Prädikativ können folgende Wortarten auftreten: Substantive; Adjektive und Partizipien in der Lang- und Kurzform; Zahlwörter; Pronomen und Wortgruppen.

1. Das **Substantiv** als Prädikativ:

a) Beim Fehlen der Kopula (d. h. im Präsens von быть) steht das Substantiv im Nominativ:

Мать моя – ткачиха, отец – слесарь.	Meine Mutter ist Weberin, Vater ist Schlosser.

b) Bei был, будет (d. h. im Präteritum und Futur von быть) steht das Substantiv gewöhnlich im Instrumental, seltener im Nominativ.

Он был (будет) учителем.	Er war (wird) Lehrer.

c) Bei являться und оказываться steht immer der Instrumental (vgl. § 144,5b).

Он является председателем кооператива.	Er ist Vorsitzender einer Genossenschaft.

2. Das **Adjektiv** als Prädikativ:

Дети ве́селы (весёлые).	Die Kinder sind froh.
Дети были ве́селы (весёлые или весёлыми).	Die Kinder waren froh.
Дети будут ве́селы (весёлые или весёлыми).	Die Kinder werden froh sein.
Этот вопрос важнее (oder более важный).	Diese Frage ist wichtiger.
Брат старше меня.	Der Bruder ist älter als ich.

Anm.: In vielen Fällen besteht zwischen Kurz- und Langform kein wesentlicher Bedeutungsunterschied, und die Langform steht gleichberechtigt im Prädikat. In einigen Fällen wird die Kurzform vorgezogen:

a) Die Kurzform *muß* gesetzt werden, wenn das prädikative Adjektiv *vorangestellt* wird.

Широка́ страна́ моя родна́я!	Groß ist mein Heimatland!

b) Die Kurzform kann einen *zeitlich begrenzten* Zustand bezeichnen, die Langform dagegen die *ständige* Eigenschaft eines Gegenstandes oder einer Person.

Отец (сегодня) бо́лен.	Der Vater ist (heute) krank.
Отец больно́й.	Der Vater ist krank (ein kranker Mensch)

c) Die Kurzform kann eine *andere Bedeutung* haben als die Langform.

Учительница у нас хорошая.	Wir haben eine gute Lehrerin.
Она удивительно хороша́.	Sie ist erstaunlich hübsch.
Ребёнок очень живой.	Das Kind ist sehr lebhaft.
Он был тогда ещё жив.	Er war damals noch am Leben.

d) Die Kurzform des Adjektivs wird im Prädikat verwendet, wenn von ihr eine Erweiterung abhängig ist.

Она больна́ ангиной.	Sie ist an Angina erkrankt.
Она доста́точно энергична, чтобы нача́ть новую жизнь.	Sie ist energisch genug, um ein neues Leben zu beginnen.
Студент способен решить эту задачу.	Der Student ist fähig, diese Aufgabe zu lösen.
aber: Студент способный.	Der Student ist befähigt (begabt).

e) **Kurzformen** wie мал, велик, стар, мо́лод, коро́ток, дли́нен, широ́к, у́зок, ло́вок, слаб können ein *Zuviel* ausdrücken.

Пальто́ тебе велико́.	**Der Mantel ist dir zu groß.**

f) Manche Adjektive haben keine Kurzform.

Дом трёхэта́жный.	Das Haus ist zweistöckig.
Весна́ в этом году́ была́ ранняя.	Der Frühling war dieses Jahr zeitig.

3. Das **Part. Prät. Pass.** als Prädikativ (vgl. § 89,2):

Многие участники демонстрации **(были) аресто́ваны.**	Viele Teilnehmer der Demonstration wurden verhaftet.
Здесь **изло́жены при́нципы** нашего соревнования.	Hier sind die Prinzipien unseres Wettbewerbes dargelegt.
Ленинский декрет о мире **объявля́л отменёнными** тайные договоры, заключённые царским и Временным правительствами.	Das Leninsche Dekret über den Frieden erklärte die von der zaristischen und der Provisorischen Regierung abgeschlossenen Geheimverträge für aufgehoben.
Этот пример **должен быть запи́сан.**	Dieses Beispiel muß notiert werden.

4. **Als Prädikativ kann außerdem erscheinen:**

a) eine **Wortgruppe:**

Мои дети **разного роста.**	Meine Kinder sind verschieden groß.
Эта жидкость **жёлтого цвета.**	Diese Flüssigkeit ist gelb.
Мы с тобой **одного мнения.**	Ich bin mit dir einer Meinung.

b) ein **adverbieller Ausdruck:**

Она за́мужем.	Sie ist verheiratet.

§ 130. Das Prädikat im unpersönlichen Satz

Unpersönliche Sätze entsprechen häufig deutschen Sätzen mit dem unpersönlichen Pronomen „es" an Stelle des Subjekts. Das Prädikat steht dabei im Neutrum und kann in folgender Form auftreten:

1. **unpersönliches Verb:**

Темнеет.	Es dunkelt. (Es wird dunkel.)
Работы хватáет.	Es reicht zu an Arbeit.
Ему нездорóвится.	Er fühlt sich nicht wohl.
Вдруг ему вздýмалось пойти в цирк.	Plötzlich fiel ihm ein, in den Zirkus zu gehen.

2. **unpersönlich gebrauchtes persönliches Verb** (Das den Urheber der Handlung bezeichnende Nomen steht im Instrumental):

(Ветром) снеслó крышу.	Das Dach wurde (vom Winde) abgetragen.
Приятно пахнет (цветами).	Es riecht angenehm (nach Blumen).

3. **Part. Prät. Pass. Kurzform:**

Уже пóслано за врачом. (= Уже послáли за врачом.)	Es ist schon nach dem Arzt geschickt worden.

4. **unpersönlich-prädikative Wörter,** die der Herkunft und Form nach Substantive, Adverbien usw. sind, im Satz aber nur oder vorwiegend als Prädikat vorkommen:

Хóлодно.	Es ist kalt.
Порá (было) вставать.	Es ist (war) Zeit aufzustehen.
Сегодня тише.	Heute ist es ruhiger.
Мне нýжно купить грамматику.	Ich muß eine Grammatik kaufen.

(Die unpersönlichen Ausdrücke für „müssen, sollen, können, dürfen" sind ausführlich in § 131 dargestellt.)

5. Unpersönliche Konstruktion kommt **bei gewissen Mengenangaben** vor, gewöhnlich mit Voranstellung des Genitivs (partitiver Genitiv):

Работы у меня недели нá две.	Arbeit habe ich für zwei Wochen.
Примеров (было, будет) достаточно.	Beispiele gibt es viele (gab es viele, wird es viele geben).

6. Unpersönliche Konstruktion findet sich häufig bei **Verneinung der Anwesenheit, Existenz** u. ä. Die Stelle des Subjekts nimmt dann ein Nomen (bzw. Pronomen) im Genitiv ein.

Его не будет дома.	Er wird nicht zu Hause sein.
Препятствий не имеется (не встречается).	Dem steht nichts im Wege.
Нé было слышно никаких звуков.	Es waren keinerlei Geräusche zu hören.

Не́ было ска́зано ли́шнего сло́ва.	Es wurde kein überflüssiges Wort gesagt.
Пи́сем не полу́чено.	Briefe sind nicht eingegangen.
Они́ так малы́, что их не ви́дно в обы́чный микроско́п.	Sie sind so klein, daß sie in einem gewöhnlichen Mikroskop nicht zu erkennen sind.

§ 131. Unpersönliche Ausdrücke für müssen, sollen, können, dürfen

Den deutschen Modalverben entsprechen im allgemeinen (bis auf Fälle wie я могу́, он хо́чет, она́ должна́) unpersönliche Ausdrücke. Sind sie im Russischen ohne Bezugnahme auf bestimmte Personen gebraucht, so übersetzt man ins Deutsche allgemein-persönlich (mit „man"). Haben solche Wendungen Bezug auf Personen (diese stehen im Dativ), so übersetzt man ins Deutsche persönlich.

a) Ausdrücke für **müssen** und **sollen:**

Präsens	Präteritum	Futur
на́до	на́до бы́ло	на́до бу́дет
ну́жно	ну́жно бы́ло	ну́жно бу́дет
необходи́мо	необходи́мо бы́ло	необходи́мо бу́дет
прихо́дится	пришло́сь	придётся
сле́дует	сле́довало	
тре́буется	тре́бовалось	потре́буется

Мне на́до (ну́жно) бы́ло купи́ть но́вую грамма́тику.	Ich mußte eine neue Grammatik kaufen.
На́до бы́ло бы поча́ще ходи́ть в теа́тр.	Man müßte öfter ins Theater gehen. Man hätte öfter ... gehen müssen.
Нам пришло́сь ждать це́лый час.	Wir mußten eine ganze Stunde warten (= Uns blieb nichts weiter übrig, als ... zu warten.)
Тебе́ приходи́лось ча́сто е́здить в го́род.	Du mußtest oft in die Stadt fahren.
Вам придётся бо́льше рабо́тать.	Ihr werdet mehr arbeiten müssen. (Sie werden mehr arbeiten müssen.)
Сле́дует обрати́ть внима́ние на то, что говори́т докла́дчик.	Man muß darauf achten, was der Referent sagt.
Ей сле́довало бы встава́ть ра́но.	Sie müßte früh aufstehen.

Beachte folgende Übersetzungen:

Нам **не на́до** э́тих книг.	Wir **brauchen** diese Bücher **nicht**.
Заво́ду **тре́буются** рабо́чие.	Das Werk **braucht** Arbeiter.
Э́того **не сле́дует** забыва́ть.	Das **darf man nicht** vergessen

b) Ausdrücke für **können** und **dürfen**

| можно, нельзя | man kann (nicht), darf (nicht) |
| возможно, невозможно | es ist (nicht) möglich, man kann (nicht), darf (nicht) |

Ему **нельзя** было прийти.
Можно (ли) здесь курить?

Er **konnte nicht** kommen.
Darf man (darf ich) hier rauchen?

c) **принято** es ist üblich

Такое отношение к делу у нас **принято называть** оппортунизмом.

Eine derartige Einstellung zur Sache **nennt man** bei uns **gewöhnlich** Opportunismus.

d) Modale Bedeutung russischer **Infinitivsätze**

Bei der Übersetzung russischer Infinitivsätze mit modaler Bedeutung muß das deutsche Modalverb aus dem Kontext erschlossen werden:

Что нам делать?

Was **sollen** wir tun? Was **ist** für uns **zu** tun? Was **haben** wir zu tun?

Не найти его нигде!

Man **kann** ihn nirgends finden. Er **ist** nirgends **zu** finden.

Эти методы хорошо использовать на уроке.

Diese Methoden **kann man (lassen sich)** gut im Unterricht verwenden.

§ 132. Übersicht über das zusammengesetzte Prädikat

1. Verb + Verb im Inf.	Мы начали работать. Кто хочет это сделать? Он продолжал читать.
2. (Kopula +) Prädikativ	Моя сестра – врач. Погода (была) хорошая. Книга мне не (будет) нужна.
3. Verb + Kopula im Inf. + Prädikativ	Молодёжь любит быть весёлой. Я хочу стать учителем. Приходится быть внимательным.
4. Prädikativ + Verb im Inf.	Он (был) готов продолжать работу. Я должен (буду) это сказать. Пора (было) начинать.
5. Prädikativ + Kopula im Inf. + Prädikativ	Надо быть вежливым. Трудно (было) быть хорошим учителем.

Objekt und Adverbialbestimmung

§ 133. Das Objekt

Das Objekt bezeichnet einen Gegenstand (bzw. eine Person usw.), auf den die Handlung gerichtet ist, und wird in der Regel durch ein Substantiv, ein Pronomen, Adjektiv, Partizip oder Zahlwort im obliquen Kasus ausgedrückt:

Приехавшим на конференцию предоставили комнаты.	Den Konferenzteilnehmern stellte man Zimmer zur Verfügung.
Он говорил с товарищем о собрании.	Er sprach mit dem Genossen über die Versammlung.

Bei Verneinung steht das direkte Objekt in der Regel im Genitiv:

Этого я ещё не знал.	Das wußte ich noch nicht.
Не изучая закономерностей развития общества, мы не можем разбираться в сложных исторических явлениях.	Wenn wir die Entwicklungsgesetze der Gesellschaft nicht studieren, können wir uns in den komplizierten historischen Erscheinungen nicht zurechtfinden.

§ 134. Die Adverbialbestimmungen

Adverbialbestimmungen geben an, wie oder unter welchen Umständen sich eine Handlung vollzieht.

1. Der Bedeutung nach teilt man Adverbialbestimmungen in folgende Gruppen ein:

der Art und Weise (Frage как?):	Ученик прилежно учится.
des Ortes (Frage где? куда?):	Отец работает в саду.
der Zeit (Frage когда? u. a.):	Мы вернулись поздно вечером.
des Grundes (Frage почему?):	По этой причине он повторил опыт.

2. In der Funktion einer Adverbialbestimmung treten vor allem Adverbien (1) und Adverbialpartizipien (2) auf, Substantive in obliquen Kasus (3) und bestimmte formelhafte Wendungen (4).

(1) Ученик прилежно учится.	Der Schüler lernt fleißig.
(2) Он любит читать лёжа.	Er liest gern im Liegen (liegend).
(3) Отец работает в саду.	Der Vater arbeitet im Garten.
(4) Время от времени он проверял написанное.	Von Zeit zu Zeit überprüfte er das Geschriebene.

§ 135. Die Adverbialpartizipgruppe

Besondere Bedeutung kommt für die wissenschaftliche Literatur der Adverbialpartizipgruppe zu:

Применяя новые методы работы, передовики повышают производительность труда.	**Durch Anwendung** neuer Arbeitsmethoden erhöhen die Aktivisten die Arbeitsproduktivität.
Применив новый метод работы, этот передовик повысил производительность труда на 20%.	**Weil** dieser Aktivist eine neue Arbeitsmethode **anwandte**, erhöhte er seine Arbeitsproduktivität um 20%.
Находясь в Швейцарии, Ленин боролся против империалистической войны, **требуя** превращения войны империалистической в гражданскую войну.	**Als** Lenin **sich** in der Schweiz **befand,** kämpfte er gegen den imperialistischen Krieg, **wobei** er die Umwandlung des imperialistischen Krieges in einen Bürgerkrieg **forderte.**

1. Das **imperfektive Adv. Part.** bezeichnet dabei eine gleichzeitige Handlung.

Сидя за столом,	я читал книгу.
	я читаю книгу.
	я буду читать книгу.

Am Tische sitzend, las ich ein Buch (lese ich ...; werde ich ... lesen).

2. Das **perfektive Adv. Part.** bezeichnet in der Regel eine vorzeitige, relativ häufig aber auch eine gleichzeitige Handlung.

Vorzeitigkeit:

Написав письмо,	(a) я отдыхал.
	(b) я отдыхаю.
	(c) я обычно отдыхаю.
	(d) я буду отдыхать.

(a) Nachdem (Als) ich den Brief geschrieben hatte, ruhte ich mich aus.
(b) Nachdem ich den Brief geschrieben habe, ruhe ich mich aus.
(c) Wenn ich einen Brief geschrieben habe, ruhe ich mich aus.
(d) Wenn ich den Brief geschrieben habe, ruhe ich mich aus.

Gleichzeitigkeit:

В книге „Что делать?" Ленин обнажил идейные истоки оппортунизма, **показав,** что они заключаются в принижении роли социалистического сознания в рабочем движении.	Lenin legte in seinem Buch „Was tun?" die ideologischen Quellen des Opportunismus bloß, **indem er zeigte,** daß sie in der Herabminderung der Rolle des sozialistischen Bewußtseins innerhalb der Arbeiterbewegung bestehen.

§ 136. Übersetzung der Adverbialpartizipgruppe

Für die Übersetzung der Adverbialpartizipgruppe stehen verschiedene Möglichkeiten zur Verfügung, unter denen man je nach Satzzusammenhang und stilistischen Erfordernissen wählen muß.

1. **Übersetzung durch Partizip:**

Возвращаясь из театра, он встретил своего друга.	Aus dem Theater **zurückkehrend**, traf er seinen Freund.
Возвратившись домой, он сел за работу.	Nach Hause **zurückgekehrt**, setzte er sich an die Arbeit.

Diese Übersetzung ist in der Endfassung möglichst zu vermeiden, gibt aber zunächst einen Überblick über den Satzzusammenhang. Meist empfiehlt es sich, sie durch eine der folgenden Konstruktionen zu ersetzen:

2. **Übersetzung durch Nebensatz (Adverbialsatz):**

Возвращаясь из театра, он встретил своего друга.	**Als** er aus dem Theater **zurückkehrte**, traf er seinen Freund.
Возвратившись домой, он сел за работу.	**Als** er nach Hause **gekommen war**, setzte er sich an die Arbeit.
Исследуя изо дня в день условные рефлексы, можно довольно точно заранее предсказать наступление су́дорог.	**Wenn** man tagtäglich die bedingten Reflexe **untersucht**, kann man den Eintritt der Krampferscheinungen mit ziemlicher Genauigkeit voraussagen.

Als **Konjunktionen** kommen vor allem in Frage:
 a) (Modalsatz) 1. indem; 2. wobei; 3. womit; 4. dadurch daß
 b) (Temporalsatz) 1. während; 2. nachdem; 3. als; 4. wenn; 5. seit
 c) (Kausalsatz) weil, da
 d) (Konditionalsatz) wenn
 e) (Konzessivsatz) 1. wenn auch; 2. obwohl, obgleich

Bei dieser sehr häufigen Art der Übersetzung von Adverbialpartizipgruppen sind vor allem zwei Dinge zu beachten:

1. Das **Subjekt im Nebensatz** ist das gleiche wie im Hauptsatz:

Прилежно занимаясь, **он** всегда получал хорошие отметки.	Da **er** fleißig arbeitete, erhielt **er** immer gute Noten.
Борясь против новой войны, **мы** защищаем национальные интересы немецкого народа.	Indem **wir** gegen einen neuen Krieg kämpfen, vertreten **wir** die nationalen Interessen des deutschen Volkes.

2. Das **Tempus des Nebensatzes** wird durch das Tempus des übergeordneten Satzes bestimmt.

Возвращаясь домой, он **приступает** к работе.	Wenn er nach Hause **kommt, macht** er sich an die Arbeit.

Возвратившись домой, он приступил к работе.	Als er nach Hause **gekommen war**, **machte** er sich an die Arbeit.
Возвращаясь домой, он встретил своего друга.	Als er nach Hause **ging**, **traf** er seinen Freund.

3. **Übersetzung durch Hauptsatz** bei Anschluß durch „und" (evtl. verstärkt durch „dabei", „damit", „dadurch"):

Применяя новые методы работы, передовики повышают производительность труда.	Die Aktivisten **wenden** neue Arbeitsmethoden **an und erhöhen dadurch** ihre Arbeitsproduktivität.
Ленин развил дальше теоретические основы марксистской партии, открыв ноывй этап в развитии марксистской философии.	Lenin hat die theoretischen Grundlagen der marxistischen Partei **weiterentwickelt und damit** eine neue Etappe in der marxistischen Philosophie **eröffnet**.

4. **Übersetzung durch Relativsatz.** Diese Form kommt meist nur bei nachgestelltem Adverbialpartizip in Frage, ist aber nach Möglichkeit überhaupt zu meiden (die Übersetzung durch Relativsatz bleibt gewöhnlich der Partizipialkonstruktion vorbehalten; vgl. § 138 B).

Правые социалисты, выполняя волю американских империалистов, пропагандируют реакционные идеи космополитизма.	Die rechten Sozialisten, **die** den Willen der amerikanischen Imperialisten **ausführen**, propagieren die reaktionären Ideen des Kosmopolitismus.

5. **Übersetzung durch Substantiv mit Präposition (Adverbialbestimmung):**

применяя ⎱ новые методы применив ⎰	a) **durch Anwendung** neuer Methoden
используя все возможности	b) **unter Ausnutzung** aller Möglichkeiten
выполнив пятилетку	c) **nach Erfüllung** des Fünfjahrplans
будучи студентом	d) **als** Student
не зная законов развития общества	e) **in Unkenntnis** der Entwicklungsgesetze der Gesellschaft

6. **Bei verneintem Adv. Part. Übersetzung durch „ohne zu":**

Он вышел из комнаты, не сказав ни слова.	Er ging aus dem Zimmer, **ohne** ein Wort **zu sagen** (gesagt zu haben).

Beispielsätze mit Adverbialpartizipgruppen:

1. **Не зная** (I) законов развития общества, утопические социалисты надеялись осуществить свои идеи, **убедив** (II) людей – и в первую очередь господствующие классы – в их справедливости. (I: 2c; 5e II: 2a₄)

2. **Пройдя** историю средних веков, мы перешли к изучению новейшей истории. (2b₂; 5c)

3. Пролетариат не может освободить себя, **не освобождая** угнетённые народы. (6)

4. Ленин двигал вперёд марксистскую теорию, **обогащая** её новым опытом. ($2a_1$)

5. **Не зная** его áдреса, я не мог писать ему. (2c)

6. Ещё **будучи** студентом, этот аспирант изучал не только русский, но и английский и французский языки́. (5d)

7. **Отведя́** ребёнка в детский сад, мать пошла на работу. ($2b_2$)

8. Ничего **не купив**, мы вышли из универмага. (6)

9. **Используя** (I) своё монопольное положение, американские империалисты эксплуатируют трудящихся латиноамериканских стран, **продавая** (II) им по высоким це́нам свои товары и **дикту́я** низкие цены на экспорти́руемые этими стра́нами продукты. (I: 5b II: $2a_1$)

10. **Отлича́ясь** по физическим свойствам, эти вещества́ похожи по химическим свойствам. ($2e_1$; $2b_1$)

11. В 1582 г. папа римский Григорий XIII провёл реформу календаря́, **пропустив** 10 дней (после 4 окт. считали сразу 15 окт.). ($2a_2$)

12. **Защища́я** эгоистические интересы эксплуата́торов, идео́логи буржуази́и не заинтересо́ваны в раскрытии действительных законов истории. (2c)

13. **Бу́дучи перенесены́** в среду́, не содержа́щую растворимых органи́ческих веще́ств, эти бактерии продолжают свою де́ятельность. (1, 2d)

14. **Расставшись** два года тому назад, они не написали друг другу ни одного письма. ($2b_5$)

15. В 1848 г. Маркс и Энгельс, **поки́нув** (I) Париж, приехали в Кёльн и здесь, **руководя́** (II) осно́ванной ими „Новой Рейнской газетой", проводили огромную революцио́нную работу. (I: $2b_2$ II: $2b_1$)

16. Мичу́рин, **исходя́** из знаменитого тезиса Маркса „фило́софы лишь различным о́бразом объясняли мир, но де́ло заключается в том, чтобы изменить его", сформулировал задачу биологической науки: „Мы не можем ждать милостей от природы; взять их у неё – наша задача". (1)

Осуществляя этот революционный при́нцип, Мичу́рин всю свою жизнь посвяти́л переделке растений. (3)

17. Нельзя́ по-настоящему понять сущность законов и категорий диалектического материализма, **не зная** истории их становления, истории тех передовы́х идей, которые были критически осво́ены марксистской философией, **не изучив** истории реакционных, антинаучных, идеалистических взглядов, в столкновениях с которыми формирова́лась и кре́пла передова́я философская мысль и её законная насле́дница – философия рабочего класса. (6)

Attribut

§ 137. Funktion des Attributs. Wortarten, die als Attribut auftreten

Das Attribut bezeichnet das Merkmal eines Gegenstandes. Häufig üben **Substantive im Genitiv oder mit Präposition** die Funktion des Attributs aus: сила природы; время до войны. Sehr oft aber dient als Attribut ein **Adjektiv, Partizip, Pronomen oder Zahlwort;** diese richten sich in Genus, Kasus und Numerus nach dem zu bestimmenden Wort, einem Substantiv:

Сегодня **хорошая** погода.	Heute ist **schönes** Wetter.
Я бесе́довал с **пятью́** ученика́ми.	Ich unterhielt mich mit **fünf** Schülern.
Дайте мне **прочи́танные** книги.	Gebt mir die **gelesenen** Bücher.
Это вопрос **особого рода**.	Das ist eine Frage **besonderer Art**

Beachte: Bezeichnen die zu einem Substantiv gehörigen Adjektive mehrere Gegenstände, so steht das Substantiv im Russischen gewöhnlich im Plural:

на первом и втором **курсах** (seltener: курсе)	im ersten und zweiten **Studienjahr**
Я изучаю русский и английский **языки́**.	Ich lerne Russisch und Englisch.

§ 138. Das isolierte Attribut (Adjektiv und Partizip)

A. Das Adjektiv als isoliertes Attribut

Das Attribut – wie auch andere Satzglieder – kann isoliert und durch besondere Intonation hervorgehoben werden.
Vergleiche:

Ясное и точное объяснение убедило нас.	Die klare und deutliche Erklärung überzeugte uns.
Объяснение, ясное и точное, убедило нас.	Die Erklärung – klar und deutlich – überzeugte uns.

Solche Konstruktionen nähern sich einem Relativsatz:
Die Erklärung, **die** klar und deutlich war, überzeugte uns.

Isolierte Attribute können neben dem relativen auch adverbialen (kausalen oder konzessiven) Charakter tragen. Der obige Satz könnte also auch heißen:
Da die Erklärung klar und deutlich war, überzeugte sie uns.
oder:

Объяснение, ясное и точное, не убедило его.	**Obwohl** die Erklärung klar und deutlich war, überzeugte sie ihn nicht.

B. Das Partizip als isoliertes Attribut

Besonders häufig begegnet im wissenschaftlichen Stil die Isolierung partizipialer Attribute:

классовая борьба пролетариата, взявшего в свои руки политическую власть

Die Übersetzung geschieht in der Regel durch Relativsatz. Das Bezugswort des übergeordneten Satzes ist dabei an der Kongruenz mit dem Partizip zu erkennen (взявшего – пролетариата):

der Klassenkampf des Proletariats, **das** die Macht in seine Hände genommen hat

Vergleiche:

Relativsatz:	Partizip:
1. Это рабочий, который применяет новый мéтод. Я знаю рабочего, который применяет новый мéтод.	Это рабочий, применяющий новый мéтод. Я знаю рабочего, применяющего новый мéтод.
2. Мы говорим о новом методе, который применяется нами.	Мы говорим о новом методе, применяемом нами.
3a. Мы критиковáли инженера, который по-прежнему применял старые методы.	Мы критиковали инженера, по-прежнему применявшего старые методы.
3b. Я говорю с работницей, которая впервы́е применила новый метод.	Я говорю с работницей, впервы́е применившей новый метод.
4. Он говорил о новом методе, который был применён им на производстве. (Kurzform)	Он говорил о новом методе, применённом им на производстве.

Bei der Übersetzung ist zu beachten, daß das Tempus des Partizips relativ sein kann:

Каждое утро я встречал корейского студента, **идущего** (oder шедшего) в институт.

Jeden Morgen traf ich einen koreanischen Studenten, der ins Institut **ging.**

Bei attributiver Verwendung des Partizips ist auch im Deutschen das Tempus relativ:

Каждое утро я встречал **идущего** в институт корейского студента.

Jeden Morgen traf ich einen ins Institut **gehenden** koreanischen Studenten.

Das Part. Prät. Pass. kann auch einen Zustand ausdrücken und wird dann mit „ist" bzw. „sind" übersetzt (nicht mit „wurde", „worden ist").

Häufig ist diese Übersetzung bei напра́вленный, постро́енный, при́званный, объединённый erforderlich, z. B.:

Карл Маркс со́здал учение о диктатуре пролетариата, **при́званного** построить новое, социалисти́ческое общество.	Karl Marx schuf die Lehre von der Diktatur des Proletariats, **das berufen ist,** die neue, sozialistische Gesellschaft aufzubauen.

Beispielsätze:

1. Пролетариат – это класс, эксплуати́руемый капиталистами.

2. Теория должна́ служи́ть практике, она должна отвечать на вопросы, поставляемые практикой.

3. Диктатура пролетариата есть кла́ссовая борьба победившего и взявшего в свои ру́ки политическую власть пролетариата против побеждённой, но не уничто́женной, не исче́знувшей, ... против уси́лившей своё сопротивление буржуази́и. (Ленин)

4. Все существова́вшие до сих пор кла́ссовые государства являлись диктатурой эксплуати́рующего меньшинства́ над эксплуатируемым большинство́м.

5. Мир будет сохранён и упрочен, если народы возьмут дело мира в свои ру́ки и будут отстаивать его. до конца́.

6. Маркс и Энгельс стали во главе́ демократической „Новой Рейнской газеты", издававшейся в Кёльне.

7. Маркс и Энгельс, оба знавшие русский язык и читавшие русские книги, живо интересова́лись Росси́ей.

§ 139. Apposition

Die Apposition ist ein substantivisches Attribut, das gewöhnlich im gleichen Kasus steht wie das Substantiv oder Pronomen, zu dem es gehört.

В комнату вошла телефонистка, молодая девушка.	Die Telefonistin, ein junges Mädchen, trat ins Zimmer.
Я познакомился с Петро́вым, студентом первого курса.	Ich lernte Petrow, einen Studenten des ersten Studienjahres, kennen.

Die Apposition kann auch durch die Konjunktion как (als) erweitert sein:

Я обращаюсь к вам, директору завода.	Ich wende mich an Sie, den Direktor des Werks.
Я обращаюсь к вам, как директору завода.	Ich wende mich an Sie als an den Direktor des Werks.
Я обращаюсь к вам, как директор завода.	Ich wende mich als Direktor des Werks an Sie.

Он говорил о диалектическом мéтоде как методе изучения законов природы и общества.	Er sprach von der dialektischen Methode als der Methode der Erforschung der Gesetze von Natur und Gesellschaft.

Die Apposition kann auch als **Einwort-Apposition** erscheinen (vgl. auch § 19,4), z. B.:

депутат-коммунист	kommunistischer Abgeordneter
автомат-контролёр	Kontrollautomat
заводчики-капиталисты	kapitalistische Fabrikbesitzer
Руссó был одним из крупнейших писателей-просветителей XVIII века.	Rousseau war einer der größten Schriftsteller und Aufklärer des 18. Jahrhunderts.

§ 140. Die Verneinung (Zusammenfassung und Ergänzung)

Die Verneinung wird mit не, нет und ни vorgenommen.

1. не

a) In der Regel wird der Satz durch die Partikel не verneint, die entweder vor dem speziell verneinten Wort oder aber – und das in der Mehrzahl der Fälle – vor dem Verb steht:

Бумага не белая.	Das Papier ist nicht weiß.
Он не учитель.	Er ist kein Lehrer.
Они не читают.	Sie lesen nicht.

Dabei steht das direkte Objekt meist im Genitiv:

Этого я не знаю.	Das weiß ich nicht.

b) Im Zusammenhang mit einem oder mehreren negierten Pronomen oder Pronominaladverbien wird das Prädikat nochmals mit не verneint (**doppelte Verneinung**).

Никто его **не** видел.	**Niemand** hat ihn gesehen.
Никто из нас **никогда ни о чём** с ним **не** говорил.	**Niemand** von uns hat **je** mit ihm über **irgend etwas** gesprochen.

c) Bei der Verbindung **не мочь не** und **нельзя не** wird die Verneinung aufgehoben und die positive Absicht unterstrichen.

Я не мог не возражать.	Ich **mußte geradezu** widersprechen. (Ich **konnte nicht umhin** zu widersprechen.)
Он не мог не отвéтить. Ему нельзя было не отвéтить.	Er **konnte nicht umhin** zu antworten. (Es war ihm unmöglich, nicht zu antworten.)

d) Ein mit einer Form von мочь zusammengesetztes Prädikat muß je nach der Stellung der Verneinungspartikel unterschiedlich übersetzt werden:

Он **не может** писать.	Er **kann nicht** schreiben.
	(Er ist **verhindert** zu schreiben.)
Он **может (и) не** писать.	Er **braucht (auch) nicht** zu schreiben.
	(Er ist **nicht verpflichtet** zu schreiben.)

e) Beachte die Übersetzung der folgenden Wendungen mit

пока́ не	bis
чуть не	fast, beinahe
чуть ли не	nahezu, geradezu

Я останусь, **пока** он **не** придёт.	Ich warte, **bis** er kommt.
Он **чуть было не** заснул.	Er wäre **beinahe** eingeschlafen.
Буржуазные пропагандисты пытаются внушить народным массам, будто автоматизация производства **чуть ли не** вторая промышленная революция, совершающаяся в формах технического прогресса.	Die bürgerlichen Propagandisten versuchen den Volksmassen einzureden, die Automatisierung der Produktion sei **geradezu** eine zweite industrielle Revolution, die sich in den Formen des technischen Fortschritts vollziehe.

f) не раз	nicht nur einmal, häufig
ни разу не	nicht ein einziges Mal
Я об этом говорил **не раз**.	Ich habe **wiederholt** davon gesprochen.
Я **ни разу** об этом **не** говорил.	Ich habe **kein einziges Mal** davon gesprochen.

g) Nach Ausdrücken des Befürchtens heißt чтобы ... не „daß" (vgl. § 158,5).

Я боюсь, **чтобы** он **не** простудился.	Ich fürchte, **daß** er **sich erkältet.**
= Я боюсь, **что** он **простудится**.	(Ich fürchte, er **könnte sich erkälten**.)

2. нет

a) нет entspricht dem deutschen „nein" in der Antwort:

Вы были там?	Waren Sie dort?
Нет, не был.	Nein, ich bin nicht dort gewesen.

b) или нет entspricht dem deutschen „oder nicht" in verkürzten Sätzen:

Вы согласны **или нет**?	Sind sie einverstanden **oder nicht**?

3. нет bzw. не zur Verneinung der Anwesenheit oder Existenz (vgl. § 130,6)

Bei Verneinung der Anwesenheit oder Existenz kann die Konstruktion unpersönlich werden. Die Stelle des Subjekts nimmt dabei ein Nomen (bzw. Pronomen) im Genitiv ein.

a) нет, не было, не будет

Нет ist hier die Verneinung von быть im Präsens (Kontraktion von не есть).

persönliche Konstruktion:	unpersönliche Konstruktion:
Он в классе.	Его нет в классе.
Он был в классе.	Его не было в классе.
Он будет в классе.	Его не будет в классе.
Сегодня у меня **есть** время.	Сегодня у меня **нет** времени.
Бумага есть.	Бумаги нет.
Газеты есть.	Газет нет.
Из этого положения **есть** выход.	Из этого положения **нет** выхода.

b) не in Verbindung mit Verben, Adjektiven oder Partizipien.

Таких видов в природе **не** существовало.	Solche Arten haben in der Natur nicht existiert.
Препятствий **не** имеется.	Es gibt keine Hindernisse.
Они так малы, что их **не** видно в обычный микроскоп.	Sie sind so winzig, daß sie im gewöhnlichen Mikroskop nicht sichtbar sind.
Писем **не** получено.	Es sind keine Briefe eingegangen.

4. ни

a) **ни** dient zur Verstärkung der normalen Verneinung mit не oder нет.

Не скажу **ни** слова.	Ich werde **kein (kein einziges, auch nicht ein einziges)** Wort sagen.
Нет **ни** малейшей возможности.	Es besteht **(auch) nicht** die geringste Möglichkeit.

b) **ни** ist Bestandteil der Negativpronomen (z. B. никто, ничто, никакой) und negierten Pronominaladverbien (z. B. нигде, никуда, никогда), vgl. § 67 und § 108,1)

Никто его не видел.	**Niemand** hat ihn gesehen.

c) ни...ни entspricht deutschem „weder...noch". Das Verb ist zusätzlich mit **не** verneint.

Он **ни** вчера, **ни** сегодня не встретил её.	Er hat sie **weder** gestern **noch** heute getroffen.

d) Außerdem hat **ни** die verallgemeinernde Bedeutung „auch (immer)", vgl. § 172, z. B.:

Как он **ни** старался, он всё же не решил задачу.	Wie er sich **auch (immer)** bemühte, er konnte die Aufgabe doch nicht lösen.

5. нечего, некого, негде, некогда, некуда

Die Negativpronomen **нечего**, **некого** und ihre übrigen Kasus werden nur in unpersönlichen Konstruktionen gebraucht, die zum Ausdruck bringen, daß eine Handlung nicht ausgeführt werden kann, weil die Voraussetzungen dafür nicht gegeben sind.

Dem deutschen Subjekt entspricht im Russischen ein Nomen im Dativ, das Verb steht im Infinitiv. Die Partikel **не** ist immer betont. (Vgl. § 67,2)

Вам не́чего де́лать.	Sie haben nichts zu tun.
Не́чего де́лать!	Es ist nichts zu machen.
Не́кого (бы́ло) посла́ть.	Es ist (war) niemand da, den man schicken könnte (hätte schicken können).
Не́ с кем бы́ло поговори́ть.	Es war niemand da, mit dem man hätte sprechen können.

Entsprechendes gilt für die negativen Pronominaladverbien не́где, не́куда, не́когда u. a.

Мне не́когда.	Ich habe keine Zeit.
Ему́ не́когда ходи́ть в кино́.	Er hat keine Zeit, ins Kino zu gehen.

Vergleiche:

Он **ничего́ не** чита́ет.	Ему́ **не́чего** чита́ть.
Er liest nichts.	Er **hat** nichts **zu** lesen.
Я **ничему́ не** удивля́юсь.	**Не́чему** удивля́ться.
Ich wundere mich über nichts.	Man **braucht** sich über nichts **zu** wundern.
Мы **ни на что́ не** жа́ловались.	Нам жа́ловаться бы́ло не́ на что.
Wir haben uns über nichts beschwert.	Wir **hatten** uns über nichts **zu** beschweren.
Мы **никого́ не** пошлём.	Нам **не́кого бу́дет** посла́ть.
Wir werden niemanden schicken.	Wir werden niemanden schicken **können.**
Я **ни с ке́м не** говорю́.	Мне **не́ с кем** говори́ть.
Ich spreche mit niemandem.	Ich **habe** niemanden, mit dem ich sprechen **kann.**
Я **никогда́ не** занима́лся э́тим.	Мне **не́когда бы́ло** занима́ться э́тим.
Ich habe mich nie damit befaßt.	Ich **kam** nicht **dazu,** mich damit **zu** befassen.

Kasuslehre und Rektion

Die wichtigsten Unterschiede im Gebrauch der Kasus und in der Rektion gegenüber dem Deutschen sind folgende:

§ 141. Gebrauch des Genitivs

1. **Bei Verneinung:**

a) Ein verneintes Subjekt kann im Genitiv stehen. Vergleiche:

Го́сти не приду́т.	Die Gäste werden nicht kommen.
Госте́й не бу́дет.	Es werden keine Gäste kommen.

b) Ein verneintes Akkusativobjekt kann im Genitiv stehen:

Я не читал письма (= письмо). Ich habe den Brief nicht gelesen.

2. **Partitiver Genitiv.** Während im Deutschen Wendungen wie „ein Glas kühlen Weines" außer Gebrauch gekommen sind, steht im Russischen in solchen Fällen der Genitiv zur Bezeichnung des Teils einer Menge:

кило́ са́хару, хлеба	ein Kilo Zucker, Brot
Да́йте мне воды́.	Geben Sie mir Wasser.
(Vgl. Да́йте во́ду.	Geben Sie mir das Wasser.)

3. **Nach Zahlwörtern** (vgl. § 49,3 und § 50,3):

a) Nach два (две), три, четыре steht der G. Sg.: два журнала, две газеты, три студентки, четыре карандаша́, двадцать две книги, сто тридцать четыре страницы.

b) Nach allen übrigen Zahlwörtern (außer 1) steht der G. Pl.:
пять книг, двадцать шесть столо́в, одиннадцать классов, сто человек; много люде́й, мало примеров, доста́точно предложений.
Auch: Этих примеров доста́точно. Diese Beispiele genügen.

4. **Substantive mit Genitivattribut** entsprechen oft zusammengesetzten deutschen Substantiven:

Всеми́рный совет мира	Weltfriedensrat
министр иностранных дел	Außenminister

5. Steht nach чем (als) das Vergleichswort im Nominativ oder Akkusativ so kann stattdessen der **Genitiv ohne чем** gesetzt werden:

Он читает лучше, чем Пётр. = Он читает лучше Петра́.

6. **Mit dem Genitiv stehen folgende Verben:**

боя́ться	sich fürchten *vor*
добива́ться, доби́ться	erreichen; ipf. auch: erstreben
достига́ть, дости́гнуть	erreichen
ждать	warten *auf*
жела́ть, пожела́ть	wünschen
избега́ть, избежа́ть	vermeiden
иска́ть	suchen
каса́ться, косну́ться	berühren, betreffen
лиша́ть, лиши́ть	berauben, entziehen
ожида́ть	erwarten
приде́рживаться = держа́ться	sich richten *nach*, sich halten *an*
проси́ть, попроси́ть	bitten *um*
слу́шаться, послу́шаться	gehorchen
тре́бовать, потре́бовать	fordern, verlangen
хоте́ть, захоте́ть	wollen

Beispiele:

1. Он боится трудностей. 2. Мы добились (= достигли) успехов. 3. Желаю вам всего хорошего. 4. Они избегают неприятностей. 5. Мы этого вопроса уже касались. 6. Он лишил меня этой возможности. 7. Мы придерживаемся (= держимся) принятого решения. 8. Ребёнок слушается бабушки. 9. Этих предложений достаточно.

Bei einigen dieser Verben steht in manchen Verbindungen der Akkusativ (vor allem bei konkreten Dingen, besonders aber bei Personen):

Genitiv:	Akkusativ:
Я требую дисциплины.	Я требую свою книгу.
Я прошу воды, помощи, совета, извинения.	Я попросил в библиотеке интересную книгу.
Я ищу поддержки, ответа.	Я ищу мать, сестру, книгу.
Я жду помощи, конца фильма, решения, поезда, трамвая.	Я жду дочь, подругу, дядю, тётю, отца, бабушку, дедушку.

§ 142. Gebrauch des Dativs

1. **In unpersönlichen Konstruktionen** zur Bezeichnung des Subjekts (Subjektsdativ), vgl. § 130–131, z. B.:

Нам надо это сделать.   *Wir* müssen das tun.

2. **Nach einigen Verben:**

a) Der Dativ bezeichnet die Ursache der Gemütsbewegung bei:

| радоваться, обрадоваться | sich freuen *über* |
| удивляться, удивиться | sich wundern *über* |

b) Der Dativ bezeichnet Dinge oder Personen, denen gegenüber eine freundliche oder feindliche Haltung eingenommen wird:

завидовать, позавидовать	beneiden
изменять, изменить	verraten (aber m. Akk.: verändern)
мешать, помешать	stören
препятствовать	hindern, behindern
симпатизировать сочувствовать	} sympathisieren, mitfühlen *mit*
способствовать = содействовать	fördern, beitragen *zu*

c) andere Verben:

жаловаться, пожаловаться кому на екого-что	sich über jemanden beklagen *bei*
смяться	lachen *über*
напоминать, напомнить кому что	*jemanden* an etwas erinnern
учить кого чему	*jemanden etwas* lehren
учиться чему (auch: учить что)	lernen

3. Nach Substantiven (meist synonym zu anderen Konstruktionen mit oder ohne Präposition). Im Deutschen steht dafür ein präpositionaler Ausdruck oder ein zusammengesetztes Substantiv:

корм лошадя́м = корм для лоша- Futter für Pferde, Pferdefutter
де́й

Beispiele:
1. Мне нельзя прийти. 2. Нам не́куда идти. 3. Ему́ не́ на что было жа́ловаться. 4. Ей не́зачем было поступать в университет. 5. Она обра́довалась приезду брата. 6. Я удивляюсь вашему поведению. 7. Я вам не зави́дую. 8. Он даже в трудных условиях не изменил ро́дине. 9. Измена ро́дине. 10. Не мешайте нам. 11. Кто препятствует решению этого вопроса? 12. Мы сочувствуем (симпатизируем) колониальным народам. 13. Чему способствует такая политика? 14. Он жа́луется директору. 15. Я хочу напо́мнить тебе о твоём обещании. 16. Наш учитель у́чит нас русскому языку. 17. Па́мятник Пушкину (= Па́мятник Пушкина). 18. Он мне сосед (= Он мой сосед). 19. Письмо отцу (= Письмо, написанное отцу). 20. Добровольное общество содействия Армии, Авиации и Флоту (ДОСААФ). 21. Я учусь пению. 22. Я учу русский язык.

§ 143. Gebrauch des Akkusativs

Merke folgende Verben:

благодарить, поблагодарить	danken, sich bedanken *bei*
вспоминать, (вс)по́мнить	sich erinnern *an*
поздравлять, поздра́вить	gratulieren, Glück wünschen

Beispiele:
1. Я поблагода́рил сестру́ за книгу. 2. Мы часто вспоминаем этот день. 3. Эту историю я хорошо по́мню. 4. Поздравляю вас с днём рождения.

§ 144. Gebrauch des Instrumentals

1. Zur Bezeichnung des **Mittels** oder **Instruments**:

Я пишу чернилами.	Ich schreibe *mit* Tinte.
удар топоро́м	ein Schlag *mit* dem Beil

2. Als **Adverbialbestimmung** der Zeit, des Weges oder der Art und Weise:

Он ушёл ранним утром.	Er ging *am* frühen Morgen weg.
Мы шли лесом.	Wir gingen *durch* den Wald.
Она говорила громким го́лосом.	Sie sprach *mit* lauter Stimme.
пое́здка по́ездом	die Fahrt *mit* dem Zug

3. Zur Bezeichnung des **Urhebers** einer Handlung in Passivkonstruktionen und manchen unpersönlichen Sätzen:

Эта тема прохо́дится нами.	Dieses Thema wird *von* uns behandelt.

Тема нами уже пройдена.	Das Thema wurde *von* uns sch... behandelt.
Улицу занесло снегом.	Die Straße wurde *vom* Schnee verweht.

Vergleiche:

Тетради проверяются учителем.	Die Hefte werden *vom* Lehrer kontrolliert.
проверка тетрадей учителем	die Heftkontrolle *durch* den Lehrer

4. Nach einigen Adjektiven, z. B.:

доволен, довольна, –о, –ы	zufrieden *mit*
богатый, богат, –а, –о, –ы	reich *an*

5. Mit dem Instrumental stehen folgende Verben:

a) Verben des Besitzens, Führens und Leitens, z. B.:

владеть	besitzen, beherrschen
заведовать	leiten
располагать = обладать	verfügen *über*
распоряжаться, распорядиться	anordnen, verfügen
руководить	leiten
управлять	lenken, leiten, verwalten

Der Instrumental kann auch beim Verbalsubstantiv stehen:

управление жизнью растений	die Lenkung des Lebens der Pflanzen

b) Bei Verben in der Bedeutung „sein", „gelten", „dienen" usw. steht das Prädikativ im Instrumental. z. B.:

быть (был, будет)	**sein**
делать, сделать	machen *zu*
делаться, сделаться	werden *zu*
иметь (целью)	haben *zu* (zum Ziele)
казаться (кажется)	scheinen
назначать, назначить	ernennen *zu*
называть, назвать	nennen; bezeichnen *als*
называться, назваться	genannt werden; heißen
оказываться, оказаться	sich erweisen *als*; **sein**
оставаться, остаться	bleiben
работать	arbeiten *als*
служить, послужить	dienen *als*; **sein**
ставить, поставить (задачей)	stellen *zu* (zur Aufgabe)
становиться, стать	werden
считать, счесть (сочту, счёл)	halten *für*; ansehen, betrachten *als*
считаться	gelten *als*
являться, явиться	**sein**

c) Einige andere Verben:

золеть	erkrankt sein *an*
баболевать, заболеть	erkranken *an*
заниматься, заняться	sich beschäftigen *mit*
(за)интересоваться	sich interessieren *für*
заражать, заразить	infizieren *mit*, anstecken
обходиться, обойтись	auskommen *mit*
ограничиваться, ограничиться	sich beschränken *auf*
страдать	leiden *an*
жёртвовать, пожёртвовать	opfern
пользоваться, воспользоваться	benutzen; genießen
рисковать	riskieren

Beispiele:
1. Мы режем хлеб ножом. 2. Я вернулся поздней ночью. 3. Она вылетела самолётом. 4. Быстрыми шагами он ходил по комнате. 5. Этот метод применяется мною. 6. Применение им этого метода. 7. Она довольна своей работой. 8. Он владеет тремя языками. 9. Кто заведует этим магазином? 10. Заведующий магазином = завмагом. 11. Институт располагает многими лабораториями. 12. Она руководит двумя кружками по литературе. 13. Руководство строительством – важная задача. 14. Учитесь управлять автомобилем! 15. Управление самолётом. 16. Чёрный хлеб богат витаминами. 17. Он был переводчиком. 18. Я буду учителем немецкого языка. 19. Мы делаем искусство достоянием масс. 20. Лейпциг стал центром округа. 21. Я хотел бы иметь тебя своим помощником. 22. Он кажется умным. 23. Его назначили директором. 24. Её нельзя назвать красивой. 25. Это оказалось возможным. 26. Он стал нервным (oder нервный). 27. Это становится понятным. 28. Он работает инженером (= в качестве инженера). 29. Вот это мы поставили себе задачей. 30. Я останусь тем, что я есть. 31. Я считаю его хорошим учеником. 32. Она у нас считается хорошей ученицей. 33. Марксизм является врагом всякого догматизма. 34. Мой брат болеет гриппом. 35. Ребёнок заболел ангиной. 36. Врач заразился туберкулёзом. 37. Он обходится своими книгами. 38. Мы ограничиваемся немногими примерами. 39. Он страдает ревматизмом. 40. Мы пользуемся словарём. 41. Игра в волейбол пользуется большой популярностью. 42. Он рискует жизнью. 43. Мы занимаемся русским языком. 44. Она интересуется музыкой.

§ 145. Gebrauch von Präpositionen
(nach bestimmten Verben, Substantiven, Adjektiven)

1. **Verben mit präpositionaler Rektion**
a) **в mit Akk.**

верить	glauben *an*
играть в шахматы, в теннис	Schach, Tennis spielen
лечь в основу (программы)	(dem Programm) zugrunde liegen

b) **в mit Präp.**

лежать в основе (программы)	(dem Programm) zugrunde liegen
нуждаться	brauchen, bedürfen
сомневаться	zweifeln *an*
убеждать(ся), убедить(ся)	(sich) überzeugen *von*
упрекать, упрекнуть кого в чём	j–m *etwas* vorwerfen
участвовать	teilnehmen *an*

c) **за mit Instr.**

наблюдать	beobachten
следить	beobachten, achten *auf*
(по)следовать	folgen *j–m* bzw. *auf*

d) **к mit Dat.**

(под)готóвить(ся)	(sich) vorbereiten *auf*
обращаться, обратиться	sich wenden *an*
применять, применить	anwenden *auf*

e) **на mit Akk.**

(по)влиять	beeinflussen
(раз)делить	teilen *in*
(по)жáловаться	sich beschweren *über*
(рас)сердúться	sich ärgern *über*, böse sein *auf*

f) **на mit Präp.**

играть на скрипке	Geige spielen
(на)писать на доскé	*an die* Tafel schreiben

g) **над mit Instr.**

работать над	arbeiten *an*

h) **о mit Präp.**

(по)думать	denken *an*
(по)забóтиться	sich sorgen *um*, sorgen *für*
(по)просúть	bitten *um* (auch mit Gen., s. d.)
спрашивать, спросúть	fragen *nach*

i) **с mit Gen.**

начинáть(ся), начáть(ся)	beginnen *mit*

k) **от mit Gen.**

отказываться, отказаться	verzichten *auf*
отставáть, отстáть	zurückbleiben *hinter*
(по)страдáть	leiden *an*, *unter*

l) **с mit Instr.**

поздравлять, поздрáвить кого–что с чем	*j–m zu* etwas gratulieren
прощаться, проститься	sich verabschieden *von*
расставаться, расстаться	sich trennen *von*

m) **у mit Gen.**

брать, взять	*j–m* wegnehmen, borgen *von*
отнимать, отнять	*j–m* wegnehmen
занимать, занять	borgen *von*
покупать, купить	kaufen *von*
(на)учиться	lernen *von*

a) Играете ли вы в настольный теннис? Какие принципы легли в основу (= лежат в основе) вашей программы?

b) Мы не нуждаемся в помощи. Я сомневаюсь в правильности этого тезиса. Мы убедились в том, что мы не нуждаемся в переводчике. Его упрекнули в бюрократизме. Все участвовали в субботнике.

c) Мы наблюдали за тем, как самолёт поднимался с аэропорта. Вы должны следить за произношением. Одна автомашина следовала за другой.

d) Студенты готовятся к государственным экзаменам. Он обратился ко мне за помощью. Это правило можно применить и к другим случаям.

e) Свет влияет на развитие растений. Дунай делит Будапешт на две части. ГДР делится на 14 округов. Учитель пожаловался родителям на их сына. Почему ты сердишься на меня? Я на тебя не сержусь.

f) Она играет на аккордеоне. Вы умеете играть на скрипке?

g) Лектор работает над диссертацией.

h) Она думает только о себе. Мать заботится о здоровье ребёнка. Забота о трудящемся человеке. Он попросил меня о помощи. Учитель спросил ученика о профессии.

i) Я не знаю, с чего начинать.

k) Автор отказался от гонорара. Вторая бригада отстаёт от первой. Пассажир отстал от поезда. Во время войны миллионы людей страдали от голода.

l) Поздравляю вас с рождением сына! С Новым годом, с новым счастьем! Он простился с друзьями. Она рассталась с ним.

m) У кого вы взяли эту книгу? Я купил этот словарь у букиниста. Наши трудящиеся учатся у советских новаторов производства.

2. **Substantive mit präpositionaler Rektion** (vor allem diejenigen, die zu den obengenannten Verben gehören). Im Deutschen werden diese Wendungen oft durch zusammengesetzte Substantive wiedergegeben.

вера в победу	der Glaube an den Sieg
подготовка к экзаменам	die Vorbereitung auf die Prüfung
игра в шахматы	das Schachspiel
игра на скрипке	das Geigenspiel
уход за больными	die Krankenpflege
личный уход за машинами	die persönliche Pflege der Maschinen
поздравление с днём рождения	der Geburtstagsglückwunsch
влияние на развитие	die Beeinflussung der Entwicklung
интерес к музыке	das Interesse für Musik

3. Adjektive mit präpositionaler Rektion

Он на всё способен.	Er ist zu allem fähig.
Я с этим согласен.	Ich bin damit einverstanden.
Мы уверены в этом.	Wir sind davon überzeugt.
Она к нему не равнодушна.	Er ist ihr nicht gleichgültig.
Он ни в чём не виноват.	Er ist an nichts schuld.

Der zusammengesetzte Satz

§ 146. Allgemeines

Der zusammengesetzte Satz besteht aus zwei oder mehreren Sätzen, die eine Einheit bilden. Einander beigeordnete (koordinierte) Sätze nennt man eine **Satzverbindung**.

Wird der Hauptsatz durch einen oder mehrere untergeordnete (subordinierte) Nebensätze näher erläutert, handelt es sich um ein **Satzgefüge**.

Satzverbindung	**Satzgefüge**
Мы пошли домой, а он ещё остался в клубе.	Это теория, которая признаётся всем миром.
Wir gingen nach Hause, aber er blieb noch im Klub.	Das ist eine Theorie, die von der ganzen Welt anerkannt wird.

§ 147. Die syntaktische Funktion der Konjunktionen

Konjunktionen (Bindewörter) dienen der Verbindung von Satzgliedern, Wortgruppen und ganzen Sätzen. Man unterscheidet dabei zwei Hauptgruppen: beiordnende (koordinierende) und unterordnende (subordinierende) Konjunktionen.

1. **Beiordnende Konjunktionen** verbinden

   a) gleichartige Satzglieder oder Wortgruppen, z. B.:

Он не читает, **а** пишет.	Er liest nicht, **sondern** schreibt.

   b) Hauptsätze zu einer Satzverbindung, z. B.:

Он читает, **а** она пишет.	Er liest, **und** (= **während**) sie schreibt.

   c) Nebensätze gleicher Stufe, z. B.:

Я видел, что он читал книгу, **а** она писала письмо.	Ich sah, daß er ein Buch las **und** sie einen Brief schrieb.

2. Durch **unterordnende Konjunktionen** wird ein Satz einem anderen untergeordnet. Dadurch entstehen Satzgefüge.

Учение Маркса всесильно, **потому что** оно верно.	Die Lehre von Marx ist allmächtig, **weil** sie wahr ist.

Die Satzverbindung

Die Verbindung von Einzelsätzen zu Satzverbindungen (sowie auch die Verbindung gleichartiger Satzglieder, Wortgruppen und Nebensätze) erfolgt durch folgende Konjunktionen:

§ 148. Verbindende (kopulative) Konjunktionen

1. и	a) und, b) auch
2. а также	sowie; und auch
3. и – и	sowohl – als auch
4. как – так (и)	sowohl – als auch
5. да	und
6. ни – ни	weder – noch
7. не только – но и	nicht nur – sondern auch
8. не столько – сколько	nicht so sehr – als vielmehr

1. a) Погода была плоха́я, **и** мы сидели в комнате.	Das Wetter war schlecht, **und** wir saßen im Zimmer.
b) Я говорил **и** с братом.	Ich sprach **auch** mit dem Bruder.
2. В конференции уча́ствовали немецкие, советские, **а также** французские студенты.	An der Konferenz nahmen deutsche, sowjetische **sowie** französische Studenten teil.
3. **И** он, **и** она знают его.	**Sowohl** er **als auch** sie wissen das.
4. **Как** на Востоке, **так и** на За́паде борются за мир.	**Sowohl** im Osten **als auch** im Westen kämpft man für den Frieden.
5. хлеб да соль	Brot und Salz
6. ни рыба ни мясо	weder Fisch noch Fleisch
7. Он хорошо владел **не только** русским, **но и** французским языком.	Er beherrschte **nicht nur** das Russische, **sondern auch** das Französische gut.
8. Он утомлён **не столько** рабо́той, **сколько** болезнями.	Er ist **nicht so sehr** von der Arbeit, **als** von Krankheit erschöpft.

§ 149. Entgegenstellende (adversative) Konjunktionen

1. а; но	a) und; aber; b) sondern (nach Verneinung). Bei stärkerem Gegensatz steht но.
2. да	aber
3. одна́ко	doch; aber; allein; indessen; allerdings
4. же (nachgestellt)	aber; jedoch; doch; hingegen
5. зато́	dafür (aber)
6. а то; а не то	sonst; andernfalls

1. a) Ма́льчику пять лет, **а** де́вочке три года.	Der Knabe ist fünf, **und (aber)** das Mädchen drei Jahre alt.
b) Пиши **не** карандашом, **а** чернилами.	Schreibe **nicht** mit Bleistift, **sondern** mit Tinte.

2. Лу́чше ме́ньше, да лу́чше.
Lieber weniger, **aber** besser.

3. Язы́к представля́ет собо́й развива́ющееся явле́ние, **одна́ко** его́ разви́тие соверша́ется ина́че, чем разви́тие ба́зиса и надстро́йки.
Die Sprache (stellt dar) ist eine sich entwickelnde Erscheinung, **jedoch** vollzieht sich ihre Entwicklung anders als die Entwicklung der Basis und des Überbaus.

4. Пу́блике он не нра́вился, мне **же** ли́чно он был симпати́чен.
Dem Publikum gefiel er nicht, mir persönlich war er **jedoch** sympathisch. (. . ., doch mir . . .)

5. Я заплати́л до́рого, **зато́** купи́л хоро́шую вещь.
Ich habe viel bezahlt, **dafür (aber)** ein gutes Stück gekauft.

6. Спеши́те, **а то** вы не поспе́ете на по́езд.
Beeilt euch, **sonst** erreicht ihr den Zug nicht.

§ 150. Unterscheidende (disjunktive) Konjunktionen

1. и́ли (иль); ли́бо	oder
2. и́ли – и́ли; ли́бо – ли́бо	entweder – oder
3. то – то	bald – bald

1. Вы́ступит хор, **и́ли** танцева́льная гру́ппа испо́лнит наро́дный та́нец.
Es wird ein Chor singen, **oder** eine Tanzgruppe wird einen Volkstanz aufführen.

2. Ста́рое о́бщество бы́ло осно́вано на том при́нципе, что **ли́бо** (= **и́ли**) ты гра́бишь друго́го, **ли́бо** (= **и́ли**) друго́й гра́бит тебя́.
Die alte Gesellschaft basierte auf dem Grundsatz, daß **entweder** du den anderen ausplünderst **oder** der andere dich.

3. В э́тих края́х **то** хо́лодно, **то** жа́рко.
In dieser Gegend ist es **bald** kalt, **bald** heiß.

§ 151. Erklärende oder erläuternde Konjunktionen

1. то́ есть	das heißt, das ist
2. и́ли	mit anderen Worten, das heißt
3. (а) и́менно	und zwar, nämlich

1. К концу́ трети́чного пери́ода, **т. е.** (**то́ есть**) о́коло миллио́на лет тому́ наза́д, . . .
Gegen Ende des Tertiärs, **d. h.** (**das heißt**) vor etwa einer Million Jahren . . .

2. Э́то инфинити́в, **и́ли** неопределённая фо́рма.
Das ist der Infinitiv, **mit anderen Worten**, die unbestimmte Form (Nennform).

3. Яви́лись все, **а и́менно**: Петро́в, Ивано́в и Си́доров.
Es erschienen alle, **nämlich** Petrow, Iwanow und Sidorow.

§ 152. Die begründende (kausale) Konjunktion ибо

| ибо | denn | [1] |

Знание объективных законов даётся мышлением, **ибо** законы невидимы и неслы́шимы.

Die Kenntnis der objektiven Gesetze wird vom Denken vermittelt, **denn** Gesetze sind unsichtbar und nicht durch das Gehör wahrzunehmen.

§ 153. Folgernde (konsekutive) Konjunktionen

| поэтому | deshalb | [2] |
| сле́довательно | folglich, daher, also |

1. Маркс опирался на прочный фунда́мент человеческих знаний, **поэтому** его учение могло овладеть миллионами.
2. Мы должны́ стать полноценными специалистами, **сле́довательно** мы должны хорошо учиться.

1. Marx stützte sich auf das feste Fundament menschlichen Wissens, **deshalb** konnte seine Lehre von den Massen Besitz ergreifen.
2. Wir müssen vollwertige Spezialisten werden, **also** müssen wir gute Studienleistungen aufweisen.

Das Satzgefüge

§ 154. Übersicht über das Satzgefüge

A. Im Satzgefüge werden in der Regel Satzglieder durch Sätze vertreten (Nebensätze). Je nach der Funktion des vertretenen Satzgliedes unterscheidet man Subjektsätze, Objektsätze, Attributsätze, Prädikativsätze und Adverbialsätze. Sie haben jedoch oft die gleichen Einleitungswörter und lassen sich nur bei genauer Analyse des Hauptsatzes unterscheiden, z. B.:

Мы не знаем, **кто** это сказал.

Wir wissen nicht, **wer** das gesagt hat. (Objektsatz)

Он единственный, **кто** может решить этот вопрос.

Er ist der einzige, **der** diese Frage lösen kann. (Prädikativsatz)

---

[1] Manche Verfasser zählen ибо zu den subordinierenden Konjunktionen (vgl. § 147) und stellen sie in eine Reihe mit так как und потому что (vgl. § 165). Ušakov (vgl. S. 196, Nr. 24) ist eher geneigt, sie zu den koordinierenden Konjunktionen zu rechnen.

[2] Nach Slovar' russkogo jazyka (vgl. S. 196, Nr. 21) ist следовательно eine Konjunktion in der Bedeutung von поэтому und поэтому ein Adverb.

Всем известно, **что** он у́чится в университе́те.	Allen ist bekannt, **daß** er an der Universität studiert. (Subjektsatz)
Изве́стие о том, **что** он у́чится в университе́те, обра́довало меня́.	Die Nachricht, **daß** er an der Universität studiert, erfreute mich. (Attributsatz)

 B. Nebensätze können vor oder nach dem übergeordneten Satz stehen bzw. diesen spalten. Je nach der Stellung unterscheidet man daher Vordersatz, Nachsatz und Zwischensatz.

Vordersatz:
Та́к как бы́ло по́здно, они́ пошли́ домо́й.

Nachsatz:
Они́ пошли́ домо́й, та́к как бы́ло по́здно.

Zwischensatz:
Това́рищи, с кото́рыми я познако́мился в Москве́, у́чатся в университе́те.

 C. Nach der äußeren Form unterscheidet man eingeleitete Nebensätze (häufigste Form) und Nebensätze ohne Einleitungswort.
 Nach dem einleitenden Wort unterscheidet man **Relativsätze** und **Konjunktionalsätze**. Indirekte Fragesätze mit ли (= ob) zählen zu den Konjunktionalsätzen, alle anderen indirekten Fragesätze unterscheiden sich formal nicht von Relativsätzen.

 D. Übersicht der Satzarten und ihrer Einleitungswörter:

Arten:	Fragen:	eingeleitet durch:
1. Subjektsatz	wer oder was	Fragewörter, z. B. кто, куда́; Relativpronomen, z. B. кото́рый; Konjunktionen für deutsches „daß" что, что́бы, бу́дто, как бы
2. Objektsatz	wen oder was, wessen, wem, worauf usw.	
3. Attributsatz	welcher, was für ein	
4. Prädikativsatz		
5. Adverbialsatz		Konjunktionen, z. B.
a) Modalsatz	wie, auf welche Weise	wie = как
b) Kausalsatz	weshalb, aus welchem Grunde	weil = та́к как
c) Finalsatz	wozu, zu welchem Zweck	damit = что́бы
d) Konditionalsatz	unter welcher Bedingung	wenn = е́сли
e) Konzessivsatz	trotz welchen Umstandes	obwohl = хотя́
f) Konsekutivsatz	mit welcher Folge	so daß = та́к что
g) Temporalsatz	wann, seit wann, bis wann	wenn = когда́
h) Lokalsatz	wo, wohin, woher	wo = где usw.

 E. Im folgenden wird bei der Gliederung der Nebensätze von ihren Einleitungswörtern ausgegangen. Das hat zur Folge, daß die – für die praktische

Erlernung der Sprache weniger wesentliche – Einteilung in Subjekt-, Objekt-, Attribut- und Prädikativsätze nicht berücksichtigt wird. Bei einigen Beispielen wird angegeben, um was für einen Satz es sich handelt.

Abweichend von vorstehender Tabelle ergibt sich folgende Gliederung:

1. Indirekte Fragesätze mit der Konjunktion ли (ob)
2. Relativsätze und indirekte Fragesätze
   mit Pronomen (кто, что, чей, который, какой u. a.)
   und Adverbien (когда, где, куда, откуда, как u. a.)
3. Weiterführende Nebensätze mit dem Pronomen что (was)
4. даß-Sätze mit den Konjunktionen что, чтобы, будто, как бы
5. Adverbialsätze (siehe oben)

§ 155. Indirekte Fragesätze mit ли

Direkter Fragesatz Partikel ли (unübersetzt)	Indirekter Fragesatz Konjunktion ли = ob
Приедешь ли ты сюда летом? Kommst du im Sommer hierher?	Сообщи мне, приедешь ли ты сюда летом. Teile mir mit, **ob** du im Sommer hierher kommst. (Objektsatz)
Скоро ли мы закончим эту работу? Beenden wir diese Arbeit bald?	Неизвестно, скоро ли мы закончим эту работу. Es ist nicht bekannt, **ob** wir diese Arbeit bald beenden. (Subjektsatz)

§ 156. Relativsätze

1. Relativsätze (meist Attributsätze, seltener Prädikativsätze und Subjektsätze) und indirekte Fragesätze (Subjekt- und Objektsätze) werden im wesentlichen von den gleichen Pronomen und Adverbien eingeleitet (vgl. § 154 E). Im folgenden wird vor allem auf Besonderheiten bei der Übersetzung hingewiesen.

Я видел, **кто** это сделал.
Ich habe gesehen, **wer** das gemacht hat. (Objektsatz)

Кто много путешествовал, **тот** много видел.
Wer viel gereist ist, **(der)** hat viel gesehen. (Subjektsatz)

Он **единственный, кто** может решить вопрос.
Er ist **der einzige, der** die Frage lösen kann. (Prädikativsatz)

Я не знаю, **какую** вам дать книгу.
Ich weiß nicht, **was** ich Ihnen für ein Buch geben soll. (Objektsatz)

Это учёный, **чьё** имя (= имя **кото-**
Das ist ein Wissenschaftler, **dessen**

рого) знает весь мир.

Он забыл, **что** я сказал.

Namen die ganze Welt kennt. (Attributsatz)

Er hat vergessen, **was** ich gesagt habe. (Objektsatz)

2. Die Form что kann auch für Nominativ oder Akkusativ (m., f., n. Sg., ja sogar Plural) von который stehen:

Он не из тех, **что** боятся работы.

Er ist keiner von denen, **die** die Arbeit scheuen. (Prädikativsatz)

3. Bei der Übersetzung der Frageadverbien где, когда, куда, откуда in Attributsätzen ist den relativisch gebrauchten Frageadverbien (wo, wann, wohin, woher) häufig die Verbindung **Präposition + Relativpronomen** vorzuziehen:

Инженер проводил нас в большое здание, где находились реакторы.

Der Ingenieur führte uns in einen großen Raum, **in dem** sich die Reaktoren befanden.

Настала минута, **когда** я понял всю цену этих слов.

Es kam der Augenblick, **in dem** ich den ganzen Wert dieser Worte begriff.

Марксисты подвергли критике социал-утопический метод, **когда** главное внимание социолога концентрировалось на попытках предвидеть будущее во всех его деталях.

Die Marxisten kritisierten die Methode der utopischen Sozialisten, **bei der** sich das Hauptaugenmerk des Soziologen auf Versuche konzentrierte, die Zukunft in all ihren Einheiten vorauszusehen.

Он пошёл в свою комнату, **откуда** не выходил до утра следующего дня.

Er ging in sein Zimmer, **das** er vorm Morgengrauen des nächsten Tages nicht verließ (...., **aus dem** er vorm Morgen des nächsten Tages nicht herauskam).

In Objektsätzen und Subjektsätzen wird когда mit „wann", in Temporalsätzen mit „wenn" bzw. „als" übersetzt (vgl. § 177):

Я не знаю, **когда** он пришёл.

Ich weiß nicht, **wann** er gekommen ist.

Когда он приходил домой, он всегда приносил газеты.

Wenn er nach Hause kam, brachte er immer Zeitungen mit.

Когда он пришёл домой, он принёс газет.

Als er nach Hause kam, brachte er (einige) Zeitungen mit.

4. Nachgestelltes который

a) который steht in possessiver Bedeutung (dessen, deren) nach dem zugehörigen Substantiv:

Писатель Гранин, **роман которого** мы все читали, выступал в нашем институте.

Der Schriftsteller Granin, **dessen Roman** wir alle gelesen haben, sprach in unserem Institut.

Кружок, **руководство которым** было поручено профоргу, работает хорошо.	Der Zirkel, **dessen Leitung** dem Vertrauensmann übertragen worden war, arbeitet gut.
Дети играли в комнате, **дверь в которую** была открыта.	Die Kinder spielten in einem Zimmer, **dessen Tür** offenstand.

b) который als Objekt eines Infinitivs:

Мы долго трудились над одной задачей, **решить которую** никому не удалось.	Wir mühten uns lange mit einer Aufgabe ab, **die** niemand **lösen** konnte.
Ему дали кружок, **руководить которым** было нелегко.	Ihm gab man einen Zirkel, **der** nicht leicht **zu leiten** war.

§ 157. Weiterführende Nebensätze

Mit dem Pronomen **что** (und dessen Zusammensetzungen mit Präpositionen **отчего, причём** usw.) eingeleitete relativische Nebensätze können sich auf den gesamten Inhalt des übergeordneten Satzes beziehen. Sie erfüllen nicht die Funktion eines Satzgliedes, sondern entsprechen inhaltlich einem selbständigen Satz.

Он был полгода в Москве, **что** и сказалось положительно на его знаниях языка. (= Это сказалось...)	Er war ein halbes Jahr in Moskau, **was** sich auf seine Sprachkenntnisse positiv auswirkte. (= Das wirkte sich...)
Мой друг был несколько дней в Москве, **о чём** я узнал только после его отъезда. (= Об этом я узнал...)	Mein Freund war einige Tage in Moskau, **wovon** ich erst nach seiner Abreise erfuhr. (= Davon erfuhr ich...)
Докладчик дал характеристику двух статей, **причём** выявились различия в мировоззрении авторов. (= При этом выявились...)	Der Redner gab eine Charakteristik der beiden Artikel, **wobei** die Unterschiede in der Weltanschauung der Verfasser offenbar wurden. (= Dabei wurden...)
В этом году все ученики прилежно работали, **вследствие чего** все выдержали экзамен. (= Вследствие этого все...)	In diesem Jahre haben alle Schüler fleißig gearbeitet, **weshalb** alle das Examen bestanden haben. (= Deshalb haben alle...)

§ 158. Die russischen Entsprechungen für deutsches „daß"

1. Zur Bezeichnung einer realen Tatsache steht **что**.

Всем известно, **что** он учится в университете.	Allen ist bekannt, **daß** er an der Universität studiert.
Известие о том, **что** он учится в университете, обрадовало меня.	Die Nachricht, **daß** er an der Universität studiert, erfreute mich.
Учительница сказала, **что** он учится в университете.	Die Lehrerin sagte, **daß** er an der Universität studiert.

Die Konjunktion **как** kann synonym zu **что** nach Verben der Sinneswahrnehmung stehen. Durch **как** wird das Prädikat des Nebensatzes stärker hervorgehoben:

Владимир писал и не заметил, **как** прошло время.	Wladimir schrieb und merkte nicht, **wie** die Zeit verging.

2. **Zum Ausdruck eines Wunsches oder einer Möglichkeit steht чтобы.**

Желательно, **чтобы** он **учился** в университете.	Es ist wünschenswert, **daß** er an der Universität **studiert.**
Родители проявили желание, **чтобы** он **учился** в университете.	Die Eltern äußerten den Wunsch, **daß** er an der Universität **studiert** (studiere).
С него требовали, **чтобы** он **учился** в университете.	Man forderte von ihm, **daß** er an der Universität **studieren solle.**

3. Wenn im Hauptsatz aussagende Verben wie сказать, утверждать, казаться stehen, wird **будто** oder **будто бы** gebraucht, falls die **Richtigkeit der Aussage in Frage gestellt** wird.

Ему казалось, **будто бы** в подвале кто-то громко **кричал**.	Es schien ihm, **als schreie** im Keller jemand laut. (..., daß jemand ...)

4. Wenn im Hauptsatz ein **Verb mit der Bedeutung des Zweifels oder der Ungewißheit** steht (сомневаться, не верить, не думать, не надеяться, не помнить), so kann im Objektsatz **что или чтобы** stehen.

Я сомневаюсь, **что** он **понимает** объяснение.	Ich zweifle, **daß** er die Erklärung **versteht.**
= Я сомневаюсь, **чтобы** он **понимал** объяснение.	
Я сомневаюсь, **что** он **понял** объяснение.	Ich zweifle, **daß** er die Erklärung **verstanden hat.**
= Я сомневаюсь, **чтобы** он **понял** объяснение.	
Я сомневаюсь, **что** он **поймёт** объяснение.	Ich zweifle, **daß** er die Erklärung **verstehen wird.**
= Я сомневаюсь, **чтобы** он **понял** объяснение.	

Zum Tempusgebrauch bei чтобы (Konjunktiv) vgl. § 85.

5. **Wenn das Verb des Hauptsatzes die Bedeutung „fürchten, sich beunruhigen" hat** (бояться, опасаться, испугаться, беспокоиться), so wird im Objektsatz entweder die Konjunktion **что** oder die Konjunktion **как бы (чтобы)** + Verneinung des Prädikats durch **не** gebraucht. Im Deutschen gibt es nur für die Konstruktion mit что eine wörtliche Übersetzung.

Я боюсь, **что** он **простудится**.	Ich fürchte, **daß** er sich erkältet.
Я боюсь, **как бы** (= **чтобы**) он **не простудился**.	

Мы опасались, **что** погода **ухудшится**. Мы опасались, **как бы** (= **чтобы**) погода **не ухудшилась**.	Wir befürchteten, **daß sich** das Wetter **verschlechtert**.

Adverbialsätze (und syntaktische Synonyme)

§ 159. Adverbialsätze mit und ohne Konjunktion

1. Adverbialsätze werden im Russischen – wie im Deutschen – gewöhnlich durch Konjunktionen eingeleitet:

Когда я вернусь домой, я сразу же напишу вам.	**Wenn** ich nach Hause zurückkehre, schreibe ich Ihnen sogleich.

2. In der Umgangssprache und schöngeistigen Literatur – weniger in der wissenschaftlichen Literatur – fehlt bisweilen die Konjunktion:

Вернусь домой – сразу же напишу.	**Wenn** ich nach Hause zurückkehre, schreibe ich sogleich.

3. Die in wissenschaftlichen Texten häufige Konjunktion если wird bei der Übersetzung ins Deutsche oft weggelassen:

Если мы проведём этот опыт, то мы получим интересные данные.	Führen wir diesen Versuch durch, so erhalten wir interessante Angaben.

§ 160. Übersetzung der Adverbialpartizipgruppe als Nebensatz

Adverbialpartizipgruppen können ins Deutsche als Adverbialsätze übersetzt werden. Sie haben häufig modale und temporale Bedeutung (nicht scharf zu trennen von konditionaler), seltener kausale (nicht scharf zu trennen von finaler) und ganz selten konzessive Bedeutung. (Zur **Übersetzung** der Adverbialpartizipgruppe siehe § 136.)

Услышав шум на улице, она подошла к окну.	**Als sie** den Lärm auf der Straße **hörte,** trat sie ans Fenster. Sie trat ans Fenster, **weil sie** auf der Straße Lärm **hörte.**

Entsprechende Nebensätze sind auch im Russischen möglich:
Когда она услышала шум на улице, она подошла к окну.
Она подошла к окну, **потому что** она услышала шум на улице.

§ 161. Übersetzung der Adverbialbestimmung als Nebensatz

Auch die Adverbialbestimmung kann in einen Adverbialsatz aufgelöst werden. Dies empfiehlt sich vor allem dann, wenn die wörtliche Übersetzung eine Anhäufung von Substantiven mit sich brächte.

Adverbialbestimmung:

За неимением мест в вагоне, моя сестра должна была стоять.	**Wegen** Platz**mangel** mußte meine Schwester stehen.

Aufgelöst in einen Adverbialsatz:
Weil im Wagen kein Platz war, mußte meine Schwester stehen.
Aber auch im Russischen kann die Adverbialbestimmung durch ihr syntaktisches Synonym, den Adverbialsatz ersetzt werden:

Та́к как в вагоне мест не́ было, моя сестра́ должна́ была стоять.

§ 162. Übersetzung des isolierten Attributs als Nebensatz

Auch das isolierte Attribut (Adjektive und Partizipien) kann die Bedeutung eines Adverbialsatzes haben:

Увлечённые игрой, дети не обратили внимания на подошедшего.	Vom Spiel **gefesselt,** achteten die Kinder nicht auf den Hinzugetretenen.
= Будучи увлечены́ игрой, дети не обратили внимания ...	= **Da die Kinder** vom Spiel **gefesselt waren,** achteten ...
= Та́к как дети были увлечены́ игрой, они не обратили ...	

§ 163. Modalsätze

A. Modalsätze antworten auf die Frage: wie? (как?)

Служите мне, **как** вы ему служили. (Пушкин)   Dient mir, **wie** ihr ihm gedient.

B. Modalsätze werden durch folgende Konjunktionen eingeleitet:

1. a) как	wie
так же ... как (и)	
точно ... так как (и)	genauso wie (auch)
b) подобно тому как	ähnlich wie
c) столько ... сколько	so viel ... wie
d) по мере того как	in dem Maße wie
e) смотря по тому как, в зависимости от того как	je nachdem wie
2. чем (seltener не́жели)	als (bei Vergleichen)
3. чем ... тем	je ... desto
4. поскольку – постольку	a) insofern (als); b) in dem Maße, **wie**
5. будто; будто бы; как будто; как будто бы; словно; точно	als ob; als (stets mit Konjunktiv im Deutschen)
6. тем, что	dadurch daß
7. вместо того, чтобы	anstatt

1. Die Konjunktion **как** bezeichnet den einfachen Vergleich, der verstärkt werden kann durch так, так же oder точно так im Hauptsatz und durch и im Nebensatz (a). In ähnlicher Bedeutung wie так wird auch подобно тому verwendet (b).

a) Он написал статью́ **так, как** вы думали.   Er hat den Artikel **so** geschrieben, **wie** Sie dachten.

Он написал статью **так же** хорошо, **как** он писал **(и)** предыдущие.
Он написал статью **точно так, как** мы это себе **(и)** представляли.

Er hat den Artikel **genau so gut** geschrieben, **wie** er **(auch)** die vorhergehenden geschrieben hatte.
Er hat den Artikel **genau so** geschrieben, **wie (auch)** wir uns das vorgestellt hatten.

b) **Подобно тому как** анатомия человека есть ключ к анатомии обезьяны, экономическая структура буржуазного общества есть ключ к более глубокому пониманию экономического строения предшествующих обществ.

Ähnlich wie die Anatomie des Menschen der Schlüssel für die Anatomie des Affen ist, ist die Wirtschaftsstruktur der bürgerlichen Gesellschaft der Schlüssel für das tiefere Verständnis der Wirtschaftsstruktur der vorhergehenden Gesellschaftsformationen.

c) Магнитогорск выплавляет **столько** чугуна, **сколько** давала вся металлургия дореволюционной России.

Magnitogorsk stellt **so viel** Gußeisen her, **wie** die gesamte Hüttenindustrie des vorrevolutionären Rußlands geliefert hatte.

d) **По мере того как** освобождались временно оккупированные районы, восстанавливались города.

In dem Maße wie die zeitweilig besetzten Gebiete befreit wurden, wurden die Städte wieder aufgebaut.

e) **Смотря по тому как** (= **В зависимости от того как**) вы справитесь с этой работой, будет решён вопрос о ваших дальнейших перспективах.

Je nachdem, wie Sie mit dieser Arbeit zurechtkommen, wird die Frage ihrer weiteren Perspektiven gelöst werden.

2. Опыт прошёл иначе, **чем** мы предполагали.
Дела мои в лучшем порядке, **нежели** я думал.

Der Versuch verlief anders, **als** wir angenommen hatten.
Meine Angelegenheiten sind besser in Ordnung, **als** ich dachte.

3. **Чем** больше сокращаешь, **тем** чаще тебя печатают. (Чехов)

Je mehr du kürzt, **desto** häufiger werden deine Werke gedruckt.

4. a) **Поскольку** понятие выражает определённую объективную реальность, **постольку** оно есть нечто определённое.

Insofern ein Begriff eine bestimmte objektive Realität ausdrückt, ist er etwas Bestimmtes.

b) **Поскольку** повышается производительность труда, **постольку** повышается и жизненный уровень трудящихся.

In dem Maße, wie die Arbeitsproduktivität erhöht wird, steigt der Lebensstandard der Werktätigen.

5. Мы на́чали разгова́ривать, (как) бу́дто (бы) мы век бы́ли знако́мы.

Wir begannen, uns zu unterhalten, **als ob** wir schon ewig bekannt wären (**als wären** wir schon ewig bekannt).

Автор рома́на так хорошо́ описа́л строи́тельный уча́сток, **сло́вно (то́чно)** он сам был на стро́йке.

Der Autor des Romans hat die Baustelle so gut beschrieben, **als ob** er selbst beim Bau dabeigewesen wäre.

Anm.: будто kommt auch in Subjekt-, Objekt-, Prädikativ- und Attributsätzen vor und wird dann meist mit „daß" übersetzt (§ 158,3), z. B.:

Ка́ждому ка́жется, бу́дто он ничего́ не зна́ет.

Jedem scheint (es), daß (als ob) er nichts weiß.

6. Грамма́тике челове́к мо́жет научи́ться не то́лько путём ана́лиза явле́ний родно́го языка́, но и **тем, что** он системати́чески изуча́ет иностра́нный язы́к.

Die Grammatik kann man nicht nur durch Analyse muttersprachlicher Erscheinungen lernen, sondern auch **dadurch, daß** man systematisch eine Fremdsprache erlernt.

7. **Вме́сто того́, что́бы** рабо́тать, он игра́л в футбо́л.

Anstatt zu arbeiten, spielte er Fußball.

§ 164. Syntaktische Synonyme des Modalsatzes

Ein modales Verhältnis kann auch durch folgende Konstruktionen ausgedrückt werden:

1. **Adverbialpartizipgruppe mit modalem Sinn.** Sie kann durch einen Modalsatz übersetzt werden, bei Verneinung auch durch eine modale Infinitivgruppe mit „ohne zu".

Изуча́я иностра́нные языки́, студе́нт бли́же знако́мится и с родны́м языко́м.

Indem (= **Dadurch daß**) der Student Fremdsprachen **lernt,** wird er auch mit seiner Muttersprache enger vertraut.

Э́тот учёный со́здал но́вую тео́рию, **доказа́в,** что пре́жние представле́ния осно́вывались на непра́вильных пози́циях.

Dieser Wissenschaftler schuf eine neue Theorie, **wobei (womit) er bewies,** daß die früheren Vorstellungen auf einem falschen Standpunkt beruhten.

Сло́вно **вспомина́я** что́-то, она́ заду́мчиво смотре́ла в даль.

Als ob sie sich an etwas **erinnerte,** schaute sie nachdenklich in die Ferne.

Он вы́шел, **не сказа́в** ни сло́ва.

Er ging hinaus, **ohne daß er** ein Wort **sagte** (**ohne** ein Wort **zu sagen**).

2. **Modalbestimmung.** Sie kann ebenfalls als Modalsatz übersetzt werden.

При изучении иностранных языков студент ближе знакомится и с родным языком.	Beim Studium von Fremdsprachen wird der Student enger mit seiner Muttersprache vertraut. **Indem** der Student Fremdsprachen **lernt**, wird er...

§ 165. Kausalsätze

A. Kausalsätze antworten auf die Frage: warum? (почему? отчего? зачем? из-за чего? вследствие чего?)

Учение Маркса всесильно, **потому что** оно верно.	Die Lehre von Marx ist allmächtig, **weil** sie wahr ist.

B. Kausalsätze werden durch die folgenden Konjunktionen und konjunktionalen Fügungen mit der Grundbedeutung **da, weil** eingeleitet:

1. так как	
2. потому что	
3. оттого что	
4. из-за того что	
5. ввиду того что	(„in Anbetracht dessen, daß")
6. вследствие того что	(„infolge der Tatsache, daß")
7. благодаря тому что	(„dank der Tatsache, daß")
8. в силу того что	(„kraft dessen, daß")
9. поскольку	(„insofern als")
10. в связи с тем что	(„in Verbindung damit, daß")
11. тем более что	(„um so mehr als")

Мы перенесли конференцию на январь, **так как** (= **потому что** = **ввиду того что**) в декабре предстояли экзамены.	Wir verlegten die Konferenz auf Januar, **weil** im Dezember Prüfungen bevorstanden.
Это случилось **оттого, что** (= **из-за того, что**) он перестал верить в себя.	Das ist **deswegen** geschehen, **weil** er den Glauben an sich selbst verloren hat.
Ассистент в состоянии использовать иностранную литературу по специальности, **благодаря тому что** (= **вследствие того что**) он владеет русским, французским и английским языками.	Der Assistent ist imstande, die fremdsprachliche Fachliteratur zu benutzen, **weil** er die russische, französische und englische Sprache beherrscht.
Маркс стал основоположником научного социализма, **в силу того что** он первый дал правильный анализ общественного строя капитализма.	Marx wurde der Begründer des wissenschaftlichen Sozialismus, **weil** er als erster die gesellschaftliche Struktur des Kapitalismus richtig analysierte.

Поскольку ты согласен, я не буду возражать.	**Da** du einverstanden bist, werde ich nicht widersprechen.
В связи с тем, что он регулярно читает советские научные публикации, ему приходится много заниматься переводами.	**Da** er regelmäßig sowjetische wissenschaftliche Publikationen liest, hat er viel Gelegenheit, sich im Übersetzen zu üben.
Я не хотел повторять чисто абстрактных мнений этого философа, **тем более что** он был не верен себе и платил дань своему веку.	Ich wollte die rein abstrakten Ansichten dieses Philosophen nicht wiederholen, **um so mehr als** er sich selbst nicht treu war und seinem Jahrhundert Tribut zollte.

Anm.: Die Konjunktionen потому что und тем более что stehen nie im Vordersatz. Die Konjunktion потому что kann getrennt werden (vgl. § 122).

§ 166. Syntaktische Synonyme des Kausalsatzes

Ein kausales Verhältnis kann auch durch folgende Konstruktionen ausgedrückt werden:

1. Adverbialpartizipgruppe mit kausalem Sinn:

Применив новый метод, этот передовик повысил производительность труда.	**Da** dieser Aktivist eine neue Methode **anwandte,** erhöhte er die Arbeitsproduktivität.

2. Kausalbestimmung:

В результате применения нового метода передовик повысил производительность труда.	**Dank** der Anwendung einer neuen Methode erhöhte der Aktivist die Arbeitsproduktivität.

Kausalbestimmungen können ebenfalls als Kausalsatz übersetzt werden:

За неимением настоящих причин, он отделывался оговорками.	**Da es** ihm an echten Gründen **fehlte,** machte er Ausflüchte.

3. Isoliertes Attribut:

Добродушный от природы, я простил ему.	**Da** ich von Natur aus gutmütig bin, verzieh ich ihm. (Von Natur aus gutmütig . . .)

§ 167. Finalsätze

Finalsätze antworten auf die Fragen: wozu? weshalb? zu welchem Zwecke? (зачем? для чего? с какой целью?). Sie geben das Ziel an, das durch die Handlung des Hauptsatzes verfolgt wird.

Finale Nebensätze und Fügungen werden eingeleitet mit **чтобы** (um zu, damit, daß). Bei verschiedenem Subjekt in Haupt- und Nebensatz steht das **Präteritum** (historisch gesehen der Konjunktiv: что + бы + Präteritum), bei Subjektgleichheit der **Infinitiv**. Im Deutschen steht hier gewöhnlich der Indikativ Präsens.

Чтобы kann durch Hinweise mit der Bedeutung „dazu, in der Absicht" verstärkt werden: **для того, с тем,** seltener с той целью, затем. Sie können im Hauptsatz (1) oder im Nebensatz (2) stehen und bleiben meist unübersetzt.

Директор послал нас в Москву (**для того**), **чтобы** мы приняли участие в совещании.	Der Direktor schickte uns nach Moskau, **damit** wir an der Konferenz teilnehmen.
(**С тем**) **чтобы** прочно усвоить материал, необходимо постоянное повторение.	**Um** sich den Stoff fest anzueignen, bedarf es ständiger Wiederholung.

§ 168. Syntaktische Synonyme des Finalsatzes

Ein finales Verhältnis kann auch durch folgende Konstruktionen ausgedrückt werden:

1. **Finalbestimmung.** Die mit den Präpositionen bzw. präpositionalen Fügungen **для, с целью, ради, в интересах** eingeleiteten Finalbestimmungen können manchmal besser durch einen Finalsatz übersetzt werden.

Директор послал нас в Москву **для** участия в совещании.	Der Direktor schickte uns nach Moskau **zur** Konferenz.
Для прочного усвоения материала необходимо постоянное повторение.	**Zur** festen Aneignung des Stoffes ist ständige Wiederholung nötig.
Для облегчения управления страной были созданы округа.	**Um** die Verwaltung des Landes **zu erleichtern,** wurden Bezirke geschaffen.
Социалистические предприятия работают не **ради извлечения** капиталистической прибыли, а **в интересах** удовлетворения материальных и культурных потребностей людей.	Sozialistische Betriebe produzieren nicht, **um** kapitalistischen Profit **zu erzielen,** sondern **um** die materiellen und kulturellen Bedürfnisse der Menschen **zu befriedigen.**

2. **Adverbialpartizipgruppen mit finalem Sinn.** Es kommen nur Adverbialpartizipien von Verben in Frage, die selbst eine finale Bedeutung haben, z. B. „versuchend", „strebend", „sich bemühend", „wünschend" (пытаясь, стремясь, стараясь, желая). Diese Adverbialpartizipien können dann mit **um zu** übersetzt werden, vgl.:

Стараясь исправить свои ошибки, он решил систематически заниматься.	**Bemüht,** seine Fehler zu beseitigen, beschloß er, systematisch zu studieren. **In dem Bemühen,** seine Fehler zu beseitigen, ... **Um** seine Fehler **zu** beseitigen, ...

§ 169. Konditionalsätze

A. Konditionalsätze weisen auf den Umstand hin, durch den die Handlung des Hauptsatzes bedingt ist. Sie antworten auf die Frage: unter welcher Bedingung? (при каком условии?):

Если ты мне поможешь, я буду тебе очень благодарен.	Wenn du mir hilfst, (so) werde ich dir sehr dankbar sein.
Если бы ты мне помог, я был бы тебе очень благодарен.	Wenn du mir helfen **würdest**, wäre ich dir sehr dankbar.

B. Konditionalsätze werden durch Konjunktionen mit der Bedeutung **wenn, falls** eingeleitet: 1. если; 2. когда; 3. коли, коль (beide veraltet); 4. раз. Im Konjunktiv tritt бы unmittelbar hinter die Konjunktion (5. если бы, когда бы usw.). Der Hauptsatz wird oft mit так, то (so, dann) angeschlossen.

1. Если мы выделим водород в чистой форме, то мы получим очень лёгкий газ.	Wenn wir Wasserstoff in reiner Form isolieren, **so** erhalten wir ein sehr leichtes Gas.

Nach если stehen oft Infinitivkonstruktionen: Если **выделить** водород в чистой форме, то **мы получим** очень лёгкий газ.

2. Когда два человека ссо́рятся, оба винова́ты.	Wenn zwei sich zanken, tragen beide Schuld.
3. Извини нас, **коли** мы в чём перед тобой провинились.	Entschuldige, **wenn** wir dich irgendwie gekränkt haben.
4. Раз ты дал слово, ты должен его сдержать.	Wenn du dein Wort einmal gegeben hast, mußt du es halten.
5. Вы давно́ смогли бы сдать экзамен, **если бы** вы на́чали хорошо занима́ться с са́мого нача́ла.	Sie hätten die Prüfung längst ablegen können, **wenn** Sie von Anfang an gut gearbeitet hätten.

Anm.: In der Umgangssprache steht statt des Konjunktivs zuweilen der Imperativ (Modusaustausch):

Пойди я сам (Если бы я сам пошёл), я получи́л бы книгу.	Wenn ich selbst ginge (Ginge ich selbst), dann bekäme ich das Buch. Wenn ich selbst gegangen wäre, hätte ich das Buch bekommen.

§ 170. Syntaktische Synonyme des Konditionalsatzes

Ein konditionales Verhältnis kann auch durch folgende Konstruktionen ausgedrückt werden:

1. **Adverbialpartizipgruppe:**

Вы́делив водород в чистой форме, мы полу́чим очень лёгкий газ.	**Bei der Abscheidung** von Wasserstoff in reiner Form erhalten wir ein sehr leichtes Gas.

2. **Konditionalbestimmung:**

При выделе́нии водоро́да в чи́стой фо́рме мы полу́чим о́чень лёгкий газ.	**Bei der Abscheidung** von Wasserstoff in reiner Form erhalten wir ein sehr leichtes Gas.

Manchmal werden Konditionalbestimmungen besser durch einen Konditionalsatz wiedergegeben:

При ра́венстве угло́в в треуго́льнике все его́ сто́роны равны́.	**Wenn** die Winkel im Dreieck **gleich sind,** sind (auch) alle seine Seiten gleich.
В слу́чае отсу́тствия то́чных да́нных, мы не мо́жем провести́ э́тот о́пыт.	**Wenn** genaue Angaben **fehlen,** können wir diesen Versuch nicht durchführen.

3. **Partizipialgruppe:**

Применя́емые во́время, э́ти мероприя́тия помогли́ бы.	Rechtzeitig **angewandt,** würden diese Maßnahmen helfen. (**Wenn** ...)

§ 171. Konzessivsätze

A. Konzessivsätze geben einen Umstand an, der dem Inhalt des Hauptsatzes widerspricht und das Gegenteil dessen erwarten läßt, was der Hauptsatz aussagt.

Хотя́ казако́в бы́ло ма́ло, Левинсо́н почу́вствовал вдруг си́льное волне́ние.	**Obwohl** es nur wenige Kosaken waren, empfand Lewinson plötzlich heftige Erregung.
Как ни велики́ же́ртвы Пари́жской Комму́ны, они́ искупа́ются значе́нием её для общепролета́рской борьбы́.	**Wie** groß **auch** die Opfer der Pariser Kommune sind, sie werden durch ihre Bedeutung für den allgemeinen Kampf des Proletariats aufgewogen.

B. Konzessive Nebensätze werden eingeleitet durch Konjunktionen mit der Bedeutung „obgleich; obwohl; ungeachtet der Tatsache, daß" usw.: 1. **хотя́, хоть;** 2. **пусть, пуска́й** (nur im Vordersatz); 3. **несмотря́ на то что;** 4. **хотя́ бы, хоть бы** (mit Konjunktiv).

Der Hauptsatz wird dabei oft mit einer adversativen Konjunktion angeschlossen (**а; но; да; одна́ко; тем не ме́нее; всё же; всё-таки** u. a.). Diese kann unübersetzt bleiben oder durch „so doch; immerhin; dennoch; trotzdem" u. ä. wiedergegeben werden. Auch die Übersetzung mit „zwar – aber" ist häufig möglich.

1. **Хотя́** ассисте́нт был о́чень за́нят, он всё же находи́л вре́мя занима́ться спо́ртом.	**Obwohl** der Assistent sehr viel zu tun hatte, fand er doch Zeit, Sport zu treiben.
Хотя́ пролетариа́т был ещё немногочи́слен, **но** он непреры́вно рос.	Das Proletariat war **zwar** noch zahlenmäßig schwach, **aber** es wuchs unaufhörlich.

Люди хоть ругали, но любили его.	**Obwohl** die Leute auf ihn schimpften, mochten sie ihn (doch) gern.

Die Partikel **хоть** oder **хотя бы** ist durch „wenigstens; meinetwegen; zumindest; (wenn) auch nur" zu übersetzen (vgl. § 121, 9—10).

2. **Пусть** (= **пускай**) он ошибся, но эту ошибку можно исправить.	**Mag** er sich **auch** geirrt haben, so kann man diesen Fehler (doch) korrigieren.
3. **Несмотря на то, что** он живёт так далеко, он каждый день приезжает в город.	**Obgleich** er so weit entfernt wohnt, kommt er jeden Tag in die Stadt.
4. Я кончу работу, **хотя бы** мне пришлось и ночь просидеть.	Ich mache die Arbeit fertig, **selbst wenn** ich die ganze Nacht durch darüber sitzen müßte.

§ 172. Konzessive Ausdrücke mit ни

Konzessivsätze werden ferner eingeleitet durch verallgemeinernde Ausdrücke mit der Bedeutung „wer auch immer; wohin auch immer" usw., z. B. **1. кто ни; 2. куда ни**. Diese Ausdrücke bestehen aus einem Fragewort und der verstärkenden Partikel ни. Werden sie mit dem Konjunktiv verbunden, dann tritt бы hinter das Fragewort, z. B. **3. как бы ни; 4. какой бы ни**.

1. **Кто ни** пытался перепрыгнуть ров, никому это не удалось.	**Wer auch immer** den Graben zu überspringen versuchte, niemandem gelang es.
Кого ни спросишь, никто не даёт правильного ответа.	**Wen** man **auch** fragen mag, niemand gibt eine richtige Antwort.
2. **Куда ни** посмотришь, повсюду строятся новые дома.	**Wohin** du **auch** blicken magst, überall werden neue Häuser gebaut.
3. **Как бы** велики **ни** были противоречия в сознании этих писателей, их произведения объективно отражали интересы народа.	**Wie groß auch** die Widersprüche im Bewußtsein dieser Schriftsteller waren, ihre Werke spiegelten objektiv die Interessen des Volkes wider.
4. **Каким бы** вы строгим **ни** были, студенты вас будут уважать, если вы справедливы.	**Wie** streng Sie **auch** sein mögen, die Studenten werden Sie achten, wenn Sie gerecht sind.

Hierher gehört auch **во что бы то ни стало** (was es auch kosten möge, um jeden Preis, unbedingt):

Мы должны выполнить эту работу во что бы то ни стало.	Wir müssen diese Arbeit machen, koste es, was es wolle.

Anm.: In der Umgangssprache steht bei den verallgemeinernden Ausdrücken statt des Konjunktivs bisweilen der **Imperativ** (Modusaustausch).

Что ни говори, а ехать нам придётся.	*Was* du auch sagen magst, fahren müssen wir trotzdem.

§ 173. Das konzessive Modalwort правда

Konzessive Bedeutung haben außerdem Satzverbindungen mit dem Modalwort правда. Der zweite Teil der Satzverbindung wird mit einer adversativen Konjunktion (но; однако; usw.) angeschlossen. Am klarsten ist die Übersetzung mit „zwar – aber".

Правда, ассистент был очень занят, но он всё же находил время заниматься спортом. (= Ассистент, правда, был очень занят...)	Der Assistent hatte **zwar** sehr viel zu tun, **aber** er fand doch Zeit, Sport zu treiben.

Modales правда findet sich auch im einfachen Satz; in der Übersetzung ist dann „allerdings; freilich" zu verwenden.

Правда, сам Коперник не сделал всех философских выводов из своего учения.	Kopernikus selbst hat **freilich** nicht alle philosophischen Schlußfolgerungen aus seiner Lehre gezogen.

§ 174. Syntaktische Synonyme des Konzessivsatzes

Ein konzessives Verhältnis kann auch durch folgende Konstruktionen ausgedrückt werden:

1. Adverbialpartizipgruppe:

Отличаясь физическими свойствами, эти вещества похожи по химическим свойствам.	**Obwohl sich** diese Stoffe in ihren physikalischen Eigenschaften **unterscheiden,** sind sie in ihren chemischen Eigenschaften ähnlich.
Будучи очень занятым, ассистент всё же находил время заниматься спортом.	**Obwohl** der Assistent **viel zu tun hatte,** fand er doch Zeit, Sport zu treiben.

2. Konzessivbestimmung:

При всей своей занятости, ассистент находил время заниматься спортом.	**Trotz seiner vielen Arbeit** fand der Assistent Zeit, Sport zu treiben. (Obwohl...)
Несмотря на неподготовленность нашего нападения, тренер организовал матч с зарубежной командой.	**Obwohl** unser Sturm **nicht vorbereitet war,** veranstaltete der Trainer ein Spiel mit einer ausländischen Mannschaft.

3. Isoliertes Attribut:

Очень занятый работой над диссетацией, ассистент всё же находил время заниматься спортом.	**Obwohl** der Assistent durch die Arbeit an seiner Dissertation **sehr beschäftigt war,** fand er doch Zeit, Sport zu treiben.

§ 175. Konsekutivsätze
(Tatsächliche Folge)

A. Konsekutivsätze geben die Folge der Handlung oder der Eigenschaft an, von der im Hauptsatz die Rede ist.

Он говорил ясно, **так что** все его понимали.	Er sprach deutlich, **so daß** ihn alle verstanden.

B. Konsekutivsätze, die eine aus dem Hauptsatz folgende **Tatsache** bezeichnen, werden durch die Konjunktion „so daß" = так что (1) eingeleitet. Häufig stehen так oder andere Wörter mit der Bedeutung „so, solch" im Hauptsatz: так ... что (2), настолько ... что (3), до того ... что (4), столько ... что (5), такой ... что (6).

1. Его гипо́теза опрове́ргла все други́е гипо́тезы по э́тому вопро́су, **так что** сейча́с её и́стинность счита́ется дока́занной.

   Seine Hypothese hat alle anderen Hypothesen über diese Frage widerlegt, **so daß** ihre Wahrheit jetzt als bewiesen gilt.

2. Этот челове́к **так** си́льно ощуща́ет своё еди́нство со страно́й, **что** он не мо́жет отделя́ть себя́ от неё.

   Dieser Mensch fühlt seine Verbundenheit mit dem Vaterland **so** stark, **daß** er sich nicht von ihm lösen kann.

3. Английские реали́сты XIX ве́ка отража́ли действи́тельность **насто́лько** правди́во, **что** подрыва́ли осно́вы капиталисти́ческой систе́мы.

   Die englischen Realisten des 19. Jh. schilderten die Wirklichkeit **so** wahrheitsgetreu, **daß** sie die Grundlagen des kapitalistischen Systems untergruben.

4. Успех пье́сы „На дне" **до того́** испуга́л ца́рское прави́тельство, **что** оно при́няло осо́бые ме́ры.

   Der Erfolg des Theaterstückes „Nachtasyl" erschreckte die zaristische Regierung **so sehr, daß** sie besondere Maßnahmen ergriff.

5. У меня́ **сто́лько** но́вых книг, **что** не могу́ все перечи́слить.

   Ich habe **so viele** neue Bücher, **daß** ich sie gar nicht alle aufzählen kann.

6. Образ Ма́якина изображён Го́рьким с **тако́й** убеди́тельностью, **что** купцы́ счита́ли его живы́м совреме́нником.

   Die Gestalt Majakins ist von Gorki mit **solcher** Überzeugungskraft dargestellt, **daß** die Kaufleute ihn für einen lebenden Zeitgenossen hielten.

§ 176. Konsekutivsätze
(Mögliche, erwünschte oder angenommene Folge)

Weist der Konsekutivsatz nicht auf eine tatsächliche, sondern eine **mögliche, erwünschte oder angenommene Folge** hin, so steht nicht что, sondern **чтобы**. Bei verschiedenem Subjekt in Haupt- und Nebensatz folgt das Präteritum (Konjunktiv), bei gleichem Subjekt die Infinitivgruppe.

Im Hauptsatz kann außer **так** und den anderen oben genannten Wörtern mit der Bedeutung „so, solch" auch das Adverb **слишком** „zu (sehr)" stehen.

1. Драматург должен **так** построить свою пьесу, **чтобы** она возбуждала мысли, нужные совреме́нности.
   Der Dramatiker muß sein Stück **so** gestalten, **daß** es Gedanken wachruft, die für die Gegenwart notwendig sind.

2. Шоу стремился влиять на людей **таким о́бразом, чтобы** они испытали не только удовольствие, но и страдание.
   Shaw wollte **so** auf die Menschen einwirken, **daß** sie sich nicht nur vergnügten, sondern auch das Leid verspürten.

3. Он обещал **настолько** хорошо организовать путешествие, **чтобы** все участвующие были довольны.
   Er versprach, die Reise **so** gut zu organisieren, **daß** alle Teilnehmer zufrieden wären.

4. Он был **слишком** умён и о́пытен, **чтобы** этого не заме́тить.
   Er war **zu** klug und erfahren, **um** dies nicht zu bemerken. (... **als daß** er dies nicht bemerkt hätte.)

5. Он говорил не **настолько** ясно, **чтобы** все его могли понимать.
   Er sprach nicht **so** deutlich, **daß** ihn alle verstehen konnten.

§ 177. Temporalsätze

A. Temporalsätze antworten auf die Fragen: wann? (когда?), wie lange? (на сколько времени? как долго?), seit wann? (с каких пор?), bis wann? (до каких пор?), wie oft? (сколько раз?).

Когда́ я ещё был ребёнком, отец часто читал со мной Пушкина.
Als ich noch ein Kind war, las Vater oft mit mir Puschkin.

B. Temporalsätze werden durch folgende Konjunktionen eingeleitet:

1. когда	wenn; als
2. пока́ (не), selten поку́да (не)	bis
3. пока; selten покуда,	solange; während
4. в то время как; тогда как; между тем как	während
5. после того как	nachdem
6. перед тем как; до того как; прежде чем	bevor
7. с тех пор как; как	seitdem, seit
8. не успел..., как	noch ehe, noch bevor
9. всякий раз как	sooft
10. как только; лишь (только); чуть (только); едва́ ... как	sobald, kaum ... als

Anm.: Einige zusammengesetzte Konjunktionen, z. B. с тех пор как; после того как usw., können durch Komma getrennt werden.

Он работает учителем с тех пор, как я знаю его.
Er ist als Lehrer tätig, seit ich ihn kenne.

С тех пор как я знаю его, он работает учителем.
Seit ich ihn kenne, ist er als Lehrer tätig.

1. **Когда** отец **приходил** с работы, он обедал и ложился.
   Когда отец **пришёл** с работы, он пообедал и лёг.

   Wenn der Vater von der Arbeit **kam**, aß er Mittag und legte sich hin.
   Als der Vater von der Arbeit **kam**, aß er Mittag und legte sich hin.

2. Я останусь, **пока** (не) вернёшься (= **покуда** не вернёшься).

   Ich bleibe, **bis** du wiederkommst.

3. Куй железо, **пока** горячо.

   Schmiede das Eisen, **solange** es heiß ist.

   Пока я спал, шёл дождь.

   Während ich schlief, regnete es.

4. В немецком языке имеются три формы прошедшего времени, **в то время как** (= **тогда как** = **между тем как**) в русском языке есть только одна форма.

   Im Deutschen gibt es drei Formen der Vergangenheit, **während** es im Russischen nur eine Form gibt.

5. Только **после того, как** он сдал государственный экзамен, он женился.

   Erst **nachdem** er das Staatsexamen abgelegt hatte, heiratete er.

6. **Перед тем как** (= **до того как** = **прежде чем**) он садился за работу, он читал газету.

   Ehe er mit der Arbeit begann, las er gewöhnlich die Zeitung.

   Anm.: Nach den Konjunktionen перед тем как, до того как, прежде чем kann der **Infinitiv** stehen, wenn Haupt- und Nebensatz das **gleiche Subjekt** haben, z. B.: Прежде чем садиться за работу, он читал газету.

7. **С тех пор как** я знаю его, он работает учителем.

   Seit ich ihn kenne, ist er als Lehrer tätig.

   И вот уже прошло полгода, **как** Вера кончила институт.

   Und nun ist schon ein halbes Jahr vergangen, **seit** Vera das Institut absolviert hat.

   После несчастного случая не прошло и двух минут, **как** приехала скорая помощь.

   Nach dem Unglücksfall vergingen keine zwei Minuten, **als** auch schon der Unfallwagen kam.

   Anm.: Как wird mit „seitdem" („seit"), „als" und „da" übersetzt, wenn der Hauptsatz eine Zeitbestimmung enthält.

8. **Не успела** она ответить на первое письмо, **как** получила уже второе.

   Noch bevor sie den ersten Brief beantwortet hatte, erhielt sie schon den zweiten.

9. **Всякий раз, как** он приходил, он приносил книги.

   Jedesmal wenn er kam, brachte er Bücher mit.

10. Теория становится материальной силой, **как только** она овладевает массами.

    Die Theorie wird zur materiellen Gewalt, **sobald** sie die Massen ergreift. (Marx)

Лишь (только) он вошёл, дети бежали ему навстречу.	**Kaum** war er eingetreten, **da** liefen ihm die Kinder entgegen.
Чуть (только) стало рассветать, они вы́ехали и́з дому.	**Sobald** es zu dämmern begann, fuhren sie von zu Hause weg.
Едва он вы́ехал и́з дому, **как** ему повстречался его сосед.	**Kaum** war er von zu Hause weggefahren, **als** sein Nachbar ihm entgegenkam.

§ 178. Syntaktische Synonyme des Temporalsatzes

Ein temporales Verhältnis kann auch durch folgende Konstruktionen ausgedrückt werden:

1. **Adverbialpartizipgruppe:**

Возвраща́ясь домой, мы дру́жески бесе́довали.	**Als wir** nach Hause **gingen,** unterhielten wir uns freundschaftlich.
Сдав государственный экзамен, он жени́лся.	**Nachdem er** das Staatsexamen **abgelegt hatte,** heiratete er.

2. **Temporalbestimmung:**

После сда́чи государственного экзамена он жени́лся.	**Nach der Ablegung** des Staatsexamens heiratete er.

§ 179. Lokalsätze

Lokalsätze werden mit где, куда́, отку́да eingeleitet und antworten auf die gleichen Fragen. In der Regel wird auf Lokalsätze im Hauptsatz durch Lokaladverbien wie там, туда́, отту́да verwiesen.

Ищи́ эту вещь **там, где** ты её оста́вил.	Suche diesen Gegenstand **dort, wo** du ihn liegengelassen hast.

Bei Fehlen von там, туда, оттуда handelt es sich gewöhnlich nicht um Lokalsätze (vgl. § 156).

§ 180. Zur indirekten Rede

Die indirekte Rede steht im Russischen, abweichend vom Deutschen, meist im Indikativ, in Aufforderungssätzen im Konjunktiv. Sie erscheint in der Regel als Objektsatz. Bei den folgenden Beispielen wird die indirekte Rede aus der direkten abgeleitet.

1. **Aussagesatz**

Она́ сказа́ла: „Он придёт".	Sie sagte: „Er wird kommen."
Она́ сказа́ла, **что** он придёт.	Sie sagte, **daß** er kommen wird.
	Sie sagte, er werde kommen.

„Петров знает об этом", – ответил Иванов.
„Petrow weiß davon", antwortete Iwanow.

Иванов ответил, **что** Петров знает об этом.
Iwanow antwortete, **daß** Petrow davon weiß (Petrow **wisse** davon).

Gewöhnlich wird die indirekte Rede durch die Konjunktion что eingeleitet (siehe obige Beispiele).

Falls die Aussage von vornherein angezweifelt wird, ist es in der Umgangssprache und in polemischer Schriftsprache (vor allem Publizistik) üblich, zusätzlich zur Konjunktion что die Partikeln **де** oder **якобы** zu verwenden, die etwa dem deutschen **angeblich** entsprechen:

Оратор сказал, что **де** вопрос уже давно решён.
Der Redner sagte, die Frage **sei (angeblich)** schon längst gelöst.

Содокладчик утверждал, что тема **якобы** не новая.
Der Korreferent behauptete, das Thema **sei (angeblich)** nicht neu.

Außerdem kommen Konstruktionen mit dem **Schaltwort** мол vor, das stets **in Kommas** eingeschlossen wird:

Когда он рассказал об этом, ему не поверили: так, **мол**, не бывает.
Als er davon erzählte, glaubte man ihm nicht, weil das **(angeblich)** nicht **vorkäme (vorkomme).**

Solche Sätze können im Zusammenhang auch nach einem Punkt stehen:

Так, мол, не бывает.
Das **käme (komme)** nicht vor.

(Vgl.: Так не бывает.
Das kommt nicht vor.)

2. Fragesatz

a) mit Fragewort

Мы спросили: „Куда ты идёшь?"
Wir fragten: „Wohin gehst du?"

Мы спросили, куда он идёт.
Wir fragten, **wohin** er gehe.

Das Fragewort wird als Konjunktion verwendet.

b) ohne Fragewort

Профессор спросил: „Вы читали это произведение?"
Der Professor fragte: „Haben Sie dieses Werk gelesen?"

Профессор спросил, читали **ли** они это произведение.
Der Professor fragte, **ob** sie dieses Werk gelesen hätten.

Die Partikel **ли** dient hier als Konjunktion, tritt aber, anders als das deutsche **ob,** hinter den ersten Satzteil des Nebensatzes.

3. Aufforderungssatz

„Расскажи всё", – просит он студента.
„Erzähle alles", bittet er den Studenten.

Он просит студента, **чтобы** он всё рассказал.
Er bittet den Studenten, **daß** er alles erzählt (er möge/solle alles erzählen; alles zu erzählen).

Der Nebensatz wird mit der Konjunktion **чтобы** angeschlossen, die mit dem Präteritum des Verbs den Konjunktiv bildet. Im Deutschen wird dieser mit den Modalverben **mögen, sollen** wiedergegeben.

§ 181. Zusammenfassende Übersicht über die wichtigsten mehrdeutigen Konjunktionen (как, когда, что, чтобы)

Konjunktionen sind ein wichtiges Mittel, die semantischen Beziehungen im Satz zu bezeichnen. Das Mißverstehen einer Konjunktion kann Mißverstehen eines ganzen Sinnabschnitts zur Folge haben. Die nachstehende Zusammenfassung gibt einen Überblick über einige Konjunktionen, die infolge ihrer Mehrdeutigkeit beim Übersetzen besondere Aufmerksamkeit erfordern.

как

Я не знаю, **как** он работает.
Ich weiß nicht, **wie** er arbeitet.

Он написал статью **так, как** вы думали.
Er hat den Artikel **so** geschrieben, **wie** Sie dachten.

Он не может прийти, **так как** у него нет времени.
Er kann nicht kommen, **weil** er keine Zeit hat.

Значение Пушкина, **как** лирика, огромное.
Die Bedeutung Puschkins **als** Lyriker ist gewaltig.

После несчастного случая не прошло и двух минут, **как** приехала скорая помощь.
Nach dem Unglücksfall vergingen keine zwei Minuten, **als** auch schon der Unfallwagen kam.

Честолюбие есть не что иное, **как** жажда власти. (Лермонтов)
Ehrsucht ist nicht anderes **als** Machthunger. (Lermontow)

Кто им поможет, **как** не ты?
Wer wird ihnen helfen, **wenn** nicht du?

С того дня, **как** она увидела его в первый раз, она часто думала о нём.
Seit dem Tage, **an dem (da, als)** sie ihn das erste Mal gesehen hatte, dachte sie oft an ihn.

Уже прошло полгода, **как** Вера кончила институт.
Schon ein halbes Jahr ist vergangen, **seit** Vera die Hochschule absolviert hat.

Я боюсь, **как бы** (= чтобы) он **не** простудился.
Ich fürchte, **daß** er sich erkältet.

когда

Близкого человека только тогда поймёшь вполне, **когда** с ним расстанешься.
Einen Menschen, der einem nahesteht, begreift man erst dann völlig, **wenn** man sich von ihm trennt.

Настала минута, **когда** я понял всю цену этих слов.
Es kam der Augenblick, **in dem (da)** ich den ganzen Wert dieser Worte begriff.

Марксисты подвергли критике социал-утопический метод конструирования идеала, **когда** главное внимание социолога концентрировалось на попытках предвидеть будущее во всех его деталях.
Die Marxisten kritisierten die Methode der utopischen Sozialisten, ein Ideal zu konstruieren, (eine Methode,) **bei der** sich das Hauptaugenmerk des Soziologen auf Versuche konzentrierte, die Zukunft in all ihren Einzelheiten vorauszusehen.

что

Я не знаю, **что** он сказал.	Ich weiß nicht, **was** er gesagt hat.
Нам ясно, **на что** они рассчитывали.	Es ist uns klar, **worauf** sie gerechnet haben.
Вот что я тебе скажу.	**Folgendes** möchte ich dir sagen.
Я знаю, **что** он это сказал.	Ich weiß, **daß** er das gesagt hat.
Он говорил ясно, **так что** все его понимали.	Er sprach deutlich, **so daß** alle ihn verstanden.
Он читал ту же самую лекцию, **что и** в прошлом году.	Er hat die gleiche Vorlesung **wie** im vergangenen Jahr gehalten.
Он не из тех, **что** боятся работы.	Er ist keiner von denen, **die** die Arbeit scheuen.

чтобы

Что бы он **ни** делал, у него всё получается хорошо.	**Was auch immer** er tut, alles gelingt ihm bestens.
Надо, **чтобы** он поговорил с рабочими.	Es ist notwendig, **daß** er einmal mit den Arbeitern spricht.
Желательно, **чтобы** он учился в университете.	Es wäre erwünscht, **daß** er an der Universität studiert.
Он просит студента, **чтобы** он всё рассказал.	Er bittet den Studenten, **daß** er alles erzähle (er solle alles erzählen).
Я сомневаюсь, **чтобы** он понимал твоё объяснение (= что он понимает).	Ich bezweifle, **daß** er deine Erklärung versteht.
Он должен говорить так ясно, **чтобы** все его поняли.	Er muß so deutlich sprechen, **daß** alle ihn verstehen.
Я боюсь, **чтобы** (= как бы) он **не** простудился (= что он простудится).	Ich fürchte, **daß** er sich erkältet (er könnte sich erkälten).
Директор послал нас в Москву, **чтобы** мы приняли участие в совещании.	Der Direktor schickte uns nach Moskau, **damit** wir an der Beratung teilnehmen.
Он пришёл, **чтобы** поговорить с рабочими.	Er ist gekommen, **um** mit den Arbeitern **zu** sprechen.
Он был слишком умён и опытен, **чтобы** этого не заметить.	Er war viel zu klug und erfahren, **um** dies nicht **zu** bemerken (**als daß** er dies nicht bemerkt hätte).
Вместо того, чтобы готовиться к экзамену, он всё время читал приключенческие романы.	**Anstatt** sich auf die Prüfung vorzubereiten, las er die ganze Zeit Abenteuerromane.

Zur Wortfolge [1]

§ 182. Allgemeines

Im Russischen ist die Wortstellung weniger streng festgelegt als im Deutschen. Sie wird mehr von stilistischen als von syntaktischen Gesichtspunkten bestimmt. Der logische Grundsatz – regierendes Wort geht dem regierten voran (z. B. Subjekt vor Prädikat, Prädikat vor Objekt) – wird bei normaler

---

[1] Hier werden vor allem die Erscheinungen des sog. neutralen Stils berücksichtigt.

Wortstellung sowohl im Hauptsatz als auch im Nebensatz eingehalten. Im Deutschen dagegen steht das finite (= konjugierte) Verb im Hauptsatz an *zweiter* und im Nebensatz an *letzter* Stelle:

В сентябре́ 1844 го́да Фри́дрих Э́нгельс **прие́хал** на не́сколько дней в Пари́ж.	Im September 1844 **kam** Friedrich Engels für einige Tage nach Paris.
Ле́нин пи́шет, что в сентябре́ 1844 го́да Фри́дрих Э́нгельс **прие́хал** на не́сколько дней в Пари́ж.	Lenin schreibt, daß Friedrich Engels im September 1844 für einige Tage nach Paris **kam**.

§ 183. Die normale russische Wortfolge

Die normale russische Wortfolge im erweiterten einfachen Satz ist: Subjekt (S) – Prädikat (P) – Objekt (O). Die Adverbialbestimmungen (A) können an alle Stellen außer zwischen Prädikat und Objekt treten:

```
           A
    ↓ S  ↓     P O ↓
```

Die gerade Wortfolge kann also im Russischen auch dann bestehen bleiben, wenn an den Satzbeginn eine Adverbialbestimmung tritt. Im deutschen Satz muß hier Inversion erfolgen, d. h. Umstellung von Subjekt und Prädikat.

В про́шлом году́ **мой брат сдал** экза́мен.	Im vorigen Jahr **legte mein Bruder** sein Examen **ab**.
Мой брат хорошо́ сдал экза́мен.	Mein Bruder hat sein Examen gut bestanden.
Мой брат сдал экза́мен с больши́м успе́хом.	Mein Bruder legte sein Examen mit gutem Erfolg ab.

§ 184. Durchbrechung der geraden Wortfolge

Die gerade Wortfolge wird durchbrochen, wenn dem Satz eine besondere stilistische Färbung gegeben werden soll. In der Regel gelten Satzanfang und Satzende als betonte Stellen.

Про́тив примене́ния а́томного ору́жия выступа́ли **мно́гие учёные**.	Gegen die Anwendung der Atomwaffen traten **viele Wissenschaftler** auf.
Интере́сное я получи́л от бра́та письмо́!	Einen **interessanten** Brief habe ich von meinem Bruder erhalten!
Э́ту телегра́мму оте́ц получи́л из Берли́на.	**Dieses Telegramm** erhielt der Vater aus Berlin.
Боро́ться за выполне́ние пла́на на́до повседне́вно.	Für die Planerfüllung muß man tagtäglich **kämpfen**.
Вчера́ состоя́лось **собра́ние**.	Gestern fand **eine Versammlung** statt.
Vgl.: **Собра́ние** состоя́лось вчера́.	**Die Versammlung** fand gestern statt.

§ 185. Besonderheiten bei der Stellung des Prädikats

1. **Erststellung** des **Prädikats** ist häufig bei intransitiven Verben mit der Bedeutung „sein", „werden", „beginnen", „kommen", „sich finden" (быть, наступить, настать, прийти, найтись) (a) und bei direkter und indirekter Frage (b).

a) Наступило лето.
Прошло несколько лет.

Найдутся люди, которые ...

Было время, когда человек был не хозяином природы, а её послушным рабом.

b) Студент спросил друга: „Пойдёшь ли ты в театр?"
Студент спросил друга, пойдёт ли он в театр.

Es wurde Sommer.
Es vergingen einige Jahre. (Einige Jahre vergingen.)

Es werden sich Menschen finden, die ...

Es gab eine Zeit, da der Mensch nicht Beherrscher der Natur war, sondern ihr gehorsamer Sklave.

Der Student fragte seinen Freund: „Gehst du ins Theater?"
Der Student fragte seinen Freund, ob er ins Theater gehe.

2. Im Gegensatz zum Deutschen wird das **mehrteilige Prädikat** in der Regel **nicht getrennt**.

Дом **был построен** в прошлом году.
Издали **был слышен** гул моторов.

В университетской библиотеке **можно работать** до девяти часов вечера.

Das Haus **wurde** im vorigen Jahr **gebaut.**
Von weitem **war** das Heulen der Motoren **zu hören.**

In der Universitätsbibliothek **kann man** bis 9 Uhr abends **arbeiten.**

3. Bei den unpersönlichen Ausdrücken für „können", „müssen", „sollen" (можно, нужно usw.) sowie bei должен wird было und будет nachgestellt.

Ему можно будет прийти.
Ей надо было уехать.
Мы должны́ будем это сделать.

Er wird kommen können.
Sie mußte abreisen.
Wir werden das tun müssen.

§ 186. Besonderheiten bei der Stellung des Objekts

1. Das Objekt steht im normalen Aussagesatz **unmittelbar nach dem Verb**.

Сейчас это имеет большое значение.

Jetzt hat das große Bedeutung.

2. Ist das Objekt ein **Pronomen,** so kann es **vor oder nach dem Verb** stehen:

Люди знают его = Люди его знают.

Die Menschen kennen ihn.

3. **Pronominale Objekte** stehen vor substantivischen:

Он написал ему письмо.   Er schrieb ihm einen Brief.

4. Es gibt Fälle, wo das Objekt durch eine Adverbialbestimmung **vom Prädikat getrennt** ist:

Учителю необходимо обеспечить в процессе усвоения учебного материала активизацию мыслительной деятельности учащихся.

Der Lehrer muß im Prozeß der Aneignung des Lehrstoffs eine Aktivierung der Denktätigkeit der Schüler gewährleisten.

§ 187. Besonderheiten bei der Stellung der Adverbialbestimmungen

Im objektlosen Satz wird das **Adverb meist nachgestellt**, z. B.:

Станок работает хорошо.
aber: Станок хорошо обрабатывает дерево.

Die Maschine arbeitet gut.
Die Maschine bearbeitet das Holz gut.

§ 188. Besonderheiten bei der Stellung der Attribute

1. Gewöhnlich stehen adjektivische und pronominale Attribute unmittelbar vor, Genitivattribute unmittelbar nach dem Substantiv.

Abweichend davon können

a) Ordnungszahlen nachgestellt werden, wo sie einer Grundzahl im Deutschen entsprechen:

том второй
глава первая
на странице шестой

Band zwei
Kapitel eins, erstes Kapitel
auf Seite sechs

b) die mit род (Art) gebildeten Genitivattribute vorangestellt werden:

разного рода возражения
всякого рода напитки

Einwände verschiedener Art
Getränke jeglicher Art

2. Das Attribut kann von dem zu bestimmenden Substantiv getrennt werden

a) wenn ein als Attribut verwendetes Adjektiv, Partizip oder Pronomen noch weiter bestimmt wird:

очень интересный **по своей тематике** доклад
необходимые **для выполнения этих работ** инструменты
разработанные **современной физикой** новые методы

ein **thematisch** sehr interessanter Vortrag
die **zur Ausführung dieser Arbeiten** notwendigen Werkzeuge
die **von der modernen Physik** entwickelten neuen Methoden

b) wenn ein mit Genitivattribut stehendes Substantiv (meist Verbalsubstantiv) durch ein Objekt, eine Adverbialbestimmung oder den Instrumental des Urhebers näher bestimmt wird:

передача **молодому поколению** научных знаний	die Vermittlung wissenschaftlicher Kenntnisse **an die junge Generation**
заключение **в 1959 году** договóра о дружбе между Лейпцигским и Ленингрáдским университетами	der Abschluß des Freundschaftsvertrages zwischen den Universitäten Leipzig und Leningrad **im Jahre 1959**
разработка **современной физикой** новых мéтодов	die Entwicklung neuer Methoden **durch die moderne Physik**
В условиях определённой температуры происхóдит ассимиляция углекислоты́ растением и си́нтез **им** органических веществ.	Unter den Bedingungen einer bestimmten Temperatur erfolgt die Assimilation der Kohlensäure durch die Pflanze und die Synthese organischer Stoffe **durch diese**.

3: Adjektive und Pronomen können aus stilistischen Erwägungen nachgestellt werden:

Это вопрос **сложный**.	Das ist eine **komplizierte** Frage.
В шутливом названии **этом** была известная правда.	An **dieser** scherzhaften Bezeichnung war etwas Wahres.
Несмотря на это, лицо **его** было серьёзное.	Trotzdem war **sein** Gesicht ernst.

Lediglich **весь** steht immer vor dem Substantiv und etwaigen Attributen: **вся** наша передовáя интеллигенция — unsere **gesamte** fortschrittliche Intelligenz

Literaturangaben[1])

1. Avanesov/Ožegov, Russkoe literaturnoe udarenie i proiznošenie (50000 Wörter, Moskau 1955; 2. Auflage 52000 Wörter, Moskau 1959).
2. Bielfeldt, Russisches Wörterbuch, Russisch-Deutsch (23500 Wörter), Leipzig 1967.
3. Bielfeldt, Russisch-Deutsches Wörterbuch (60000 Wörter), Berlin: Akademie 1958.
4. Chromec/Vejsman, Spravočnik po russkoj grammatike dlja inostrancev, Moskau 1961.
5. Chromec/Vejsman/Onycuk, Učebnik russkogo jazyka dlja nerusskich, I, Moskau 1959.
6. Galkina-Fedoruk, Sovremennyj russkij jazyk I—II, Moskau 1957.
7. Grammatika russkogo jazyka, Izdatel'stvo Akademii nauk SSSR, Moskau, I—II, 1953—1954.
8. Gvozdev, Očerki po stilistike russkogo jazyka, Moskau 1955.
9. Gvozdev, Sovremennyj russkij literaturnyj jazyk I—II, Moskau 1957—1958.
10. A. V. Isačenko. Die russische Sprache der Gegenwart. Teil I. Formenlehre. Halle: Niemeyer 1968.
11. Jung, Grammatik der deutschen Sprache, Leipzig 1968.
12. Krotkoff, Taschenbuch der russischen Grammatik, Wien 1950.
13. Lochowiz/Leping, Russisch-Deutsches Wörterbuch, Moskau 1948 und Leipzig 1964.
14. v. Marnitz/Häusler, Russische Grammatik, Halle: Niemeyer 1958.
15. Orfografičeskij slovar' russkogo jazyka (110000 Wörter), Moskau 1956.
16. Ožegov/Obnorskij, Slovar' russkogo jazyka, Moskau 1953 (1 Band).
17. Paffen, Die Hauptregeln der russischen Grammatik, Halle: Niemeyer, I. Teil (Formenlehre) 1967, 2. Teil (Satzlehre) 1970.
18. Pul'kina, Kratkij spravočnik po russkoj grammatike, Moskau 1949.
19. Pul'kina, Učebnik russkogo jazyka dlja studentov-inostrancev, Moskau 1958.
20. Roždestvenskij/Pospelov, Posobie dlja praktičeskich zanjatij po russkomu jazyku v nacional'nych pedagogičeskich vuzach, Moskau 1954.
21. Slovar' russkogo jazyka, Moskau 1957—1961 (4 Bände).
22. Steinitz, Russische Lautlehre, Berlin 1953.
23. Tauscher/Kirschbaum, Grammatik der russischen Sprache, Berlin 1958.
24. Ušakov, Tolkovyj slovar' russkogo jazyka, Moskau 1935—1940 (4 Bände).
25. Vinogradov, Sovremennyj russkij jazyk, Moskau 1952.

---

[1]) Bei Publikationen in russischer Sprache wurde hier die in § 8 besprochene bibliothekarische Transliteration verwendet. Der Übersichtlichkeit halber wurde bei Kollektivwerken der Name des Hauptbearbeiters vorangestellt.

Abkürzungsverzeichnis

A., Akk.	Akkusativ	вин. (кого-что)	винительный падеж
Abk.	Abkürzung	сокр.	сокращение
Adj.	Adjektiv	прил.	имя прилагательное
Adv.	Adverb	нареч.	наречие
Adv. Part.	Adverbialpartizip	дееприч.	деепричастие
Akt.	Aktiv	действ. зал.	действительный залог
Anm.	Anmerkung	примеч.	примечание
D., Dat.	Dativ	дат. (кому-чему)	дательный падеж
Dekl.	Deklination	скл.	склонение
Dem. Pron.	Demonstrativpronomen	указ. мест.	указательное местоимение
f., fem.	Femininum	ж. р.	женский род
Fut.	Futur	буд. вр.	будущее время
G., Gen.	Genitiv	род. (кого-чего)	родительный падеж
I., Instr.	Instrumental	твор. (кем-чем)	творительный падеж
Imp.	Imperativ	повел. накл.	повелительное наклонение
Inf.	Infinitiv	неопр. форма	неопределённая форма
Interj.	Interjektion	междом.	междометие
ipf.	imperfektiv	несов.	несовершенный вид
Komp.	Komparativ	сравн. ст.	сравнительная степень
Konj.	Konjunktiv	сослаг. накл.	сослагательное наклонение
m., mask.	Maskulinum	м. р.	мужской род
n.	Neutrum	ср. р.	средний род
N., Nom.	Nominativ	им. (кто-что)	именительный падеж
P.	Präpositiv	предл. пад.	предложный падеж
Part.	Partizip	прич.	причастие
Pass.	Passiv	страд. зал.	страдательный залог
Pers.	Person	л.	лицо
Pers. Pron.	Personalpronomen	личн. мест.	личное местоимение
pf.	perfektiv	сов.	совершенный вид
Pl.	Plural	мн. ч.	множественное число
Poss. Pron.	Possessivpronomen	притяж. мест.	притяжательное местоимение
Präp.	Präposition	предл.	предлог
Präs.	Präsens	наст. вр.	настоящее время
Prät.	Präteritum	прош. вр.	прошедшее время
Pron.	Pronomen	мест.	местоимение
refl.	reflexiv	возвр.	возвратный (залог)
s.	siehe	см.	смотри
Sg.	Singular	ед. ч.	единственное число
Subst.	Substantiv	сущ.	имя существительное
Superl.	Superlativ	превосх. ст.	превосходная степень
trans.	transitiv	переходн.	переходный глагол
unpers.	unpersönlich	безл.	безлично
vgl.	vergleiche	ср.	сравни
wörtl.	wörtlich	досл.	дословно

w bezeichnet bei Verben Betonungswechsel (vgl. § 12,6 und 7)

Inhaltsverzeichnis

Phonetik

§ 1. Allgemeines 7
Konsonantismus
§ 2. Einteilung der Konsonanten 7
§ 3. Kombinationslehre 10
§ 4. Konsonantenwechsel 11
Vokalismus
§ 5. Aussprache der Vokale in betonter Silbe 12
§ 6. Aussprache der Vokale in unbetonter Silbe 13
Orthographie
§ 7. Lautbild und Schriftbild 13
§ 8. Wiedergabe des russischen Alphabets im Deutschen 15
Betonungsregeln
§ 9. Allgemeine Betonungsregeln 17
§ 10. Betonung der Substantive 17
§ 11. Betonung der Adjektive und der Adverbien auf –о, –е, –ски ... 19
§ 12. Betonung der Verben 20
§ 13. Betonung im Partizip Präteritum Passiv 22

Morphologie

Wortbildung
§ 14. Die Bestandteile eines Wortes 27
§ 15. Präfixe 28
§ 16. Die Suffixe der Substantive 29
§ 17. Die Suffixe der Adjektive 31
§ 18. Die Suffixe der Verben 32
§ 19. Wortzusammensetzungen 32
§ 20. Wortfamilien 34
Substantiv
§ 21. Grundregeln zur Bestimmung des Geschlechts der Substantive ... 36
§ 22. Die drei Grundtypen der Deklination der Substantive ... 37
§ 23. Substantive außerhalb der drei Deklinationen 37
§ 24. Musterbeispiele aus allen drei Deklinationen 39
§ 25. Anmerkungen zur Deklination 40
§ 26. Belebtheit und Unbelebtheit 40
§ 27. Genitiv Singular auf –у, –ю 40
§ 28. Präpositiv Singular auf –у, –ю 41
§ 29. Dativ, Instrumental und Präpositiv Plural 41
§ 30. Nominativ Plural 41
§ 31. Stammveränderungen im Plural 42
§ 32. Systematisierung des Genitiv Plural 42
§ 33. Singulariatantum und Pluraliatantum 43

Adjektiv

Deklination der Adjektive

§ 34. Deklination der Adjektive (hart und weich) 44
§ 35. Deklination der Possessivadjektive 45
§ 36. Deklination russischer Familiennamen 46

§ 37. Bildung der Kurzform 46

Komparation der Adjektive

§ 38. Übersicht über die Steigerungsformen 47
§ 39. Komparativ der Langform 48
§ 40. Komparativ der Kurzform 48
§ 41. Gradadverbien beim Komparativ 49
§ 42. Superlativ der Langform 49
§ 43. Die Langform des Superlativs als Elativ 50
§ 44. Superlativ der Kurzform 50
§ 45. Unregelmäßig gesteigerte Adjektive 51

Zahlwort

§ 46. Einteilung der Zahlwörter 52
§ 47. Übersicht über die Grundzahlen 53
§ 48. Die Grundzahl 1 53
§ 49. Die Grundzahlen 2, 3, 4 54
§ 50. Die Grundzahlen über 5 55
§ 51. Unbestimmte Zahlenangaben 57
§ 52. Unbestimmte Grundzahlen 57
§ 53. Sammelzahlen 58
§ 54. Die Präposition по in distributiver Bedeutung (= je) 59
§ 55. Übersicht über die Ordnungszahlen 59
§ 56. Bildungsweise, Deklination und Gebrauch der Ordnungszahlen 59
§ 57. Altersangabe 61
§ 58. Uhrzeit 61
§ 59. Bruchzahlen 62
§ 60. Stämme von Zahlwörtern in anderen Wortarten 63
§ 61. Zum Lesen mathematischer und chemischer Formeln 63

Pronomen

§ 62. Einteilung der Pronomen 64
§ 63. Personalpronomen 65
§ 64. Possessivpronomen 67
§ 65. Demonstrativpronomen 68
§ 66. Interrogativ- und Relativpronomen 70
§ 67. Negativpronomen 71
§ 68. Indefinitpronomen 72
§ 69. Definitivpronomen 74
§ 70. Andere Wörter in der Funktion von Pronomen 76
§ 71. Besonderheiten bei der Übersetzung 77
§ 72. Zusammenfassende Übersicht über die Deklination der wichtigsten Pronomen.. 78

Verb

Konjugation

§ 73. Infinitiv und Präsens, Infinitivstamm und Präsensstamm 79
§ 74. Regeln zur Bestimmung der Konjugation 79
§ 75. Bildung des Präteritums 80
§ 76. Bildung des Futurs 80

Die Aspekte

§ 77. Aspektgebrauch 81
§ 78. Formenbestand der Aspekte 84
§ 79. Perfektivierung durch Präfixe 85
§ 80. Imperfektivierung durch Suffixe 85
§ 81. Doppelzeitwörter 88
§ 82. Besonderheiten der Aspektbildung 90
§ 83. Zusammenfassende Übersicht der Aspekte 91

Die Modi des Verbs

§ 84. Imperativ 92
§ 85. Konjunktiv 94

§ 86. Transitive und intransitive Verben 94
§ 87. Handlungsformen des Verbs (Genera verbi) 95
§ 88. Das reflexive Verb 95
§ 89. Das Passiv 97

Klassifizierung der Verben

§ 90. Verben auf –ать (–ять) 98
§ 91. Verben auf –еть 100
§ 92. Verben auf –ить 100
§ 93. Verben auf –оть 101
§ 94. Verben auf –нуть 101
§ 95. Verben auf –ыть 102
§ 96. Verben auf –сти (–сть), –зти (–зть) 102
§ 97· Verben auf –чь 102
§ 98. Völlig unregelmäßige Verben 103

Partizip

§ 99. Verbaler und adjektivischer Charakter der Partizipien und Formenbestand im Vergleich zum Deutschen 104
§ 100. Merkmale der Partizipien 106
§ 101. Übergang von Partizipien zu Adjektiven und Substantiven 108

Adverbialpartizip

§ 102. Verbaler und adverbialer Charakter des Adverbialpartizips ... 109
§ 103. Merkmale der Adverbialpartizipien 109
§ 104. Umschreibende Formen für das Adverbialpartizip Passiv 110
§ 105. Adverbialpartizipien in anderer Funktion 111

Adverb

§ 106. Allgemeines 111
§ 107. Einteilung der Adverbien nach ihrer Bedeutung 112
§ 108. Einteilung der Adverbien nach ihrer Bildungsweise 112
§ 109. Steigerung der Adverbien auf –o und –e 114

Partikel
§ 110. Eigentliche Partikeln 115
§ 111. Wort- und formenbildende Partikeln 116

Präposition
§ 112. Einteilung der Präpositionen 117
§ 113. Übersicht über die einfachen Präpositionen 117
§ 114. Einfache Präpositionen mit einem Kasus 118
§ 115. Einfache Präpositionen mit zwei Kasus 120
§ 116. Einfache Präpositionen mit drei Kasus 123
§ 117. Adverbialpräpositionen 125
§ 118. Substantivpräpositionen 126
§ 119. Verbalpräpositionen 127
§ 120. Präpositionale Wortverbindungen 128

Konjunktion
§ 121. Einwort-Konjunktionen 128
§ 122. Mehrwort-Konjunktionen 131
§ 123. Korrespondierende Konjunktionen 132

Syntax

§ 124. Allgemeines 137
§ 125. Die Satzglieder 137

Subjekt und Prädikat
§ 126. Das Subjekt 138
§ 127. Das Prädikat 138
§ 128. Das verbale Prädikat 138
§ 129. Das nominale Prädikat 140
§ 130. Das Prädikat im unpersönlichen Satz 143
§ 131. Unpersönliche Ausdrücke für müssen, sollen, können, dürfen 144
§ 132. Übersicht über das zusammengesetzte Prädikat 145

Objekt und Adverbialbestimmung
§ 133. Das Objekt 146
§ 134. Die Adverbialbestimmungen 146
§ 135. Die Adverbialpartizipgruppe 147
§ 136. Übersetzung der Adverbialpartizipgruppe 148

Attribut
§ 137. Funktion des Attributs. Wortarten, die als Attribut auftreten 151
§ 138. Das isolierte Attribut (Adjektiv und Partizip) 151
§ 139. Die Apposition 153
§ 140. Die Verneinung (Zusammenfassung und Ergänzung) 154

Kasuslehre und Rektion
§ 141. Gebrauch des Genitivs 157
§ 142. Gebrauch des Dativs 159
§ 143. Gebrauch des Akkusativs 160
§ 144. Gebrauch des Instrumentals 160
§ 145. Gebrauch von Präpositionen nach Verben, Substantiven und Adjektiven 162

Der zusammengesetzte Satz

§ 146. Allgemeines 165
§ 147. Die syntaktische Funktion der Konjunktionen 165

Die Satzverbindung

§ 148. Verbindende (kopulative) Konjunktionen 166
§ 149. Entgegenstellende (adversative) Konjunktionen 166
§ 150. Unterscheidende (disjunktive) Konjunktionen 167
§ 151. Erklärende oder erläuternde Konjunktionen 167
§ 152. Die begründende (kausale) Konjunktion ибо 168
§ 153. Folgernde (konsekutive) Konjunktionen 168

Das Satzgefüge

§ 154. Übersicht über das Satzgefüge 168

§ 155. Indirekte Fragesätze mit ли 170
§ 156. Relativsätze 170
§ 157. Weiterführende Nebensätze 172
§ 158. Die russischen Entsprechungen für deutsches „daß" 172
§ 159. Adverbialsätze mit und ohne Konjunktion 174
§ 160. Übersetzung der Adverbialpartizipgruppe als Nebensatz 174
§ 161. Übersetzung der Adverbialbestimmung als Nebensatz 174
§ 162. Übersetzung des isolierten Attributs als Nebensatz 175
§ 163. Modalsätze 175
§ 164. Syntaktische Synonyme des Modalsatzes 177
§ 165. Kausalsätze 178
§ 166. Syntaktische Synonyme des Kausalsatzes 179
§ 167. Finalsätze 179
§ 168. Syntaktische Synonyme des Finalsatzes 180
§ 169. Konditionalsätze 181
§ 170. Syntaktische Synonyme des Konditionalsatzes 181
§ 171. Konzessivsätze 182
§ 172. Konzessive Ausdrücke mit ни 183
§ 173. Das konzessive Modalwort правда 184
§ 174. Syntaktische Synonyme des Konzessivsatzes 184
§ 175. Konsekutivsätze (Tatsächliche Folge) 185
§ 176. Konsekutivsätze (Mögliche, erwünschte oder angenommene Folge) 185
§ 177. Temporalsätze 186
§ 178. Syntaktische Synonyme des Temporalsatzes 188
§ 179. Lokalsätze 188
§ 180. Zur indirekten Rede 188
§ 181. Zusammenfassende Übersicht über die wichtigsten mehrdeutigen Konjunktionen (как, когда, что, чтобы) 191

Zur Wortfolge

§ 182. Allgemeines 191
§ 183. Die normale russische Wortfolge 192
§ 184. Durchbrechung der geraden Wortfolge 192

§ 185. Besonderheiten bei der Stellung des Prädikats........................... 193
§ 186. Besonderheiten bei der Stellung des Objekts 193
§ 187. Besonderheiten bei der Stellung der Adverbialbestimmungen............... 194
§ 188. Besonderheiten bei der Stellung der Attribute........................... 194

Literaturangaben 196

Abkürzungsverzeichnis 197

Inhaltsverzeichnis.. 198